高等院校应用型人才培养"十四五"规划旅游管理类系列教材

中国劳动关系学院"十四五"规划教材

北京旅游

Travel in Beijing

主编◎吕 莉

华中科技大学出版社
http://press.hust.edu.cn
中国·武汉

内 容 简 介

本教材章节安排与结构设计逻辑清晰、主题鲜明，共分为四大单元，涉及北京的起源及发展、古都风貌、京味文化以及历史文化遗存与时代新篇。本教材兼具科学性、知识性、启发性与生动性，内容翔实、资料丰富；秉承"课程思政"的教学理念，坚持立德树人，体现以学生发展为中心，培养学生具有扎实的专业基础、广博的人文底蕴、深厚的劳动情怀、突出的实践能力、高度的社会责任感、创新精神和文化自信。本教材以系统完整的知识体系、创新多元的内容设计和丰富的思政元素，为广大读者提供了一份高质量的旅游学习资料，不仅适合高等院校教学使用，还可以作为旅游从业者、旅游文化爱好者和社会大众了解北京旅游文化的知识读本。

图书在版编目（CIP）数据

北京旅游 / 吕莉主编 . -- 武汉：华中科技大学出版社，2025.2. -- （高等院校应用型人才培养"十四五"规划旅游管理类系列教材）. -- ISBN 978-7-5772-1601-0

Ⅰ．K928.91

中国国家版本馆CIP数据核字第2025G149X0号

北京旅游　　　　　　　　　　　　　　　　　　　　　　　吕莉　主编
Beijing Lüyou

策划编辑：王　乾
责任编辑：鲁梦璇
封面设计：原色设计
责任校对：刘　竣
责任监印：周治超

出版发行：华中科技大学出版社（中国·武汉）　　电　话：(027)81321913
　　　　　武汉市东湖新技术开发区华工科技园　　邮　编：430223
录　　排：孙雅丽
印　　刷：武汉科源印刷设计有限公司
开　　本：787mm×1092mm　1/16
印　　张：12.75
字　　数：272千字
版　　次：2025年2月第1版第1次印刷
定　　价：59.80元

本书若有印装质量问题，请向出版社营销中心调换
全国免费服务热线：400-6679-118　竭诚为您服务
版权所有　侵权必究

总序

党的十九届五中全会确立了到2035年建成文化强国的远景目标,明确提出发展文化事业和文化产业。"十四五"期间,我国将继续推进文旅融合,实施创新发展,不断推动文化和旅游发展迈上新台阶。2019年和2021年先后颁布的《国家职业教育改革实施方案》《关于深化本科教育教学改革全面提高人才培养质量的意见》《本科层次职业教育专业设置管理办法(试行)》,强调进一步推动高等教育应用型人才培养模式改革,对接产业需求,服务经济社会发展。

基于此,建设高水平的旅游管理专业应用型人才培养教材,将助力旅游高等教育结构优化,促进旅游专业应用型人才的能力培养与素质提升,进而为中国旅游业在"十四五"期间深化文旅融合、持续迈向高质量发展提供有力支撑。

华中科技大学出版社一向以服务高校教学、科研为己任,重视高品质专业教材出版。"十三五"期间,在教育部高等学校旅游管理类专业教学指导委员会和全国高校应用型本科旅游院校联盟的大力支持和指导下,在全国范围内特邀中组部国家"万人计划"教学名师、近百所应用型院校旅游管理专业学科带头人、一线骨干"双师双能型"教师,以及旅游业界精英等担任顾问和编者,组织编纂出版"高等院校应用型人才培养'十三五'规划旅游管理类系列教材"。该系列教材自出版发行以来,被全国近百所开设旅游管理类专业的院校选用,并多次再版。

为积极响应"十四五"期间我国文旅行业发展及旅游高等教育发展的新趋势,"高等院校应用型人才培养'十四五'规划旅游管理类系列教材"应运而生。本套教材依据文旅行业最新发展和学术研究最新进展,立足旅游管理应用型人才培养特征进行整体规划,对高水平的"十三五"规划教材进行修订、丰富、再版,同时开发出一批教学紧缺、业界急需的教材。本套教材在

以下三个方面做出了创新:

一是紧扣旅游学科特色,创新教材编写理念。本套教材基于旅游高等教育发展新形势,结合新版旅游管理专业人才培养方案,遵循应用型人才培养的内在逻辑,在编写团队、编写内容与编写体例上充分彰显旅游管理应用型专业的学科优势,有利于全面提升旅游管理专业学生的实践能力与创新能力。

二是遵循理实并重原则,构建多元化知识结构。在产教融合思想的指导下,坚持以案例为引领,同步案例与知识链接贯穿全书,增设学习目标、实训项目、本章小结、关键概念、案例解析、实训操练和相关链接等个性化模块。

三是依托资源服务平台,打造新形态立体教材。华中科技大学出版社紧抓"互联网+"时代教育需求,自主研发并上线的华中出版资源服务平台,可为本套教材作立体化教学配套服务,既为教师教学提供便捷,提供教学计划书、教学课件、习题库、案例库、参考答案、教学视频等系列配套教学资源,又为教学管理提供便捷,构建课程开发、习题管理、学生评论、班级管理等于一体的教学生态链,真正打造了线上线下、课内课外的新形态立体化互动教材。

本编委会力求通过出版一套兼具理论与实践、传承与创新、基础与前沿的精品教材,为我国加快实现旅游高等教育内涵式发展、建成世界旅游强国贡献一份力量,并诚挚邀请更多致力于中国旅游高等教育的专家学者加入我们!

华中科技大学出版社

前言

  2024年5月,习近平总书记对旅游工作作出重要指示。旅游是传播文明、交流文化、增进友谊的桥梁,发展旅游业是推动高质量发展的重要着力点。文化产业和旅游产业密不可分,要坚持以文塑旅、以旅彰文,推动文化和旅游融合发展,让人们在领略自然之美中感悟文化之美、陶冶心灵之美。

  北京,这座古老而又充满活力的城市,承载着中华民族数千年的文明史,是中华文化的瑰宝,也是世界著名的历史文化名城。3000多年的建城史、800多年的建都史,让首都北京拥有了深厚的文化底蕴和独特的旅游魅力。本教材的出版将北京丰富多样的文化与旅游资源进行系统整合与呈现,让读者可以更加深入全面地了解北京。本教材兼具科学性、知识性、启发性与生动性,内容翔实、资料丰富。本教材不仅是对北京旅游资源的全面介绍,更是对北京历史文化的深入挖掘和传承。本教材在章节安排和结构设计上逻辑清晰、主题鲜明,共分为四大单元,涉及北京的起源与发展、古都风貌、京味文化和历史文化遗存与时代新篇,秉承"课程思政"的教学理念,坚持立德树人,体现以学生发展为中心,使学生了解、熟悉和掌握北京的旅游资源、文化和历史知识,使学生具有扎实的专业基础、广博的人文底蕴、突出的实践能力、高度的社会责任感、创新精神和文化自信。本教材遵循启发式逻辑,每章以知识目标、能力目标和德育目标进行引领,通过知识框架和内容导入了解本章内容,图文并茂,讲述翔实,辅之扫码学习的知识链接和阅读推荐拓展,最后以课后练习和实训项目巩固和提高。本教材带领读者领略了自然之美与文化之美交融的魅力,在感悟北京旅游文化的过程中陶冶心灵,适合高等院校学生与社会大众学习和阅读。

  本教材紧密结合教育教学改革的实际需求和方向,对内容、结构、教学方法等进行了全面创新和优化。

  在内容设计上,本教材追求创新性和多元性,全面覆盖北京旅游文化的各个方面，构建多样化的学习项目，使学生在学习过程中形成完整的知识框架。在内容的取舍上突出实用性、可读性和创新性，注重与时俱进，能够反映北京旅游的最新发展和变化。本教材还设计了多样化的实训项目，充分展现了自身新颖、生动、灵活、实用的特色。实训项目具体包括案例分析、实地考察等，注重培养学生的实践能力、创新精神和跨学科知识融合能力，激发学生的学习兴趣和创造力，培养学生的综合素质。

在配套资源立体化方面，本教材将纸质教材与数字化资源有机结合，积极构建配套的教学资源库，包括教学课件、习题集、音视频库、虚拟仿真实验等教学资源，强调线上线下互为配套，打造独特的立体教材。

在课程思政方面，挖掘提炼课程中的德育元素，将其与专业知识有机融合，从而实现课程育人的目标。深入挖掘北京旅游背后的文化内涵和时代价值，结合社会主义核心价值观和中华优秀传统文化，引导学生树立正确的旅游观念和人生价值观，培养学生的爱国情怀和文化自信，为课程思政建设提供有力支持。

本教材由北京高等学校优秀专业课（公共课）主讲教师吕莉主编，全书所有章节和内容均由编者负责编写和统稿。本教材能够顺利完成，得益于中国劳动关系学院及其酒店管理学院的领导和同事对课程建设及教材出版的鼎力支持，在此致以诚挚的谢意！感谢中工网主持人、配音员，以及品牌经营中心副总监姚星，他们为本教材录制音频付出了辛勤劳动，让教材内容更加充实丰富！在本教材的编写过程中，编者参阅了大量文献，对所有教材编写中借鉴的文献作者和提供各种帮助的专家学者和相关平台表示感谢！同时，特别感谢华中科技大学出版社王乾编辑！

由于编者知识水平存在局限性，本教材在编写中难免存在不足，真诚希望广大专家学者和读者批评指正，以便后续做进一步的完善。谢谢！

吕莉
2024 年 9 月于中国劳动关系学院

目录
MULU

第一章　历史探源：北京城的起源与发展　001

第一节　古韵开篇：北京城的起源　003
一、古域风貌：北京自然地理概览　003
二、史前印记：北京远古人类遗存　003
三、筑城肇始：北京建城的开端　004

第二节　岁月沧桑：北京城的历史演进　005
一、北方重镇——秦汉、隋唐时期的北京城　005
二、契丹陪都——辽南京　008
三、建都之始——金中都　009
四、一统都会——元大都　011
五、辉煌帝都——明清北京城　015
六、风云变幻——民国北平　019

第二章　古都风貌：北京中轴线与城市格局　023

第一节　古都北京的规划智慧：构筑理想都城的秩序　026
一、"天人合一""象天设都"理念的贯彻　026
二、中国传统营城理念和规划思想的集中体现　027
三、中轴突出、两翼对称的空间结构　028
四、中国古代礼制观念的展现与传承　028

第二节　北京中轴线：千年古都的文化脊梁　029
一、北京中轴线的历史演变　030
二、北京中轴线的历史文化内涵　033

三、北京中轴线的传承与发展　　035

第三节　胡同与四合院：古都北京的独特魅力　　037
　　一、胡同：古都北京的历史印记　　037
　　二、四合院：古都北京的居住艺术　　043

第三章　京韵悠长：京味文化的积淀与传承　　054

第一节　文化寻踪：会馆与名人故居的历史足迹　　058
　　一、多元共生：会馆的文化交融与延续　　058
　　二、岁月留声：名人故居的风采与精神传承　　062

第二节　市井烟火：北京传统商业街的岁月变迁　　066
　　一、传统商业街的历史沿革　　066
　　二、传统商业街的分布概况　　067
　　三、著名传统商业街　　068

第三节　匠心独运：北京老字号品牌的传承创新　　073
　　一、同仁堂　　073
　　二、内联升　　073
　　三、瑞蚨祥　　075
　　四、六必居　　076
　　五、天福号　　077
　　六、月盛斋　　077
　　七、吴裕泰　　077

第四节　舌尖上的北京：风味饮食的文化传承　　078
　　一、北京风味饮食的特点　　078
　　二、北京餐饮老字号　　080
　　三、北京的风味小吃　　085

第五节　庙会风情：京城节庆文化的民俗瑰宝　　089
　　一、北京庙会的历史沿革　　089
　　二、北京庙会的文化内涵　　091
　　三、北京特色庙会介绍　　092
　　四、北京庙会的传承和创新发展　　093

第六节　京华艺彩:工艺美术的巧夺天工　　095
一、燕京八绝:北京工艺美术的瑰宝　　095
二、走进博物馆:探寻工艺美术的魅力　　098

第四章　京华览胜:历史遗存与时代新篇　　103

第一节　皇家宫殿:紫禁城韵,帝都之魂　　106
一、从紫禁城到故宫博物院　　106
二、紫禁城营建布局思想　　107
三、主要建筑及其文化内涵　　109

第二节　皇家园林:宛自天开,京典御苑　　116
一、北京皇家园林的历史沿革　　116
二、北京皇家园林的艺术特色　　117
三、北京著名皇家园林简介　　120

第三节　皇家坛庙:祭天祈福,京祀盛典　　124
一、北京皇家坛庙的历史沿革　　125
二、北京现存的皇家坛庙　　126
三、北京皇家坛庙的历史文化和艺术价值　　129

第四节　皇家陵寝:帝王权势,京华永固　　132
一、北京皇家陵寝概况　　132
二、明十三陵:陵寝制度的杰出代表　　133

第五节　清代王府:宗室风范,京城尊荣　　138
一、清代王府概况　　138
二、清代宗室爵位　　139
三、清代王府建筑规制　　139
四、北京现存清代王府遗址　　140
五、已辟为旅游景点的王府　　141

第六节　长城:蜿蜒巨龙,京畿屏障　　147
一、万里长城北京段的修建　　147
二、北京的代表性长城　　147
三、长城的历史文化价值　　150
四、长城国家文化公园(北京段)的建设　　152

第七节　大运河：文化动脉，润泽京师　　152
一、大运河北京段的历史沿革　　153
二、京杭大运河北京段的历史遗迹　　155
三、大运河与北京文化的关系　　158
四、北京运河文化遗产的保护与利用　　160

第八节　时代新篇：文化交融，"京"彩纷呈　　160
一、红色旅游：重温红色历史、弘扬革命精神　　160
二、高校研学旅游：知行合一的文化浸润之旅　　167
三、主题乐园游：探秘奇幻世界　　174
四、体育旅游：双奥之城的独特魅力　　176
五、艺术旅游：漫步北京的艺术殿堂　　179
六、乡村旅游：领略京郊的多样风采　　184

参考文献　　190

第一章
历史探源：北京城的起源与发展

知识目标

1. 掌握北京作为古代城邑、辽南京、金中都、元大都时期的代表性建筑及其历史遗留。
2. 了解北京历史上知名历史人物和重要历史事件。
3. 掌握明代和清代北京的城市建设情况及城墙变迁历史。

能力目标

1. 能够描述北京各个时期的代表性建筑，并分析其建筑风格和特点。
2. 能够根据历史资料，复原和阐述北京在各个历史时期的城市风貌。
3. 能够结合北京各个历史时期的主要代表性建筑、文化景点和历史事件，设计以北京历史文化和古迹为主题的旅游线路，并制订相应的旅游计划和做好行程安排。
4. 能够分析北京作为都城，不同朝代城市规划的特点及其对后世的影响。

德育目标

1. 培养学生对北京历史的兴趣和热爱，增强文化自信。
2. 引导学生认识和理解北京作为历史文化名城的独特价值和意义。
3. 弘扬中华优秀传统文化，培养学生的民族自豪感和文化自信。

知识导图

历史探源：北京城的起源与发展 — 古韵开篇：北京城的起源
- 古域风貌：北京自然地理概览
- 史前印记：北京远古人类遗存
- 筑城肇始：北京建城的开端

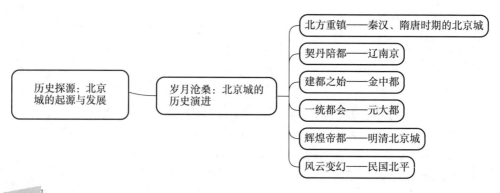

课程导入

挖掘中都文化　传承城市文脉——北京建都870周年国际学术研讨会

　　北京的建都史为什么通常以金中都为开端？北京成为一代王朝的首都后城市面貌发生了怎样的变化？金中都城门数量究竟是12个还是13个？2023年11月25日，由中共北京市丰台区委宣传部、北京市考古研究院与北京联合大学北京学研究基地主办，北京辽金元历史考古研究中心、光明网承办的"挖掘中都文化 传承城市文脉——北京建都870周年国际学术研讨会"在北京市丰台区北京汽车博物馆举办。

　　本次研讨会以"挖掘中都文化 传承城市文脉"为主题，来自国内外遗址保护、辽金史研究、考古学、北京史研究等领域近百位专家齐聚北京丰台，从金中都历史研究、遗址保护、文化挖掘、文脉传承、服务发展等方面，探讨如何做好金中都遗址的保护与利用工作，助力北京市推进全国文化中心建设。

　　公元1153年，金王朝将都城从上京（今黑龙江省哈尔滨市阿城区）南迁至燕京（今北京市），定名"中都"。北京首次成为北方王朝的都城。历经风云变幻、王朝更迭，古都北京呈现出大国都城的万千景象，成为举世闻名的历史文化名城。

　　2023年是北京建都870周年，本次国际学术研讨会作为系列纪念活动之一，旨在探讨金中都遗址对于研究北京市文化历史探源与发展的重要意义，以及对后世北京城发展的深远影响。在传承与创新中做好遗址保护与利用工作，让中华文化在创造性转化、创新性发展中迸发出生机与活力，助力北京做好首都文化这篇大文章。

　　（资料来源：《北京青年报》）

第一节　古韵开篇：北京城的起源

一、古域风貌：北京自然地理概览

北京的总体地势是西北高，东南低，龙盘虎踞，形势雄伟。古人云："幽州之地，左环沧海，右拥太行，北枕居庸，南襟河济，诚天府之国。"这一地理形势，极像一个半封闭的海湾，故也被称为"北京湾"或"北京小平原"。北京南接华北大平原，西临黄土高原，北接内蒙古高原，东经山海关与松辽平原相通，正处于三级地势阶梯的交接处。正由于北京北有天险可守，南有水陆交通之便，古人说它："形胜甲天下，依山带海，有金汤之固……诚万古帝王之都。"

北京的整个地形和山势的骨架，基本形成于距今6000万年至7000万年前。北京西、北、东三面环山，"北枕居庸，西峙太行，东连山海，南俯中原"是对其地理位置之重要的阐述。北京的西部山地，从南口的关沟至拒马河一带，统称为西山，是由一系列呈东北至西南走向，并且大致平行的褶皱山脉所组成，属太行山脉。太行山从山西经河北至北京南口，绵延数百里，历史上称之为"神京右臂"。北京北部的山地，统称为军都山，属燕山山脉，这是一个镶嵌着若干个山间盆地的断块山地。地势则是由平原从南向北呈阶梯逐级上升，而后进入内蒙古高原。两条山脉拱卫着北京，在南口附近相交会，仅在东南面开向平原，形成一个向东南展开的半圆形大山湾，人们称之为"北京湾"。在山湾之间，便是由永定河、潮白河、温榆河等冲积、堆积而成的小平原，人们称之为"北京小平原"。这个由"北京湾"围合而成的"北京小平原"就是以后北京城孕育、成长、发展的"摇篮"。

二、史前印记：北京远古人类遗存

大约70万年以前，在房山区周口店镇龙骨山的天然洞穴里，居住着被称作"北京人"的原始人群落。几百万年来，这里生态环境优越，曾生活着多个阶段的古人类，是人类演化史上一颗璀璨的明珠。"北京人"生活的时代，考古学上称为旧石器时代的早期；从社会发展形态来看，属原始社会的初期。"北京人"过着原始的群落生活，主要依靠采集果实和狩猎野兽为生。他们使用的劳动工具主要是石器和木棒，石器有砍伐器、刮削器和尖状器等。在"北京人"居住过的洞穴里，有很厚的灰烬层和不少烧过的石块和兽骨，说明"北京人"已经懂得用火。火的使用，是人类发展史上的一个重要里程碑。

距今约20万年至10万年前的旧石器时代中期，北京人由猿人进化为早期智人，考

知识链接

燕山山脉

知识链接

周口店北京人遗址博物馆

延伸阅读

平谷上宅文化陈列馆

古学上称为新洞人。距今约18000年前的旧石器时代晚期，新洞人进化为晚期智人，考古学上称为"山顶洞人"，他们的体质形态与现代人基本相同。在山顶洞人遗址中出土了石器和装饰品，有穿孔的兽牙、蚶壳、石珠、砾石、骨管和鱼眼等。山顶洞人已经掌握刮挖、磨光、钻孔等技术。在山顶洞里出土的骨针长82毫米，表面光滑，一头是锋利的针尖，另一头是利器钻挖成的针鼻儿。山顶洞人会用骨针和骨锥缝制衣服，围着兽皮做的裙子，从而结束了赤身裸体的生活。他们已懂得人工取火，掌握了用火技术。山顶洞人生活的时代，考古学上称为旧石器时代晚期，他们已经进入了母系氏族公社的时期。

约1万年前，东胡林人在北京地区（今门头沟区东胡林村）生活。他们已经离开山洞来到平原上居住，其生活的时代属考古学上新石器时代的早期。在东胡林人生活的遗址中，发现了用牛肋骨穿成的骨镯，这是原始畜牧业的萌芽。东胡林人遗址的发现和研究，对于认识新石器时代早期人类的经济方式、食物结构及环境变化对人类自身发展演化产生的影响有着极其重要的科学价值。

距今约7000年前，北京地区出现了上宅文化。在平谷区上宅遗址和北埝头遗址，发现石斧、石铲、石磨盘、石磨棒，标志着北京地区的原始农业已经开始发展。

约4000年前，北京地区的居民进入了以雪山文化为典型代表新石器时代晚期。在今昌平区雪山村、海淀区白家疃、朝阳区立水桥、通州区三间房、怀柔区汤河口、昌平区的燕丹和曹碾、密云区坑子地、顺义区大北坞和平谷区前吉山等地，都出现了从事原始农业与畜牧业的聚落。从这些星罗棋布的遗址中，发掘出了黑衣灰陶双耳罐、折腹盆、三足瓮等黑陶器物，还发现了石斧、石镰、石纺轮和房基，表明他们已会种植庄稼、饲养家禽、缝补衣服和建造房屋。

北京地区的居民结束了石器时代之后，进入了青铜时代。这个时期燕山南北的文化，考古学上称为"夏家店下层文化"，其时间大约从公元前2000年至公元前1000年。这时，在北京地区的居民聚落中，开始出现许多奴隶制小国。奴隶制的蓟国、燕国，是商朝北边的方国。这个时期的重要遗址，有房山区琉璃河、平谷区刘家河等。其中平谷区南独乐河镇刘家河村商代墓葬出土了40余件包括青铜器、金器、玉器在内的珍贵文物，是北京地区迄今出土年代最早的一批商代中期文物，填补了北京地区商代历史考古的空白，显示出夏商时期的燕地的繁荣，证明了华夏先民的聪明智慧以及先进的农耕文明。

三、筑城肇始：北京建城的开端

公元前11世纪，周灭商，建立西周，定都镐京（今陕西省西安市西部）。公元前1046年，周武王伐纣灭商之后，将国王子弟、亲戚、功臣、贵族分封各地为诸侯，其中主要的封国有71个，今日北京地区当时被分封的诸侯国有燕和蓟。

燕和蓟是北京地区历史上最早的城市，是北京有文字记载的建城之始。《礼记·乐记》记载："武王克殷反商，未及下车而封黄帝之后于蓟。"《史记·燕召公世家》记载："周武王之灭纣,封召公于北燕。"燕城位于房山区琉璃河镇董家林村。蓟城位于今北京城区西南的广安门内外一带。召公奭,姬姓,为周之支族,活动于今陕西岐山西南。周初,姬奭为周王室太保,位居三公。姬奭曾辅佐周王灭纣克商,镇压淮夷、奄、薄姑等方国的叛乱。

后来燕日益强盛,并在春秋中期的燕襄公时期吞并了蓟,而且也把统治中心搬到了地理位置更为优越的蓟城,传世四十余代,历时八九百年,成为战国七雄之一。

20世纪60年代初,考古工作者曾在广安门南护城河两岸地层发掘出只有在古代宫殿中才能用的战国时期的饕餮纹半瓦当,说明在历史上这里的确曾是燕国宫殿的所在地。作为北京建城之始的纪念性标志物"蓟城纪念柱"(见图1-1)立在广安门桥北侧护城河西岸的滨河公园内,表明这里曾是蓟城的所在地。

琉璃河西周燕都遗址因其发现地也称为琉璃河遗址,位于北京市西南43千米处的房山区琉璃河镇董家林村。遗址东西长3.5千米,南北宽1.5千米,面积5.25平方千米,是迄今西周考古中发现的一处城址、宫殿区和诸侯墓地同时并存的遗址,具有极为重要的学术价值。该遗址出土了大量带"匽侯"铭文的器物,证明了这里就是3000多年前燕国的都城所在地,是周武王初定天下时分封在王国北疆唯一的姬姓诸侯国,是周王朝国家战略的重要组成部分,其特殊的地理位置与纯正的王朝血统使燕国成为稳定北部边疆、融合多元文化的重要力量。

图1-1　蓟城纪念柱

知识链接

北京考古遗址博物馆(琉璃河遗址)

第二节　岁月沧桑:北京城的历史演进

一、北方重镇——秦汉、隋唐时期的北京城

(一)历史背景

公元前221年,秦灭六国(韩、赵、魏、楚、燕、齐),结束了七雄争霸局面,统一了中国。自公元前3世纪后,北京地区历来是秦、汉、隋、唐各朝的北方重镇。秦时在此设广

阳郡,首府叫蓟城,汉时名渔阳县,其治所同样也在蓟城,隋称涿郡,唐称幽州。

(二)主要遗迹

1. 大葆台西汉墓

北京市大葆台西汉墓博物馆是建立在西汉广阳王刘建墓上的一座遗址性博物馆。大葆台一号墓是目前北京地区考古发掘规模最大的一座汉墓,也是我国最早发现的大型"黄肠题凑"墓,对于研究中国西汉墓葬和古代"黄肠题凑"墓结构和葬制具有重要的历史价值。一号墓的规模之大,迄今仍居已发现的"黄肠题凑"墓之首。它的墓葬形制和棺椁结构保存得比较清楚和完整,为研究我国汉代"梓宫、便房、黄肠题凑"的帝王葬制,提供了十分重要而珍贵的实物资料。大葆台一、二号墓,虽早年被盗,但仍出土了文物1000余件,是研究西汉中晚期政治、经济、文化的珍贵资料。一号墓坐北朝南,平面呈凸字形,墓口大于底,由封土、墓道、甬道、外回廊、题凑、内回廊、前室、后室等组成,其规模宏大、结构复杂,宛如死者生前所居宫殿的缩影。近年来,馆内还推出了深受青少年喜爱的模拟考古、投壶礼仪、书写竹简等科普体验活动项目。

知识链接

黄肠题凑

2. 潭柘寺

潭柘寺是北京地区历史最久远的寺庙,民间有"先有潭柘寺,后有幽州城"一说。潭柘寺始建于晋代,初建时叫嘉福寺,后屡经扩建和改名。历经唐、宋、元、明、清等朝代,清代是潭柘寺历史上最辉煌的时期,康熙亲赐寺名为"敕建岫云禅寺",自此潭柘寺成为北京郊区最大的一处皇家寺院古建筑群。寺院规模宏大,建筑保持明清时期风貌,因寺后有龙潭,前有柘树,故俗称为潭柘寺。寺内建筑依山势而建,北高南低,错落有致。全寺建筑共分为中路、东路、西路和塔院等几大部分,构成潭柘寺的核心建筑群体。

整个寺院坐北朝南,背倚宝珠峰,又被回龙、虎踞、捧日、紫翠等九座山峰环护,为风水宝地。著名的潭柘十景包括平原红叶、九龙戏珠、千峰拱翠、万壑堆云等。附近有潭柘寺塔林,还有多处充满民俗风情的农家院。潭柘寺的古树名木众多,必看的有"帝王树"和二乔玉兰。"帝王树"高达30多米,树龄达千年以上,是潭柘寺的标志性景观之一。潭柘寺的二乔玉兰植于明代,距今已有400余年历史,并且还是朝廷御赐的花木,极其珍贵。寺中的玉兰为紫、白双色,北京地区较为常见的是白玉兰、紫玉兰和黄玉兰,而这种紫中带白的二乔玉兰十分罕见,如此古老的二乔玉兰在整个北京,恐怕只有在潭柘寺才能看到,堪称"京城一绝"。

3. 法源寺

法源寺位于北京市宣武门外,建于唐贞观十九年(645年),是北京最古老的名刹。唐时为悯忠寺,清雍正时重修并赐名"法源寺"。后乾隆时赐御书"法海真源"匾额,阐明了"法源寺"的含义,至今仍悬挂在大雄宝殿内。法源寺是一座标准的中式寺院,坐北朝南，七进六院，主体建筑由南向北排列在中轴线上，规整有序，是现在北京城内保存下来历史最为悠久的古寺庙建筑群之一。中国佛学院、中国佛教图书馆也位于此。

法源寺为历史名刹，文化底蕴深厚。"一座法源寺，半部中国史。"唐贞观十九年（645年），唐太宗李世民亲征辽东，痛失将士十万而未果，退至幽州城，在出征誓师的地方建悯忠寺，以祭祀东征战死的将士。悯忠寺建成后，因其特殊的来历，在历史中数次看到它的"身影"。随后的一千多年中，这座古刹见证了靖康之难的耻辱、澶渊之盟的短暂和平、维新变法的悲壮……

明清两代，法源寺以花事闻名，先是海棠，后是丁香。每年4月，当丁香盛开时，满寺繁华，文人墨客到此赏花吟诗，于是，"丁香诗会"逐渐名扬海内。纪晓岚、龚自珍、林则徐等都在这里有过诗词唱和，著名的宣南诗社更在此留下众多诗篇。1924年4月，印度诗人泰戈尔在徐志摩、林徽因的陪同下，到法源寺赏丁香、瞻古刹、话诗词，成为文学史上的一段佳话。

4. 云居寺

云居寺位于北京西南房山区境内，距市中心70千米，占地面积7万多平方米。由房山石经、云居寺、石经山藏经洞、唐辽塔群构成我国佛教文化特色一大宝库。云居寺始建于隋末唐初，历史悠久，饱经沧桑，经过历代修葺，形成五大院落六进殿宇。两侧有配殿和帝王行宫、僧房，并有南北两塔对峙；寺院坐西朝东，环山面水，形制宏伟，享有"北方巨刹"的盛誉。云居寺保留着唐辽石、砖塔十多座，保留着石经、纸经、木经共三类真经浩卷，尤以14278块石经著称于世，被誉为"国之重宝""北京的敦煌"。1961年，云居寺被国务院公布为首批全国重点文物保护单位；1999年9月9日，辽金石经隆重回藏。

知识链接

云居寺

5. 戒台寺

戒台寺位于北京市门头沟区的马鞍山上，距北京城区35千米。戒台寺建于唐武德五年（622年），至今已有1400多年的历史。戒台寺原名慧聚寺，明英宗赐名为万寿禅寺。因寺内建有全国最大的佛教戒坛，民间通称为戒坛寺，又叫戒台寺。寺院建筑格局独特，主要寺院殿堂坐西朝东，殿堂随山势高低而建，建筑以明清风格为主，遗留许多辽代的建筑特征。中轴线上依次排列山门殿、钟鼓二楼、天王殿、大雄宝殿、千佛阁（遗址）、观音殿和戒台殿。其中戒台是中心建筑。殿宇依山而筑，层层高升，甚为壮观。寺中的佛塔、经幢、戒坛等，是难得一见的辽代文物珍品。历史上的戒台寺在中国佛教界占有重要的地位，寺内的戒坛不仅规模居全国之首，而且可以授佛门的最高戒律菩萨戒，是中国佛教界的最高学府，故而有"天下第一坛"之称。戒台寺曾经收藏有辽代道宗皇帝亲笔抄写的《大乘三聚戒本》，一度成为中国北方佛教律宗的领袖。戒台寺尤以松树出名，"潭柘以泉胜，戒台以松名""一树具一态，巧与造物争"。寺内的活动松、自在松、九龙松、抱塔松和卧龙松，合称戒台五松。每当微风徐来，松涛阵阵，形成了戒台寺特有的"戒台松涛"景观。

二、契丹陪都——辽南京

（一）历史背景

907年，耶律阿保机以其强大的军事力量，成为契丹族的最高首领，并于916年称帝，建立契丹政权，定都上京临潢府（今内蒙古巴林左旗南）。自此，契丹族开始逐渐走向强盛。

938年，后晋石敬瑭遣使向契丹献燕云十六州（今北京、天津北部，以及河北北部、山西北部地区）图籍。947年，辽太宗耶律德光率军南下中原，攻占汴京（今河南开封），灭后晋，于汴京登基称帝，改国号"大辽"，以皇都为上京，改原南京（今辽宁辽阳）为东京，升幽州为南京（也称燕京）。此后，契丹统治者又进一步完善了都城体系，在保留上京、南京、东京的同时，又设置了中京（今内蒙古宁城）和西京（今山西大同），从而形成了五京并立的局面。

自此，北京从中原王朝的边疆重镇而一变成为北方游牧民族王朝的陪都，拉开了北京成为全国政治中心的序幕，翻开了其历史上崭新的一页。

（二）辽南京遗存

1. 大觉寺

大觉寺位于北京市海淀区阳台山麓，始建于辽代，时称"清水院"。金代时大觉寺为金章宗西山八院之一，后改名灵泉寺。明宣宗于宣德三年（1428年）重修该寺，赐"大觉寺"之名。此后经明正统十一年（1446年）、成化十四年（1478年）及清康熙至乾隆朝不断重新扩建，形成今日之规模。寺院依山而建，坐西向东，朝向太阳升起的方向，体现了辽代契丹人"朝日"的习俗。中轴线上的建筑依次为山门、功德池、钟鼓楼、天王殿、大雄宝殿、无量寿佛殿、大悲堂、龙王堂等建筑，殿宇雄伟古朴，布局严谨深广。寺内现存许多珍贵的文物，如"阳台山清水院藏经记碑"记载着建寺刻经的历史；无量寿佛殿内的观音壁塑堪称清代艺术精品。此外，寺内还存有许多清代帝王御制的碑文匾额，如无量寿佛殿外檐正中悬挂清乾隆皇帝御笔"动静等观"木匾。大觉寺被群山环抱，林茂泉清，景色优美，早在辽金时就是有名的景点。这里古柏参天、翠竹葱郁，其中又以300年的玉兰和千年银杏名冠京华。大觉寺是全国重点文物保护单位，经过北京市文物局的整修，已成为京郊著名的游览胜地。

2. 天宁寺塔

天宁寺塔位于西城区广安门滨河路西侧，建于辽代，塔高57.8米，为一座八角十三层密檐式实心砖塔，是北京地区最古老的砖塔。天宁寺塔在整体造型和局部手法上体现了辽代密檐砖塔的建筑风格，是研究中国古代佛塔的重要实例。建筑学家梁思成曾盛赞天宁寺塔的建筑设计，称它富有音乐的韵律，为中国古代建筑设计中的杰作。

天宁寺塔塔基为须弥座方形平台,平座上置两层仰莲莲瓣,构成了由须弥座、平座、莲瓣三层组成的塔座。塔身下部四面设券门,门旁浮雕金刚力士、菩萨、云龙等,形象生动、栩栩如生;上部由斗栱挑出层层密檐,十三层塔檐逐层收减,呈现出丰富有力的卷刹。檐角悬有铜铃,顶部为宝珠塔刹。天宁寺塔造型俊美挺拔,雄伟壮丽,保留着辽金时代的建筑风格,具有很高的建筑艺术水平,是辽代佛塔中具有代表性的佳作,也是研究辽南京城址地理位置的重要依据。

三、建都之始——金中都

(一)历史背景

1115年,女真族首领完颜阿骨打建立金朝,定都上京(今黑龙江阿城)。宋徽宗宣和二年(1120年),宋、金结盟攻辽,约定由宋出兵燕京,胜利后幽、云等州归宋,宋则把原来给辽的"岁币"转纳给金。1122年,宋军攻辽兵败。后金兵攻辽,夺取燕京。金向宋索取"燕京代租金"一百万贯,后将燕京移交给宋。宋改燕京为燕山府。1125年,金灭辽。1126年,金军南下攻宋,占领了燕山府。1127年,北宋亡。

金海陵王完颜亮于贞元元年(1153年),从上京迁都燕京,称其为中都,同时改燕京所在的析津府为大兴府,北京建都的历史从此开始。金袭辽制,实行"五京"之制。除了金中都之外,另设有东京辽阳府、北京大定府、西京大同府和南京开封府,作为控制四方的重镇。

需要指出的是,金海陵王完颜亮迁都燕京,不仅是金朝历史上的重大事件,也是北京城市发展史上一个有重要意义的里程碑。金中都城既是在古蓟城旧址上发展起来的最后一座大城市,又是向全国政治中心过渡的关键。北京成为一代王朝的正式首都,正是从金中都开始的。自此,北京的身份由"城"转变为"都",开启了作为帝都的城市发展新纪元。2003年,为纪念金中都建都850周年,在昔日金中都中轴线上的大安殿遗址上,修建了一座12米高的北京建都纪念阙(见图1-2),上面铭刻着著名学者侯仁之先生撰写的《北京建都记》。2013年,在金代皇城南门至宣阳门故址之间的金中都都城遗址范围内,修建了金中都公园。

图1-2 北京建都纪念阙

知识链接

金中都遗址为何如此重要?

（二）金中都城概况

金中都城是仿照北宋都城东京的规制将辽南京城改建而成的。中都城分大城、皇城和宫城三重。大城除北城墙未动外，其余三面城墙比辽南京城有所增扩。大城周长约18千米，呈方形，设置十三座城门：东、南、西各三门，北四门，接近《周礼·考工记》中王城"旁三门"的制度。东为施仁、宣曜、阳春，南为景风、丰宜、端礼，西为丽泽、颢华、彰义，北为会城、通玄、崇智、光泰。大城套着皇城。皇城正门宣阳门内，东为文楼，西为武楼，中为宽阔的御道，两旁有沟，沟边植柳。北端为宫城正门应天门。应天门十一间，楼高八丈，四隅角楼，琉璃瓦顶，金铺朱户。门内前为大安殿，是金帝举行大典的地方；后为仁政殿，是金帝听政之所。宫城的殿堂馆阁、亭楼宫观，高敞宏丽，气宇万千。城外有天地日月四坛，分列南北东西四方。都城自丰宜门经宣阳门至应天门，有一条宽广的御道贯通。城外大路宽阔平直，夹道植柳，延伸百里。金统治者在中都不仅修建城池宫殿，而且大兴离宫苑囿。规模最大的是金世宗在辽代瑶屿离宫基址上兴建的大宁宫（今北海公园一带）。金帝役使大批士卒、民夫和工匠，掘土凿池，开挖海子，栽植花木，堆砌假山，叠筑琼华岛，环湖为琼林苑，苑中建造宫殿楼台。今钓鱼台国宾馆址曾建有金帝的离宫别苑；燕京八景最初就是在金代见称于世的。在西山一带更有著名的"八大水院"，如阳台山大觉寺清水院、香山潭水院、玉泉山芙蓉殿泉水院、金山金仙庵金水院等。

（三）金中都遗存

1. 卢沟桥

卢沟桥在北京市丰台区永定河上，始建于金大定二十九年（南宋淳熙十六年，1189年），是北京市现存最古老的石造联拱桥。桥全长266.5米，宽7.5米，最宽处可达9.3米，下分11个涵洞。卢沟桥工程浩大，建筑宏伟，结构精良，工艺高超，是我国古桥中的佼佼者。卢沟桥还以其精美的石刻艺术享誉于世。桥身两侧石雕护栏各有望柱140根，每根望柱上有金、元、明、清历代雕刻的数目不同的石狮，柱头上均雕有卧伏的大小石狮约500个，神态各异，栩栩如生。其中大部分石狮是明、清两代原物，金代的已很少，元代的也不多。民间有句俗语"卢沟桥的狮子数不清"。桥东的碑亭内立有清乾隆题"卢沟晓月"汉白玉碑，为燕京八景之一。意大利旅行家马可·波罗在他的游记中称赞"它是世界上最好的、独一无二的桥"。桥东为宛平县城。宛平城始建于明崇祯十三年，东西长640米，南北宽320米。这里是"七七事变"的发生地，至今城墙上仍有日军攻城时留下的弹坑。卢沟桥不仅是古代建桥智慧与雕刻艺术交相辉映的珍贵文物景观，更是承载着深厚历史记忆的重要纪念地。

2. 北京考古遗址博物馆（金中都水关遗址）

金中都水关遗址位于北京市丰台区右安门外，是一处南北方向、木石结构的建筑遗址。该遗址的发现，基本上明确了金中都城内水系的流向。遗址的基础建筑结构与宋代《营造法式》的规定相一致，是现存考古发掘出土的中国古代水关遗址中发现最早、体量最大的，也是研究我国古代建筑和水利设施的重要实例。2001年，金中都水关遗址被评为全国重点文物保护单位。金中都水关遗址见证了北京的建都之始，与北京其他金代遗迹共同构筑了北京金代历史的华彩篇章。

延伸阅读

金中都水关遗址

四、一统都会——元大都

（一）历史背景

元大都是元朝政治、军事、经济、文化中心，北京第一次成为统一国家的首都。从此，北京取代了长安、洛阳、汴梁等古都的地位，成为中国的政治中心。元大都，或称大都，突厥语称为"汗八里"，意为"大汗之居处"。自元世祖忽必烈至元四年（1267年）至元顺帝至正二十八年（1368年），为元朝京师。其城址位于今北京市市区，北至元大都土城遗址，南至长安街，东西至二环路。元大都城街道的布局，奠定了今日北京城市的基本格局。

元朝是中国历史上首次由少数民族建立的大一统王朝，统治者为蒙古族孛儿只斤氏。13世纪初，以铁木真为首领的蒙古族部落统一了其他各部，被尊为"成吉思汗"。1206年，成吉思汗建立大蒙古国。1271年，忽必烈改国号为大元，1272年改中都为大都，定为国都。从此，北京成为中国这个统一的多民族国家的政治、经济、文化中心。

（二）元大都的修建

元大都的兴建，从1267年至1285年，历时18年之久。元大都城墙全部用夯土筑成，城周约28.6千米，共开11个门。大都城的主要设计者是刘秉忠。城池以琼华岛为设计中心。大都城由宫城（大内）、皇城、大都城三道城垣组成。整个大都的城市建筑设计新巧，规划整齐。元大都经过了周密的规划设计，遵循传统儒家经典《周礼·考工记》中的规则制度："匠人营国，方九里，旁三门。国中九经、九纬，经涂九轨，左祖右社，面朝后市，市朝一夫。"，整座城市规划整齐。

延伸阅读

元大都的建造

1. 选址和规划

元世祖忽必烈在选择元大都的城址时，经过了多次考察和论证，最终选定了位于今北京市中心的位置。元大都选址北京，以及北京城区水系和街市宫殿布局，都与刘秉忠的规划设计密切相关。在规划方面，元大都采用了中国古代城市规划的传统方法，如对称布局、中轴线、棋盘式街道等，同时也融入了一些新的元素，如城墙的建造、城市水系的规划等。皇城在土城内南部中央地区，宫城在皇城内南部偏东。元大都南城墙在今东西长安街稍南，北城墙在今北土城路南侧"元大都土城遗址公园"。元大都中南部形成了一条南北长约3.75千米的中轴线。从南城墙中央丽正门向北，经棂星门、崇天门、宫城内大明殿、延春阁，出厚载门、御苑至大天寿万宁寺中心阁，后被明北京城沿用。

元大都城垣遗址公园刘秉忠和大都城雕塑如图1-3所示。

图1-3　元大都城垣遗址公园刘秉忠和大都城雕塑

2. 城墙和宫殿

元大都格局宏大，规划严整。城门外筑有瓮城，城四隅建有角楼，环城还有护城河。今建国门南侧的古观象台，便是元大都东南角楼的旧址。元大都的11座城门如下：东为光熙门（今和平里东）、崇仁门（今东直门）、齐化门（今朝阳门），南为文明门（今东单处）、丽正门（今天安门处）、顺承门（今西单处），西为平则门（今阜成门）、和义门（今西直门）、肃清门（今学院南路西），北为健德门（今德胜门小关）、安贞门（今安定门小关）。城墙的建造是元大都建设的重要工程之一，也是整个城市建设的基础。元大都北土城连同部分东、西城墙北段，长约9000米的遗址，已于21世纪初建成为"元大都城垣遗址公园"。

皇城在大都城的南部中央，宫城则偏处皇城的东部。宫城有四门，东为东华门，西为西华门，南为崇天门，北为厚载门。宫城内的主要建筑分为南北两组，南面以大明殿为主体，北面以延春阁为中心。大明殿是皇帝登基、庆寿、元旦、朝会等活动的场所，规模宏大。而延春阁比大明殿还要高敞，阁前为寝殿，装饰华丽。隆福宫和兴圣宫是皇后和皇太子居住的所在，在太液池的西岸，与东岸的大明殿、延春阁形成"三足鼎立"的态势。在整个皇城的布局中，万寿山（或称万岁山）的琼华岛是全城布局的制高点。

3. 街道和民居

元大都的街道采用了棋盘式布局，街道宽敞平直，东西向和南北向的街道相互交错，形成了一个棋盘状的城市格局。全城街道整齐划一，大街宽24步（37米—38米），小街宽12步(18米—19米)。城内街道分布的基本形式是棋盘形,南北和东西各有9条大街。在南北向大街的东西两侧,小街和胡同平行排列,居民住宅坐北朝南。南北向和东西向街道相交成一个个棋盘式居住区——坊。大都城内共50坊。坊各有门,门上署有坊名。坊内建设了大量的民居,这些民居以四合院为主,是元大都居民的主要居住形式。

4. 水利建设

为了使水路运输直达大都城内,并真正解决大都城水源问题,元代大科学家、水利专家郭守敬主持勘测、修建通惠河的漕运工程。通惠河工程于1293年竣工,它的开通使南方物资可直达大都城的码头,促进了大都城的繁荣。

北京西海湿地公园郭守敬塑像如图1-4所示。

元大都的兴建过程是一个复杂的过程,需要大量的人力、物力和财力。元大都的兴建不仅对中国古代城市规划和建筑产生了深远的影响,也为后来的明清城市规划和建筑风格的形成奠定了基础。

图1-4 北京西海湿地公园郭守敬塑像

(三) 元大都遗存

1. 妙应寺(俗称白塔寺)

妙应寺位于西城区阜成门内大街,始建于元至元八年(1279年)。因寺内有通体白色的塔,故俗称"白塔寺",是全国重点文物保护单位。该寺规制宏丽,于1279年竣工。1368年寺毁于雷火,而白塔得以保存。明代重建庙宇,改称妙应寺。现寺内的建筑大都为清代所建,仅白塔在火焚中幸免,为元代遗物,至今已740余年。

妙应寺白塔是元大都保存至今的重要标志,是我国现存最早最大的一座藏式佛塔。妙应寺白塔由尼波罗国(今尼泊尔)工艺家阿尼哥设计建造,是中尼两国人民的友谊和文化交流的历史见证。妙应寺白塔总高50.9米,塔的外观由塔基、塔身、塔刹等组成。妙应寺白塔是中国现存最大、年代最早的藏传佛教覆钵式塔,其刹顶的造型也是中国目前所独有的。

2. 万松老人塔

《帝京景物略》中有"有砖甃七级,高丈五尺,不尖而平"的描述,说的正是北京城区内的一座"砖塔"——万松老人塔。该塔位于今西城区西四南大街。建于元,为金元时期佛教曹洞宗万松行秀的墓塔。万松行秀少年出家,受戒后四方求学,名满天下,受元太祖成吉思汗委派,住持万寿寺,晚年退居从容庵(即现在砖塔处)。元初政治家耶律楚材曾从万松行秀参学三年,对他推崇备至。万松老人塔为七级密檐式砖塔,是元大都时代的重要建筑遗存,是北京文化古城早期的标志之一,由其得名的砖塔胡同是北京较古老、保存较好的胡同。

3. 文天祥祠

文天祥祠,又称文丞相祠,位于北京市东城区府学胡同,是明清两代祭祀南宋抗元民族英雄文天祥的祠堂,其旧址为文天祥被囚于元大都时的土牢。

1279年,文天祥抗元失败被俘,被囚禁于元大都,始终拒绝投降。1283年,南宋已经灭亡了多年,他依旧拒绝投降,忽必烈才下令把他杀掉。文天祥从容不迫、慷慨赴死的精神,长久受到我国人民的敬仰。

文天祥(1236年—1283年),字宋端,又字履善,号文山,吉州庐陵(今江西吉安)人。元举兵南下灭宋时,文天祥"尽以家资为军费",领兵抗元,兵败被俘。其在招降书上留下不朽的诗句——"人生自古谁无死,留取丹心照汗青",以明其志。后人在他被囚的东城区府学胡同兵马司狱故址建文丞相祠。祠堂始建于明洪武九年(1376年),坐北朝南,是一座由大门、过厅、享堂组成,面积近600平方米的两进四合院。过厅为"文天祥生平展",堂屋中保留有原祠堂的部分遗物和文天祥手迹等展品,院中有一株枣树,相传为文天祥亲手种植。

4. 元大都城垣遗址公园

元大都城垣遗址公园是在元大都土城遗址上建造起来的,西起海淀区学院南路明光村附近,向北到黄亭子,折向东经马甸、祁家豁子。元大都城垣遗址公园大体上与北京十号线地铁线路相重合,全长9千米。今天的小月河就是当年大都城的北护城河。

元大都遗址作为北京城市文明发展的见证和实物遗存,是研究北京城址变迁的重要实迹,对于北京市文化历史的探源与发展有着重要意义。

元大都城垣遗址公园是横贯海淀区和朝阳区的一条城市带状公园,分为海淀段、朝阳段,分别由海淀区和朝阳区管理。海淀段包括西土城及北土城的西段;朝阳段包括北土城的中段及东段。

海淀段平面呈"匚"形。全长4.2千米,总占地面积约18万平方米。海淀段分为10个景区:城垣怀古、蓟门烟树、铁骑雄风、蓟草芬菲、银波得月、紫薇入画、大都建典、水关新意、鞍缰盛世、燕云牧歌。其中,蓟门烟树是燕京八景之一,蓟门烟树碑就在这个景区。

朝阳段平面呈"一"字形,位于北京中轴线东西两侧、国家奥林匹克体育中心、北京中华民族博物院(中华民族园)以南,西起京藏高速公路,东到太阳宫乡的京承高速公路芍药居桥西南角,北邻北土城西路、北土城东路,南邻健安西路、健安东路。朝阳段全长4.8千米,宽130米至160米,总占地面积0.67平方千米。朝阳段被六条城市道路分成七个地块,成为九大景区:元城新象、双都巡幸、四海宾朋、海棠花溪、安定生辉、大都鼎盛、水街华灯、龙泽鱼跃、角楼古韵。

双都巡幸雕塑见图1-5。

图1-5 双都巡幸雕塑

五、辉煌帝都——明清北京城

（一）历史背景

1368年，朱元璋在南京称帝，号洪武，并建都南京，时称应天府，同年派大将徐达、常遇春北伐直捣元大都。朱元璋下诏拆毁元皇宫，将大都改名为北平。洪武十三年（1380年），燕王朱棣就藩北平。洪武三十一年（1398年），朱元璋去世，其孙朱允炆继位，是为建文帝。建文元年（1399年），朱棣起兵北平，发动靖难之役，于建文四年（1402年）攻下南京，夺取帝位，史称"靖难之役"。燕王即位，年号永乐，是为明成祖。永乐元年（1403年）正月，升北平为北京，"北京"之名即由此始。二月，改北平府为顺天府。永乐四年（1406年），朱棣下诏营建北京皇宫。永乐十八年（1420年），北京皇宫完工。永乐十九年（1421年）正月，朱棣正式迁都北京，以北京为京师，南京为陪都。

（二）明清北京城的建设

明北京城是在元大都的基础上，经过展拓、改造、重建之后形成的，并为清代所承袭。明清北京城，是中国历史上建设得最辉煌的封建帝都。

1. 明北京城的规划建设

明北京城是在元大都的基础上，依据南京城池宫殿规制而营建的，分为四重城区，从内到外分别是宫城（即紫禁城）、皇城、内城、外城。整个城市的布局依据是一条纵贯南北、长达7.8千米的中轴线。外城南边正中的永定门是这条中轴线的起点，皇城后门之北的钟鼓楼是这条中轴线的终点。外城、内城、皇城和宫城，都以这条中轴线对称展开。以紫禁城为中心的北京城的建设，反映了当时国力的强盛和建筑技术的高超。明

知识链接

靖难之役

延伸思考

朱棣为什么要迁都北京？

讲课视频

《北京城址的演变》

代还大规模地兴修长城,今存长城多为明建。

明北京城在元大都基础上的变化如下。

首先,是整个都城的位置向南移动。明代初年,大都城的北面城墙向南压缩了2.5千米,即今安定门至德胜门一线。明成祖定都北京之后,又把南面城墙向南拓展了一些,到达今崇文门至宣武门一线。这种都城位置的整体南移,使得原来在偏南处的皇城成为全城的中心,而原来元代位于全城中心的钟鼓楼则偏到都城的北面。

其次,宫城整个东移到了太液池东侧,修建了一座新的皇宫——紫禁城。在这座宫城中,形成了外朝、内廷的格局,外朝三殿为皇帝处理政务的主要场所,内廷两宫及东西六宫为帝王及后妃们生活的主要场所。而以太液池为中心的那一部分被称为西苑,形成独立的皇家园林。这种宫殿格局的变化,在文化主题方面重新加以展示,表现出农耕文化中的"内外有别"、宫殿与园林完全分开的观念,而除去了少数民族游牧文化的诸多因素。与此同时,又把太庙和社稷坛从皇城两侧迁移到皇城南面,仍然是东、西对称,但是"左祖右社"的文化主题更加突出。到了明代中期,明世宗又对北京城进行了大规模修缮,建造了南城,同时对许多都城设施加以改造,大致形成了如今北京城的主体格局。

1) 宫城

宫城(即紫禁城,今称故宫)是皇帝居住的地方,又称紫禁城,是明清两代皇宫,是现存世界上规模最大、保存最完整的木质结构古建筑群。它南北长961米,东西宽753米,占地面积约72万平方米。宫城有四门,南门(正门)为午门,东门为东华门,西门为西华门,北门为玄武门(清康熙时改为"神武门")。宫城内外砖砌,外围护城河,四周有10米高的城墙,城墙外有52米宽的护城河(筒子河),四隅设角楼,巍然高耸。宫城内,前部为皇帝坐朝和举行大典的外朝,以奉天(后改名为"皇极",清改为"太和")、华盖(后改名为"中极",清改为"中和")、谨身(后改名为"建极",清改为"保和")三大殿为主体,文华殿和武英殿为两翼。后部为皇帝和后妃居住的内廷,以乾清宫、交泰殿、坤宁宫为主体,东六宫和西六宫为两翼。最后为御花园。

2) 皇城

皇城范围内有紫禁城、镇山(清改为景山)、太庙、社稷坛及西苑(三海)等建筑。皇城周长9千米,四方开门,即皇城正门承天门(清改为天安门)、东门东安门、西门西安门、北门北安门(清改地安门)。皇城内为皇家禁地,百姓绝不可越雷池半步。承天门内东西朝房两旁,布置了"左祖右社"的太庙和社稷坛。这样的布置改变了元朝"左祖右社"远离皇城的布局,使太庙与社稷坛紧连着皇宫。承天门前有一条宽阔的御道,两旁有联檐通脊的千步廊,组成"T"形广场。广场两侧宫墙的外面,文东武西,对称地排列着中央政府的主要官署,改变了元大都城内中央衙署分散的布置。

3) 内城

明初,出于战略防御的需要,内城在元大都城的基础上放弃了空旷、人烟稀少的北部城区,将北城墙南缩2.5千米,另筑新城,即今安定门、德胜门一线。南城墙向南拓展了1千米,即今崇文门、正阳门、宣武门一线。东西城墙保留不变,这就是明代前期的北京城。嘉靖年间增筑外城后,此道城垣之内被人们称为内城。

内城周长20千米,共有城门9座,即正阳门、崇文门、朝阳门、东直门、安定门、德胜门、西直门、阜成门、宣武门。

这9座城门当初是按照严整对称的格局而修建的,东直门对西直门,朝阳门对阜成门,崇文门对安定门,宣武门对德胜门,只有正阳门没有相对的门,北面当中省去一门,据说是怕泄了所谓"王气"。当年这9座城门都有雄伟的城楼,以其雍容大度的姿态,环列在高耸的城垣之上。南面当中的正阳门,正处在北京的中轴线上,是为主门,又因为正对皇宫,所谓"圣主当阳,日至中天,万国瞻仰",因而取名"正阳"。

4) 外城

外城于明嘉靖年间建成,全长14千米,共7座城门,分别是东便门、广渠门、左安门、永定门、右安门、广安门、西便门。外城城垣为北京"凸"字形城垣的底部,即今天的南二环路。

2. 清朝定鼎京师和三山五园的建设

1) 历史背景

清朝的建立者是女真族,其在明代逐渐崛起,成为明代北方的重要势力。女真族的领袖努尔哈赤建立了后金政权,并在与明朝的战争中逐渐扩大势力范围。明崇祯九年(1636年),后金改国号为清,皇太极称帝。明崇祯十六年(1643年),皇太极之子福临继位,改年号为"顺治"。1644年,明朝在农民起义和清军的双重打击下灭亡,清军顺利进入北京城,并迁都北京,成为中国的统治者。北京继元、明两朝之后,再一次成为我国的政治中心。

2) 清代京师的城市格局

清朝统治者在定鼎北京之后,继续沿用明代京城城垣,并在此基础上做了局部调整。清代将明万岁山改名为景山,使景山成为宫城的外延,将外朝的三大殿更名为太和殿、中和殿、保和殿,内廷后三宫的乾清宫、交泰殿、坤宁宫沿用明制。紫禁城的玄武门改为神武门;皇城承天门改为天安门、北安门改为地安门、大明门改为大清门;外城广宁门改为广安门。清朝统治者在宫城内还修建了藏传佛殿,以及大量具有满族建筑风格的宫殿,同时,还以"拱卫皇居"的名义,在北京实行旗、民分城居住的制度,将内城改为八旗居住区,令汉人迁往外城居住。内城以皇城为中心,由八旗分立四隅八方:镶黄旗居安定门内,正黄旗居德胜门内;镶白旗居朝阳门内,正白旗居东直门内;镶红旗居阜成门内,正红旗居西直门内;镶蓝旗居宣武门内,正蓝旗居崇文门内。

3) 清代皇家园林的建设

康雍乾盛世时期,政治稳定、经济发展、国库丰盈,故开始大兴土木。又因为北京西郊一带重峦叠嶂,湖泊罗列,泉水充沛,具有优美的山水自然景观,自辽、金以来历代王朝皆在此地营建行宫别苑,因此清统治者选中西郊兴建皇家园林,先后建起了著名的三山五园。其中,三山是指香山、玉泉山、万寿山,五园是指静宜园、静明园、清漪园

音频链接
▼

《正阳门》

知识链接
▼

内城九门有什么特殊用途吗?

讲课视频
▼

《北京城门的用途》

音频链接
▼

《永定门》

知识链接
▼

为什么明代北京外城是呈"凸"字形的?

(今颐和园)、圆明园、畅春园。营建时间跨康熙、雍正、乾隆三朝，共一百三十余年，投入了巨大财力，所建的园林数量、规模、范围均超过历代王朝。三山五园被营造成"园居理政"的格局，是清廷居住生活和上朝听政的主要场所。其中，以圆明园为核心的三山五园成为清代的政治中心。三山五园始建于清康熙时期，兴盛于乾隆时期，大多在1860年(第二次鸦片战争期间)被焚毁。三山五园代表了中国传统园林艺术的最高水平，也是北京历史文化名城的重点保护区域之一。清代除了在西郊大规模兴建皇家园林外，对明代的皇家御苑也进行了大量增建，如景山五亭、北海白塔等。

3. 明清北京城的规划特点

今天我们所说的古都北京主要是指明清北京城。明清北京城是中国古代都城规划设计之集大成者，它以元大都为基础，按照唐代以来的都城传统进行规划。从明清北京城的规划中，我们可以窥见自北魏洛阳城以来，历代都城规划在中轴线、城内中心点和制高点、宫城皇城的位置及布局、中央衙署和庙坛配置等方面所留下的深刻影响。

1) 北京城的布局设计具有浓厚的政治色彩

城市中心是皇宫，体现了皇权的至高无上。皇宫周围是中央官署和贵族住宅区，再向外则是商业区和市民住宅区。这种布局形式将皇帝和皇权置于城市中心，强调了皇帝对全国的政治统治地位。

2) 城市布局呈轴对称

以皇宫为中心，城市左右两侧的建筑和街道呈对称分布。这种布局方式增强了城市的秩序感和美感。同时，城市在建设时还考虑到了地形、气候等自然条件以及其他因素。

3) 宗法礼制思想的贯彻

整个都城以皇城为中心，皇城前左建太庙，右建社稷坛。外城主要为商业区和居民区，内城则有更多的官署等，不同区域各司其职。这种布局完全符合"左祖右社，前朝后市"的传统城制，同时在建筑布局和规模上严格遵循礼制，等级分明。

4) 多民族融合的文化模式

古都北京承载了辽、金、元、明、清五朝的辉煌历史，其中除了明代作为汉族政权的都城之外，其余时间分别是契丹族、女真族、蒙古族和满族的都城(或陪都)，这一独特的历程深刻地彰显了古都北京在民族文化交融中的核心地位。这一特性在中国历代古都中独树一帜，铸就了北京特有的多民族融合文化模式，使之成为中华民族多元一体格局中的璀璨瑰宝。

明清北京城的形制布局是此前历代都城规划经验的集大成者，既体现了皇权至上和封建礼制的要求，又达到了都城传统布局艺术的最高境界：在严整中富于变化，在变化中又达统一，体现出均衡之美，蕴含深邃广博之思。

【教学互动】

明清北京城的规划建设有何特点？对于现代城市规划建设有什么借鉴意义？

4. 明清北京遗存

明清北京的历史文化遗存非常丰富,其中包括故宫、颐和园、天坛、地坛、日坛、月坛、先农坛、历代帝王庙、明十三陵等众多著名的古建筑和遗址。该部分会在第四章中详细阐述,此处不再赘述。

【教学互动】

北京有多少处世界文化遗产?请谈一谈你最了解的北京世界文化遗产。

六、风云变幻——民国北平

(一)历史背景

1911年,辛亥革命结束了中国两千多年的封建帝制。1912年1月1日,孙中山在南京就任中华民国临时大总统,后让位给袁世凯。1912年4月,中华民国临时参议院迁都北京,仍称京师,所在地为顺天府。1914年10月4日,改顺天府为京兆地方。袁世凯复辟帝制失败后,中国处于军阀混战的局面。1927年4月18日,蒋介石在南京成立国民政府。1928年6月28日,废京兆地方,改北京为北平特别市。1937年七七事变后,北平沦陷于日本帝国主义之手。1945年抗日战争结束,北平被设为行政院直辖市。1948年底,中国人民解放军发动平津战役,傅作义接受中国共产党提出的八项和平条件。1949年1月31日,北平和平解放;2月3日,中国人民解放军在正阳门举行了隆重、庄严的入城仪式。1949年10月1日中华人民共和国成立,北京成为中华人民共和国的首都。

(二)城市变化

1. 城垣的变化

民国初期,北京的城墙街道变化很大。1923年,皇城的东、北、西三面墙垣被拆除,南面的墙垣大部分也被拆除;新辟四条交通干线,纵向为紫禁城东侧南、北池子和西侧南、北长街两条通道,横向为紫禁城南面大街(今东西长安街)和北面今景山前街两条通道。1924年,在正阳门与宣武门之间开兴华门,后改为和平门。1937年,在东长安街东开启明门,后改名建国门。在西长安街西开长安门,后改称复兴门。

2. 城市建筑

一个城市的建筑本身就是一段历史的真实记录。民国时期,北京的城市建筑变化表现在两个方面:第一,新式建筑增加;第二,皇家建筑陆续对民众开放。

民国以后,西式建筑和仿古建筑增加,如北京协和医学院、京师图书馆(后改名为北平图书馆)、燕京大学、辅仁大学等。1914年,在故宫文华殿和武英殿成立了古物陈列所,这是北京最早的历史博物馆。1924年,冯玉祥发动北京政变,将溥仪驱逐出宫。

1925年，故宫博物院成立，10月10日举行开幕典礼，售票开放，供公众参观游览。紫禁城开放后，北京的坛庙园林也相继开放，如太庙改为和平公园（后改为故宫博物院分院，现为劳动人民文化宫），社稷坛于1914年改为中央公园（1928年更名为中山公园），先农坛于1917年改为城南公园（20世纪30年代辟为先农坛体育场），天坛改为天坛公园于1918年正式开放，地坛改为京兆公园（后改为市民公园，现为地坛公园）。景山改为景山公园，北海改为北海公园，并开放了中海和南海。颐和园于1914年被辟为公园开放。

（三）民国时期北京发生的重大历史事件

北京在民国时期发生了许多重大历史事件，其中极为重要的就是辛亥革命和中华民国的建立。辛亥革命推翻了清王朝的统治，建立中华民国，结束了中国两千多年的封建帝制。此后，北京作为国都经历了多次政治变革和动荡时期，包括袁世凯复辟、张勋复辟、五四运动等。然而，随着时间的推移，北京逐渐成为一个文化、艺术和国际交流的中心，吸引了众多学者和文化名流前来定居和从事创作活动。同时，北京也保留了许多文化遗产和历史遗迹，成为中国传统文化的重要保留地之一。

1. 革命历史

北京是历次爱国运动和革命运动的发祥地和中心，如五四运动、一二·九运动等，这些运动对中国近代史产生了深远的影响。

1915年，陈独秀主编的《新青年》在上海创刊。1917年，《新青年》编辑部从上海迁到北平，陈独秀、李大钊、鲁迅、胡适等在报刊上大力提倡新道德、反对旧道德，提倡新文学，反对文言文，北京成为新文化运动的策源地。

1919年，北京学生发动了五四运动，并发展成为全国性的反帝反封建的爱国运动。

1926年3月18日，北京学生、工人和市民万余人，在天安门召开大会，反对通过通牒。会后，群众到段祺瑞执政府请愿，遭镇压，死伤200多人，这就是震惊中外的"三一八"惨案。

九一八事变后，1935年12月9日，面对日本的侵略，国土沦丧，北京数千名青年学生举行游行示威，要求停止内战，一致对外，掀起抗日救国的一二·九运动。

1937年七七事变后，北京沦为日本殖民地达8年之久。

1947年5月20日，北京学生面对国民党的黑暗统治，发动了"反饥饿、反内战、反迫害"的示威游行。

在中国革命历史上，北京具有重要的地位。作为中国共产党的发祥地之一，北京在中国革命的初期起到了重要的作用。同时，在抗日战争时期，北京也是抗日战争的重要战场之一。在这段时间里，北京的居民和学生纷纷投入到抗日斗争中，为中国的抗日战争作出了重要的贡献。此外，在解放战争时期，北京也是中国共产党的重要据点之一，为中国的解放战争提供了重要的支持和帮助。

在民国时期，北京经历了无数次政治、社会和文化方面的变革，成为历史舞台上各种事件和运动的中心,见证了中国近代历史的沧桑巨变。

2. 文化发展

在民国时期,北京的文化发展也取得了重要的成就。新文化运动是北京文化发展的一次重要变革。新文化运动提倡白话文、新文学和新文化等思想和文化革新,对北京的文化氛围和文化传统产生了深刻的影响。同时,新文化运动也推动了中国的现代化进程和文化进步。

五四运动也是北京文化发展的重要事件之一。五四运动是一次反对封建主义和帝国主义的运动,也是一次新文化运动。在五四运动中,北京的学生和知识分子提出了"民主""科学""自由"等口号和理念,推动了中国的现代化进程和文化进步。同时,五四运动也对北京的文化氛围和文化传统产生了深刻的影响。

另外,北京在民国时期聚集了许多学术机构和高等学府,如北京大学、清华大学等。这些机构为北京的学术研究和教育提供了重要的平台。在学术研究方面,许多学者和专家在各个领域取得了重要的成果,如鲁迅、胡适、钱穆等,他们的研究成果对中国现代学术史产生了深远的影响。同时,民国时期的北京也是文艺创作的繁荣之地,许多文学家、艺术家和戏剧家在此地创作了大量的作品,如老舍的《骆驼祥子》、曹禺的《雷雨》等。这些作品反映了当时社会的现实和人民的心声,成为中国现代文学的重要组成部分。

北京的历史变迁是一部丰富多彩、充满变革和动荡的史诗。从远古人类的活动、建城之始、北方重镇到成为国都,到民国时期的城市变化和发展,再到现代的国际化大都市,北京的历史见证了中国数个世纪的辉煌与沉浮。北京不仅保留了丰富的文化遗产和历史遗迹,也承载着中国人民的民族情感和文化自信。

知识链接

北京新文化运动纪念馆

本章小结

　　本章结合北京的自然地理条件,详细介绍了北京历史起源与演进过程中的各个历史时期概况,包括远古人类遗存、燕蓟古城、秦汉隋唐时期、辽金时期、元代、明代、清代和民国时期。本章总结了各个时期的城市规划、历史变迁、历史事件和文化遗存,展现了北京作为中国政治、文化和经济中心的悠久历史和丰富积淀。

　　通过对本章的学习,学习者可以深入了解北京这座城市的发展历程和各个历史时期的特点,理解北京旅游文化的深厚底蕴和独特魅力。本章对北京的历史起源及其发展演进进行了全面的梳理和总结,为后面章节的学习奠定了坚实的基础。

本章训练

一、选择题

1. 北京地区最早建立的封国燕在今天北京的什么位置?(　　)

A. 广安门一带　　　　　　　　　　B. 房山区琉璃河董家林村
C. 安定门一带　　　　　　　　　　D. 大兴区榆垡村

2. 北京建立城市是在哪一年?(　　)
　A. 1406年　　　B. 1046年　　　C. 前1046年　　　D. 前1406年

3. 下列对应隋唐辽金元的北京名称正确的是哪个选项?(　　)
　A. 涿郡、幽州、中都、南京、大都　　B. 幽州、涿郡、南京、中都、大都
　C. 幽州、南京、中都、涿郡、大都　　D. 涿郡、幽州、南京、中都、大都

4. 永定门始建于(　　)。
　A. 元代　　　B. 明代　　　C. 清代　　　D. 西周

5. (多选)下列不属于"燕京八景"的是(　　)。
　A. 蓟门烟树　　B. 金台夕照　　C. 天安丽日　　D. 紫禁余晖
　E. 玉泉趵突

6. (多选)下列属于隋唐时期历史遗存的景点是(　　)。
　A. 卢沟桥　　B. 法源寺　　C. 大觉寺　　D. 云居寺

二、思考题

1. 北京作为中国历史悠久的城市,经历了多个历史时期。在这些历史时期中,哪些事件或因素对北京的城市规划、建设和发展产生了重大影响?

2. 北京拥有众多的历史文化遗产和古迹。这些文化遗产和古迹对于北京的城市形象和发展有何意义?在现代社会中,如何更好地保护和传承这些文化遗产?

三、实训题

1. 设计一条以北京历史文化和古迹为主题的旅游线路,包括各个时期的主要代表性建筑、文化景点和历史事件,并制定相应的旅游计划和行程安排。

2. 针对北京的历史和文化特点,设计一份问卷调查,旨在了解游客对北京历史文化的认知和态度,并通过对问卷调查结果的分析,提出相应的建议和措施,以更好地推广和传承北京的历史文化。

第二章
古都风貌：北京中轴线与城市格局

知识目标

1. 掌握古都北京的规划特色。
2. 深刻理解古都北京的规划建设思想和理念。
3. 掌握中轴线的历史文化内涵与构成要素。
4. 了解北京胡同的历史文化溯源、保护和发展现状。
5. 掌握北京四合院的建筑单元和文化内涵。

能力目标

1. 能够深入理解古都北京的规划建设思想，以及古都北京的规划建设对现代北京城市规划的影响。
2. 能够理解北京中轴线的申遗对于中轴线的保护和传承的重要意义，并结合实际探讨中轴线保护和传承的有效途径和措施。
3. 能够完成"北京中轴线文化旅游虚拟仿真实验教学系统"的实验任务。
4. 能够结合北京胡同四合院的保护开发现状分析旅游活动的开展对旅游目的地社会文化、经济、环境的影响。

德育目标

1. 通过对北京古都规划特色的学习，使学生感受悠久历史文化的魅力，激发学生的文化认同和历史责任感、培养文化自信。
2. 通过完成北京中轴线的演变及虚拟仿真实验，加深学生对北京中轴线对于北京城市建设的重要意义的理解，掌握中轴线丰富的历史文化内涵，感受北京中轴线的申遗价值，增强保护文化遗产意识。
3. 引导学生分析胡同和四合院旅游资源的开发和保护、旅游活动的开展对旅游目的地社会文化、经济、环境的影响的相关案例，树立辩证唯物主义世界观，树立保护和弘扬中国传统文化意识，加强社会责任意识和旅游环境保护意识。

知识导图

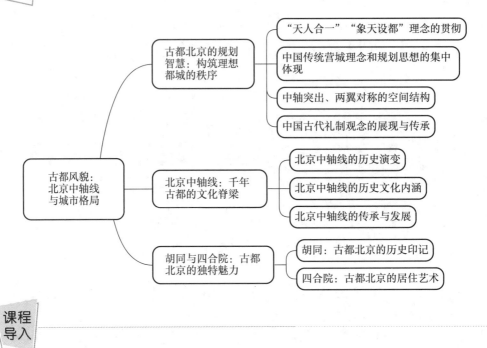

课程导入

北京城市总体规划(2016年—2035年)

2014年2月和2017年2月,习近平总书记两次视察北京并发表重要讲话,为新时期首都发展指明了方向。为深入贯彻落实习近平总书记视察北京重要讲话精神,紧紧扣住迈向"两个一百年"奋斗目标和中华民族伟大复兴的时代使命,围绕"建设一个什么样的首都,怎样建设首都"这一重大问题,谋划首都未来可持续发展的新蓝图,北京市编制了新一版的城市总体规划。

该规划明确了北京的首都城市战略定位,即全国政治中心、文化中心、国际交往中心、科技创新中心,也明确了发展目标,即建设国际一流的和谐宜居之都。在空间布局上,提出了构建"一核一主一副、两轴多点一区"的城市空间结构,即首都功能核心区、中心城区(包括东城区、西城区、朝阳区、海淀区、丰台区、石景山区)、北京城市副中心(原通州新城规划建设区)、两轴(中轴线及其延长线,长安街及其延长线)、多点(5个位于平原地区的新城,包括顺义、大兴、亦庄、昌平、房山新城)以及生态涵养区(包括门头沟区、平谷区、怀柔区、密云区、延庆区,以及昌平区和房山区的山区)。具体内容如下。

1.建设政务环境优良、文化魅力彰显和人居环境一流的首都功能核心区

核心区是全国政治中心、文化中心和国际交往中心的核心承载区,是历史文化名城保护的重点地区,是展示国家首都形象的重要窗口地区。突出两

轴政治、文化功能，加强老城整体保护，打造沿二环路的文化景观环线，推动二环路外多片地区优化发展，重塑首都独有的壮美空间秩序，再现世界古都城市规划建设的无比杰作。继承发展传统城市中轴线和长安街形成的两轴格局，优化完善政治中心、文化中心功能，展现大国首都形象和中华文化魅力。推动老城整体保护与复兴，建设承载中华优秀传统文化的代表地区。

2. 推进中心城区功能疏解提升，增强服务保障能力

中心城区是全国政治中心、文化中心、国际交往中心、科技创新中心的集中承载地区，是建设国际一流的和谐宜居之都的关键地区，是疏解非首都功能的主要地区。以两轴为统领，围绕核心区，在西北部地区、东北部地区、南部地区形成主体功能、混合用地的空间布局，保障和服务首都功能优化提升。

3. 高水平规划建设北京城市副中心，示范带动非首都功能疏解

北京城市副中心为北京新两翼中的一翼。应当坚持世界眼光、国际标准、中国特色、高点定位，以创造历史、追求艺术的精神，以最先进的理念、最高的标准、最好的质量推进北京城市副中心规划建设，着力打造国际一流的和谐宜居之都示范区、新型城镇化示范区和京津冀区域协同发展示范区。遵循中华营城理念、北京建城传统、通州地域文脉，构建蓝绿交织、清新明亮、水城共融、多组团集约紧凑发展的生态城市布局，形成"一带、一轴、多组团"的空间结构。

4. 以两轴为统领，完善城市空间和功能组织秩序

完善中轴线及其延长线。中轴线及其延长线以文化功能为主，是体现大国首都文化自信的代表地区。既要延续历史文脉，展示传统文化精髓，又要做好有机更新，体现现代文明魅力。

完善长安街及其延长线。长安街及其延长线以国家行政、军事管理、文化、国际交往功能为主，体现庄严、沉稳、厚重、大气的形象气质。

5. 强化多点支撑，提升新城综合承接能力

顺义、大兴、亦庄、昌平、房山的新城及地区，是首都面向区域协同发展的重要战略门户，也是承接中心城区适宜功能、服务保障首都功能的重点地区。坚持集约高效发展，控制建设规模，提升城市发展水平和综合服务能力，建设高新技术和战略性新兴产业集聚区、城乡综合治理和新型城镇化发展示范区。

6. 推进生态涵养区保护与绿色发展，建设北京的后花园

生态涵养区是首都重要的生态屏障和水源保护地，也是城乡一体化发展的敏感区域，应将保障首都生态安全作为主要任务，坚持绿色发展，建设宜居宜业宜游的生态发展示范区、展现北京历史文化和美丽自然山水的典范区。

（资料来源：内容根据北京市人民政府门户网站公布的《北京城市总体规划（2016年—2035年）》编辑）

第一节　古都北京的规划智慧：构筑理想都城的秩序

北京是一个有着悠久历史，又极富现代化的世界文化名城。3000多年的建城史、870多年的建都史，使北京独具旅游文化内涵。建筑学家梁思成先生曾经满怀深情地指出，北京是在全盘的处理上，完整地表现出伟大的中华民族建筑的传统手法和都市计划方面的智慧与气魄。这增强了我们对伟大的祖先的景仰，对于中华民族文化的骄傲，对于祖国的热爱。北京向我们证明了我们民族在适应自然、控制自然、改变自然的实践中有多么光辉的成就。这样一个城市是一个举世无双的杰作。

今天我们所说的古都北京主要是明清北京城。明清时期的北京城，其规模承袭了元大都的宏伟，形成了内外四重城池的布局结构，即外城、内城、皇城和宫城，构成了层层相套的"回"字形城墙建筑系统，这种设计不仅体现了皇权的威严与庄重，也展现了古代城市规划的精湛技艺。整个城市由一条贯穿南北的中轴线统领，形成庄重有序的整体。北京古都风貌的特色主要体现在以宏伟壮丽的皇家建筑群为核心的帝王文化气派上。城市内的主体是庞大的宫殿建筑群，这些建筑群不仅规模宏大，而且布局严谨，井然有序。宫殿建筑群之外，还有以坛庙为主的礼制建筑群、皇家寺庙群、皇家陵墓群和皇家园林等，这些建筑群共同构成了北京古都的独特风貌。

北京城的街巷布局呈现经直纬平的棋盘式格局。居住区以"坊"为单位进行划分，每一个"坊"都承载着居民的日常生活。在这些"坊"中，四合院是居住区内以胡同为纽带的最小单位。四合院以其独特的建筑风格，成为北京传统民居的代表。俯瞰整个城市，灰墙灰瓦的民居烘托着宫城的黄琉璃瓦屋面。对比鲜明的色彩，使宫殿建筑群在城市的背景下显得尤为突出，彰显了皇权的尊严与威严。这些独特的形态相互交织、相互映衬，共同构成了北京古都的风貌。

城市规划的指导思想以及体现这种思想的建筑布局，通常取决于设计者在既定条件下对文化传统与时代精神的把握。就北京这样一座历史悠久的古都而言，中国的传统文化对各代城市规划设计者具有深入骨髓的内在影响，在潜移默化中左右着他们的具体构思、城市规划布局与典型建筑的风格，由此成为反映城市文化传统与历史特征的载体，而它们的形成过程显示了悠久绵长的文化渊源与积淀深厚的文化底蕴，这也正是古都北京的文化之魂。

一、"天人合一""象天设都"理念的贯彻

中国传统文化中天人合一的思想，在古都建设中得到最充分的体现。自古以来，中国历代的皇帝都自诩为"天子"，"奉天承运""受命于天"。古人从"天人合一"的思想出发，"象天设都"。"天人合一"和"天人感应"思想是中国封建社会的主导思想，"象天

设都"是指依天象和地理方位营建国都,在人间大地上效仿古人认知的天象。古人认为,天界是一个以帝星为中心,以四象、五宫、二十八星宿为主干,组织严密、等级森严的社会。在这一体系中,天帝所居住的"紫微垣"位居中央,其东西南北四个方向,屹然矗立着四座神宫:东宫苍龙、西宫白虎、南宫朱雀、北宫玄武,其四周有二十八星宿,它们异向同心,形成拱卫之势。

元大都和明清北京城的规划和皇宫的建筑设计都蕴含着象天法地、敬天法祖的传统文化内涵。元大都与明清北京城的规划,以及皇宫的建筑设计,皆深植于象天法地、敬天法祖的古老传统文化之中。明清北京城的规划成就尤为卓越,它不仅继承并发展了我国古代都城规划的理论精髓与实践方法,更以卓越的建筑艺术,巧妙地诠释了封建帝王"普天之下,唯我独尊"的崇高地位与统治思想。在明清北京城的布局中,宫城、皇城、内城、外城错落有致,功能各异而又相互依存。宫城坐镇全城核心,象征着皇权的至高无上;前朝后市,左祖右社,则体现了古代社会的政治、经济、文化等多方面的和谐秩序。这种层层拱卫、逐次向外延展的布局,不仅构建了一个结构严谨、秩序井然的城市空间,更形成了一个相互呼应、互相辉映的城市格局,彰显出古都的雄伟与壮丽。

二、中国传统营城理念和规划思想的集中体现

古都北京的城市规划中,不仅融合了《周礼·考工记》中阐述的都城营建智慧,即"匠人营国,方九里,旁三门;国中九经九纬,经涂九轨,左祖右社,面朝后市",还巧妙地将《管子》中强调的因地制宜、环境优先的规划理念融入其中。特别是在城市选址上,充分考量了与自然环境的和谐共生。北京的中轴线巧妙地与原有自然水系相呼应,都城轴线与地区轴线在此重叠,这种布局不仅将都城营建与国土规划融为一体,更是将都城与天界相对应,深刻体现了中国传统文化中"天人合一"的哲学思想。作为一个历经八百年演变与发展的都城规划典范,它不仅是中国社会发展的重要历史见证,更是东方文化背景下都城规划的杰出代表。其独特的城市空间序列和景观设计,为现代城市规划与建设提供了宝贵的经验和灵感,成为城市设计领域的杰出范例。

元大都规划设计以《周礼·考工记》建都思想为主导,设计理念清晰、准确。城内街巷规划严谨,纵横交错,排列整齐,如同棋盘。宫城内的主要建筑位于南北中轴线上,南面的大明殿是皇帝处理朝政的地方,城市的主要市场则位于漕运终点积水潭(海子)东岸的"斜街市",而形成"面朝后市"的格局。同时又通过因地制宜的规划设计,让城市总体布局与水系完美结合,实现人工与自然的交融。此外,按左祖右社之制,于大都城齐化门(今朝阳门)内建太庙,平则门(今阜成门)内建社稷坛。

明清北京城沿袭了元大都的规划设计,采用了严格的城市规划原则,以"凸"字形城墙为轮廓,南北中轴线为骨架,各类城市功能于城内东西两侧,体现出中轴线对称、前朝后寝、左祖右社等布局形式。这些原则确保了城市布局的秩序感和平衡感,体现了中国古代都城规划的精髓。

三、中轴突出、两翼对称的空间结构

(一)体现"以中为尊"的布局思想

《吕氏春秋·慎势》中记载:"古之王者,择天下之中而立国,择国之中而立宫。""择天下之中而立国"是古代中国国都选址的一个重要理念,具有深刻的内涵和意义,在古代中国的国都选址中有着深远的影响,是古代政治、经济、文化等多种因素综合作用的体现。这个观念认为,一个国家的首都应该是位于整个国土的正中央,以便能够有效地统治和管理全国。

首先,从地理视角审视,"天下之中"不仅是一个抽象的地理概念,更代表着国家的核心区域。这里不偏不倚,位居国土正中,无论东西南北,皆能顾及,在此建立国都,在空间上具有一种向心性,能够更好地辐射和控制四方,实现有效的统治与管理。

其次,从政治层面分析,"天下之中"更是国家政治中心的象征。在此建立国都,可以确保国家的政治重心和权力中心高度集中,从而增强国家的凝聚力和向心力,维护政治稳定与统一。此外,这个位置亦能成为全国民众心中的精神寄托,代表着国家的尊严与荣耀,激发国民的自豪感和归属感。

最后,从文化角度看,这一理念也反映了古人对天地秩序和宇宙观念的认知,认为处于天下之中可以更好地与天地相呼应,顺应自然规律,确保国家的稳定和安宁。

古都北京城市布局根据帝王"唯我独尊"和"王者必居天下之中"的思想,皇宫及皇城都被安排在城市的中心或中轴线上,这不仅反映了东方传统文化精神,也反映了中国"皇权至尊""皇权至上"的封建等级思想。这种思想在都市规划布局中得到具体的展现和应用。

(二)中轴突出、两翼对称的空间结构

"中轴突出、两翼对称"是《周礼·考工记》中"惟王建国,辨方正位"原则在北京城规划建设中的具体体现。北京的城市布局以皇宫为中心,以南北中轴线为骨架,东西对称。一条贯穿南北的中轴线,将城市分为东西两个部分,两侧按照严格的对称原则进行布局。中轴线上分布着整个城市最为重要和规模、等级最高的各种建筑。这些象征着国家权力、国家祭祀和国家礼仪的建筑构筑了城市的中轴线,中轴突出、两翼对称的布局方式体现了古代以中为尊的观念和对天地之道的敬畏之心。此外,在城市形态上,北京的城市形态呈现出一种"凸"字形的格局,中轴线上的建筑群成为城市的视觉中心。这种城市形态的形成与元代营建大都时先定城市中心点,再来确定方位、宫殿位置等有关。

四、中国古代礼制观念的展现与传承

首先,在城市布局方面,北京城市的布局严谨。北京城以皇宫为中心,以南北中轴

线为骨架,东西对称。这种布局形式体现了中国古代都城规划的经典手法,即"前朝后寝,左祖右社"。其中,"前朝"指皇宫前方的政务区,是皇帝处理政务的地方;"后寝"指皇宫后面的生活区,是皇帝及其家人的居住之地。而"左祖右社"则指皇宫左侧是祖庙,右侧是社稷坛,分别代表了皇帝对祖先和土地的敬畏之情。祭祀活动是北京城内重要的活动之一,各类规格的祭祀建筑和场所分布在中轴线两侧,既让这些祭坛显得整齐与庄严,也给中轴线增添了浓厚的礼制文化色彩。

其次,在建筑规划上,北京城依古代建筑等级制度建设,以帝王为主、臣民为从,通过建筑形制与布局体现森严礼制与等级制度。俯瞰京城,有外城、内城、皇城、宫城(紫禁城)的层层拱卫,也有依等级规制建于方格网道路系统的王府、庙宇及四合院民居,高大辉煌的紫禁城与灰暗民居映衬,形成错落有序、等级鲜明的整体。例如,紫禁城作为皇帝的居所,其建筑规模和形制严格遵循了古代的礼制,其建筑色彩、装饰等也都有着严格的规定,体现了古代礼制的等级观念和秩序感。天坛作为祭祀天地之所,天坛内的建筑、装饰、色彩等都与天地之数有关,寓意着敬天法地的思想。同时,天坛作为皇家祭祀场所,其建筑群和景观元素的设置都严格遵循古代的礼制规定。

古都北京的规划特色与智慧体现了中国古代城市规划的精髓和思想,同时也融入了现代元素,为城市发展提供了保障。这种规划特色不仅使得北京成为一座独具魅力的历史文化名城,也为中国古代城市规划提供了宝贵的经验和启示。

从景山俯瞰故宫如图2-1所示。

图2-1 从景山俯瞰故宫

第二节 北京中轴线:千年古都的文化脊梁

北京中轴线承载了"以中为尊""天人合一"等延续千年的中国传统哲学观念,见证了中国城市发展的历史脉络。它既是中国古代大建筑群平面中统率全局的轴线,也是古都北京的中心标志,还是世界上现存最长、保存最完整的城市中轴线。古都北京和壮美中轴线相互依存、相伴相生。

北京中轴线始建于13世纪,形成于16世纪,此后经不断演进发展。北京中轴线北起钟鼓楼,向南经过万宁桥、景山、故宫、端门、天安门、外金水桥、天安门广场及建筑群、正阳门、中轴线南段道路遗存,南至永定门;太庙和社稷坛、天坛和先农坛东西对称布局于两侧。北京老城左右对称的形制和所有重要建筑的空间分布,几乎都围绕这条中轴线而展开。依据《北京中轴线保护管理规划(2022年—2035年)》,以上这15处建筑及遗存是中轴线遗产的构成要素。中轴线上的主体建筑平衡对称、高低有别、错落有序,体现了皇权至上的思想。中国建筑大师梁思成先生曾说过:"北京独有的壮美秩序就由这条中轴的建立而产生。气魄之雄伟就在这个南北引申、一贯到底的规模。有这样气魄的建筑总布局,以这样规模来处理空间,世界上就没有第二个!"如此气魄雄伟的中轴线,究竟经过怎样的岁月洗礼才逐渐形成的呢?

一、北京中轴线的历史演变

《北京中轴线》

北京中轴线,历经元、明、清、民国,直至中华人民共和国,七百多年的规划、建设、改造,体现了北京城市发展的历程。"中"字乃是对古代城市中轴线最为精妙的图示展现。在"中"字的象形文字里,呈现了一座四方的城池,以及纵贯城池南北的中轴线。"择天下之中而立国,择国之中而立宫"是古代中国国都选址和布局规划的一个重要理念。最早追溯至夏商时期,城市中轴线已经体现在城市规划中。周代,《周礼·考工记》明确规定了都城的结构、建筑的内容以及布局,即"匠人营国,方九里,旁三门。国中九经九纬,经涂九轨。左祖右社,面朝后市,市朝一夫"。这是一套中国"理想都城"营造手法,将传统中庸文化通过古代建筑布局体现出来。《中国建筑史》将中国古代大建筑群平面中统率全局的轴线称为中轴线,并且指出,世界各国唯独我国对此最强调,成就也最突出。可以说,中轴线是中国古代都城建筑格局的突出体现。无论是夏商的偃师、秦汉的长安、汉魏的洛阳、隋唐的长安,还是数百年来的北京,都没有离开以一条轴线为中心对称的格局。其中,纵贯北京老城南北的北京中轴线,是中国现今最完整最具代表性的杰出范例,展现出中华文明强大的生命力和延续性。

(一)元代

元代,中轴线在大都城正式形成,位置在今旧鼓楼大街的中心线及其向南的延伸线,越过太液池东岸的宫城中央,直抵外城正中丽正门。大都城的建造,从城市规划开始,就体现了一种全新的文化内涵。首先,是新的中轴线的设置,不是贯穿整个都城,而是从大概位于全城中心的钟鼓楼向南,穿过皇城而到达都城南端的丽正门(今正阳门北面),而钟鼓楼往北,没有再修建道路。都城的北面,也仅设二门(即安贞门与健德门),体现了中国古代阴阳观念在都城建设中的理想模式。其次,是"左祖右社"理念的落实。在元代以前的诸多都城中,皆设置有太庙和社稷坛,但是,却不是左右对称的设置。元大都的设计者真正把这一都城建设的理念落实到了建造过程中。元世祖在位时,在大都城东齐化门(今朝阳门)内建造了太庙;到元成宗时,继续贯彻"左祖右社"的理念,在都城西面的平则门(今阜成门)内建造了社稷坛,形成左右对称的格局。在中国古代,社稷代表的是国家,太庙代表的是祖先,为国尽忠,为家尽孝,凸显了中原文化"忠"和"孝"的观念。同时,"左祖右社"的格局也是对中轴线主题的突出显示。再次,元大都皇城的布局规划,充分彰显了汉族农耕文化与少数民族游牧文化的有机融合。新建造的大都皇城,是以太液池为中心,太液池东侧为皇宫正殿大明殿及皇后居住的延春阁,西侧为皇太子的东宫(后称隆福宫)及皇太后的兴圣宫。这种环湖建造宫殿的模式,生动地体现了北方游牧民族"逐水、草而居"的文化内涵。同时,处于太液池东侧的大明殿以及延春阁,坐落于全城的中轴线之上,这恰是中华民族以"中"为核心的文化主题的呈现。这样的皇城布局模式是自汉唐以来的都城及皇城建造模式中前所未有的,也与元朝所构建的多民族大一统国家的基本架构高度相符。

(二)明代

相较元大都,明代北京城整体南移,随着嘉靖年间修筑外城,北京城开始形成我们今日所熟知的"凸"字形格局,北京中轴线(如图2-2)向南延伸到了外城永定门,向北延伸到钟鼓楼,这一格局延续至今。明代在元大都皇城的中心太液池东侧建造了新的宫城——紫禁城,又将太庙和社稷坛安排在了皇城内、宫墙前,"左祖右社"的文化观念更加突出,并在紫禁城的北面修建了压镇前朝的"万岁山"(即景山)。紫禁城准确地布局在中轴线正中间,"皇权至上""唯我独尊"被烘托至高潮。明北京城相较于元代对中轴线及其周边建筑进行了改建。

其一,北京中轴线的南端进一步向南延伸,从正阳门(俗称前门)延伸到永定门。经过延伸的中轴线全长7.8千米。

图2-2 北京中轴线

其二，在城南中轴线两侧建天坛与先农坛，相互对称，提高了礼制建筑的地位。扩建外城时，将两坛包入城内，并在城东和城西各建设了日坛和月坛，再次强化了"中轴突出、左右对称"的特点。

（三）清代

清代定都北京以后，进一步完善了中轴线的文化主题。清代对景山的改造是对中轴线的重要贡献。清顺治十二年（1655年），万岁山正式改名为景山，不仅寓意观景之山，还有更深的含义，景由"日"与"京"组成，寓意"日下的京城"，"日"也代表皇帝，"景"亦表示皇帝所属之所。景山共有五峰，每峰各建一座亭子，使景山成为整个北京城的镇山。每座亭内立铜铸佛像一尊，为五方佛，祈盼保佑江山千秋万代。万春亭位于景山最高处，既在中轴线上，又是清代北京城中心点。同时，又在景山建有寿皇殿，与奉先殿同为供奉祖先御容的场所，以供清代帝王及宗亲岁时祭祀。寿皇殿也坐落在中轴线上，突出了"尽孝"的文化主题。此外，清代帝王还在中轴线两侧对称建造有宣仁庙、凝和庙等，以祭祀风神、云神、雷神等。这些清代新增加的文化设施和明代遗留下来的文化设施，丰富了北京中轴线的文化主题，使之成为一条重要的文化命脉。

（四）辛亥革命后

辛亥革命后，由于封建皇权的瓦解，北京中轴线最大的变化体现在使用功能上，由服务于皇家转为服务于百姓的日常生活，沿线部分建筑被拆除，中轴线所代表的神圣性、权威性开始受到局部侵蚀与消解。原本百姓不能涉足的皇家用地被开放，部分辟为公共游览场所。天坛和先农坛的部分坛墙被拆除，形成了部分居民区。古代狭窄的城门洞和封闭的瓮城成为限制城市发展的瓶颈，为满足交通需求，正阳桥、正阳门瓮城、千步廊、地安门等被陆续拆除。这段时期，由于社会的动荡与战乱，加之公众保护意识的不足，中轴线在整体形态的完整性上受到了一定的破坏。

（五）中华人民共和国成立后

中华人民共和国成立以后，在中轴线上又陆续扩建天安门广场、人民英雄纪念碑、毛主席纪念堂等。中轴线既是北京城市框架的脊梁，又是展现北京历史文化名城的主线。比如在天安门地区实施了系列改建工程，这也是整条中轴线继明代定型后最大的改变。改造后打破了正阳门至天安门前原本封闭集中的空间，建设了开阔的广场。随着封闭空间的破除，用开阔的前场突出天安门的主体地位，中轴线上的重点也由紫禁城转变为天安门，象征着时代的交替。随着北京的继续发展，中轴线在整个城市的延续被纳入历次北京城市总体规划中。《北京市城市总体规划（2016年—2035年）》中指出：构建"一核一主一副、两轴多点一区"的城市空间结构。北京中轴线作为"两轴"之一，其延长线向北延伸至燕山山脉，向南延伸至北京新机场、永定河水系。如今的北京中轴线不仅是北京老城核心区域的骨架，更是与现代城市建设共融共生的桥梁。

北京中轴线，担得起"全世界最伟大"

二、北京中轴线的历史文化内涵

（一）"天道"至高无上的理念的贯彻

在北京中轴线的最北端，从元代开始，就设置有钟楼和鼓楼。钟鼓楼负责整个元代报时的基准设置，是体现天体运行规律的地方。在此之前的历代都城中，钟楼和鼓楼往往设置在皇城前面，东西对称而设。元大都的规划设计者把钟鼓楼从皇城的前面迁移到皇城后面，而且南北一线坐落在中轴线上，同时又位于全城的中心，显然是一种新文化理念的体现。这处新建造的钟鼓楼当时又被称为齐政楼，表明建造者对这座建筑格外重视。

当时的人尚无时差观念，全国幅员辽阔，却都是以大都城钟鼓楼的时间作为标准时间。因此，在这里有最准确的计时工具碑漏，有最便捷的报时工具钟、鼓。钟鼓楼是表现天体运行规律（即"天道"）的设施，而皇城则是代表皇权所在的设施。钟鼓楼在北，而皇城在南，自古皆是以北为尊，故而显示出"天道"高于"皇权"的理念。皇帝在人间至高无上，但是与天相比，也只能称为"天子"，显然是有等级差别的。当时人们又认为，天上日月及群星的运行是有规律的，而人世间的社会活动也是有规律的，只有把人世间的活动规律和宇宙间的运动规律合而为一，才能够保持社会的和谐发展。这个理念在元代确立之后，此后的明、清两代皆加以继承，因此钟鼓楼也没有再变换位置。

北京钟楼如图2-3所示。

图2-3　北京钟楼

（二）连续的空间序列中所表达的中国传统文化的礼制观念

北京中轴线通过其独特的空间序列和建筑布局，将中国传统文化中以礼为核心的观念进行了具象化的表达，展示了等级分明、秩序井然的文化特质。中轴线上建筑的尺度、形态、色彩，通过中轴线城门、街巷、建筑群之间形成的空间，表达了清晰的秩序关系；中轴线上建筑的不同等级，中轴线周边官署、民居、寺庙等建筑形态及其在规模、形制、装饰、空间关系等方面体现出的严格等级差别，符合中国传统礼制中强调的秩序与规范。北京中轴线亦是中国传统社会中不同社会阶层生活的承载主体，在这条中轴线之上，不仅展现了封建帝王的以民为本的儒家治国理念以及封建贵族与社会精英的风云聚散，还反映了古都城市的百姓民俗文化，有着市井的喧闹嘈杂和平民百姓的日常生活琐事，有佛寺的晨钟暮鼓，有道观的香烟缭绕，更有国家祭祀的宏大仪仗。毋庸置疑，中轴线是中国文化传统以及中华文明的重要见证者。

（三）中国古都城市的规划理念和思想的集中体现

中轴线是北京的灵魂和脊梁，北京所独具的壮美秩序正是因这条中轴线的构建而得以形成。北京中轴线作为北京都城规划最有代表性的部分，反映了中国源于春秋战国时期的城市规划思想。首先，它在规划上遵循了严格的中轴线布局，这种以中为尊、对称规整的布局模式体现了中国传统的规划理念，强调秩序与和谐。北京的宫殿、城池等建筑的规划与建设，展现了高度的等级制度和严谨的营造法式，这是中国古代规划建设思想中等级观念和礼制文化的生动写照。其次，其庞大而复杂的城市结构，包括宫殿群、街巷、城墙等的构建，以及在功能分区上的精心安排，都蕴含着丰富的建设智慧，反映了中国古代在城市规划和建设方面长期积累的经验与法则。最后，北京历经多个朝代的发展和完善，融合了不同时期的规划特色和建设要求，成为中国古代城市规划建设成果的集大成者，集中展现了中国古都城市在规划理念、思想和制度方面的精髓与特色。

（四）城市历史和发展的见证

北京中轴线被誉为北京老城的"灵魂"和"脊梁"。作为世界上现存最完整的古代城市轴线，北京中轴线既是北京的空间之轴，更是文化之轴。这条中轴线将明清北京城的外城、内城、皇城、宫城（紫禁城）串联起来，规格严整、设计精密、气魄雄浑，犹如一曲跌宕起伏的华丽乐章，主导着这座城市的空间格局，也丰富着这座城市的文化品格和内涵。其一，北京中轴线的设计深刻体现了多民族文化的融合。在元大都时期，其规划设计展现了西北草原文化与中原农耕文化的完美交融。这种融合不仅体现在建筑风格上，还在布局和规划中得到了彰显，使北京中轴线成为多元文化交融的典范。其二，北京中轴线展现了不同历史时期的文化演变。从元大都到明清北京城，从民国的北平到今日的北京，中轴线历经七百多年的沧桑变迁，汇聚了不同历史时期的文化元素。从永定门到正阳门，展现的是民国时期的北京城市面貌；从毛主席纪念堂到天安门，展现的是中华人民共和国成立后人民当家作主的历史风貌；从天安门后方到地安门，展现的是明清帝王都城风采；从地安门到钟鼓楼，展现的是典型的中国北方城市风貌。

在这条宏伟的中轴线上，承载着多种历史信息和深厚的文化内涵。这里汇聚了古都城市历史上丰富多彩的都市传统文化,包括皇家文化的尊贵与庄严、官府衙署文化的严谨与规范、坛庙文化的神圣与庄重、传统商业文化的繁荣与活力、市井民俗文化的淳朴与多样,以及近现代革命思想文化的风起云涌。北京中轴线不仅是一条地理上的轴线,更是一条文化和历史的轴线,它见证了北京乃至中国历史的变迁和发展。北京中轴线是北京城的都城空间之轴、国家政治之轴、民族文化之轴,决定了北京城市的整体空间格局,凝聚着北京历史文化遗产的精华,承载着中华民族传统文化的理念和精髓。

北京中轴线是一根线吗?

三、北京中轴线的传承与发展

北京中轴线见证了元、明、清及近现代等多个时期的历史变迁,承载着丰富的历史记忆和内涵,充分彰显了北京城市的发展历程。自中华人民共和国成立之后,为顺应时代的变迁,北京传统中轴线的建筑及空间布局也发生了巨大的变化,诞生了如政治文化广场、博物馆、文化宫、城市人民公园、体育场馆等一系列公共场所与文化场所,规划、格局发生变化,更重要的是政治功能和文化内涵随之改变。在新时代,北京中轴线将在传承与发展中被不断赋予新的价值和意义。

作为北京老城保护的"一号工程",北京市委、市政府高度重视中轴线申遗保护工作。北京市把中轴线申遗保护作为老城整体保护的核心任务,作为全国文化中心建设的重大工程,加大力度推进中轴线申遗保护工作。北京中轴线申遗历时12年,具体阶段如下。

(1)申遗启动阶段(2012—2016年)。

2012年,经北京市申请,国家文物局将"北京中轴线"列入《中国世界文化遗产预备名单》。

(2)全面加速阶段(2017—2021年)。

习近平总书记视察北京,对北京历史文化遗产保护提出明确要求,党中央、国务院批复北京城市总体规划,将积极推进中轴线申遗工作作为规划重点。

(3)攻坚冲刺阶段(2022—2024年)。

2022年10月,"北京中轴线"被确定为我国2024年世界遗产申报项目;确定北京中轴线15个遗产构成要素整体申遗的工作路径;出台《北京中轴线文化遗产保护条例》和《北京中轴线保护管理规划(2022年—2035年)》;着力推进考古发掘研究,正阳桥、天桥、南段道路遗址等重要遗址发掘出土,填补中轴线南段道路遗存"空白"。经国务院批准,国家文物局于2023年1月向联合国教科文组织世界遗产中心正式提交申报文本。2024年7月,在印度首都新德里举行的联合国教科文组织第46届世界遗产大会上,中国的"北京中轴线——中国理想都城秩序的杰作"项目成功列入世界遗产名录。

2023年1月28日起,《北京中轴线保护管理规划(2022年—2035年)》(以下简称《规划》)正式公布实施,为北京中轴线保护管理提供方向策略和基础依据。《规划》通过合理划定遗产区和缓冲区,完整展现遗产全貌。其中,遗产区总面积为5.9平方千米,缓

北京中轴线申遗成功!

冲区总面积为45.4平方千米。《规划》划定的遗产区包含了古代皇家宫苑建筑、古代皇家祭祀建筑、古代城市管理设施、国家礼仪和公共建筑、居中道路遗存5大类15处构成要素。依据规划，北京将以"城"的整体保护达成中轴线遗产环境的保护，进而实现老城整体保护与复兴，让正阳门文物建筑与雨燕和谐共存，使北京中轴线上20条景观视廊通达有序，强化提升全社会共同参与遗产保护效能。成为"世界遗产"，早已不是单纯的保护，更是一种文化表达。从古老遗迹走向现代文明，这条古老的轴线仍在焕发生机，一端敬惜传统，一端通向未来。

从景山顶向北望北京中轴线如图2-4所示。

习近平总书记曾强调，要研究阐释中华文明讲仁爱、重民本、守诚信、崇正义、尚和合、求大同的精神特质和发展形态，阐明中国道路的深厚文化底蕴。北京中轴线的建造、空间、场所、立意是物质和精神的双重文化遗产，见证、传承、弘扬延绵不绝的中华文明，也是中华精神文化之标识。中轴线既是历史的轴线，也是发展的轴线。需要我们注重保护与有机更新相衔接，完善传统轴线的空间秩序，才能更全面展示传统文化的精髓。可以说，北京中轴线不仅体现了中华文化的精髓，还积淀了各个历史时期的文化底蕴，展现了历史的演进、社会的进步以及民族文化的时代特征和先进性。它充分彰显了中华民族数千年优秀文化的一脉相承，保留了绵延不绝、历经数千年而未中断的古都历史文化特色，这在当今全球的文化

图2-4　从景山顶向北望北京中轴线

遗产中实属罕见。北京中轴线以其优秀的人文气质和人文思想，汇聚着优秀的中华民族传统智慧，可以说是人类独一无二的一条线性文化遗产。它作为中国传统社会礼仪、秩序的载体，历经元、明、清、民国发展至今，空间形态基本保存完好，在进入新的历史时期之后，仍然担负了当代中国文化和礼仪中心的功能，它的空间演化亦是城市历史和发展的见证。北京中轴线所承载的宏大而丰富的历史文化价值，久经融合与升华，反映了中华民族将文明精神融入都城形态、建筑环境的创造过程，不仅对见证中华文明发展进程具有无可替代的价值，同样也深刻影响着当代北京城市的可持续发展。

以北京中轴线申遗保护为抓手带动北京老城整体保护，为探索我国乃至世界其他国家古代都城保护理念与做法，妥善处理好遗产保护与城市发展的辩证关系，提供了中国案例和中国经验。如今，在北京中轴线上，并存着历史上的皇家建筑、现当代国家建筑、文化建筑，物质文化遗产与非物质文化遗产交相辉映，具有深厚的历史文化底

蕴,其文化空间格局仍在不断发展,这个过程会一直持续下去。继续扎实推进北京老城整体保护,深入挖掘老城历史文化资源,提升价值展示阐释水平,让文物和文化遗产活起来,充分发挥以北京中轴线为代表的文物资源的社会效益与公共教育作用;系统挖掘、阐释、展示和传播以北京中轴线为载体的中华文明核心价值、文化基因和精神实质,展现中华文明魅力和大国首都风范,增强文化自信与历史自觉,推动以北京中轴线为代表的中华优秀传统文化焕发新的生命力;积极开展多种形式的国际交流与合作,彰显中华文明的突出成果,展现大国首都的时代风貌,展示中国式现代化伟大成就,让北京中轴线在促进文明交流互鉴、增进中外民心相通等方面发挥更大、更积极的作用。

【教学互动】

北京中轴线申遗做了哪些工作?你认为如何使北京中轴线的历史文化遗产得到有效保护?如何通过城市更新和改造,对中轴线周边的老旧建筑进行改造提升以改善居民生活环境?如何推动旅游业发展,将北京中轴线作为重要的旅游资源进行开发,同时推动对中轴线的保护和中轴线的发展?

讲课视频

《北京中轴线》

第三节　胡同与四合院:古都北京的独特魅力

胡同和四合院是北京市建设的基础因素、基本单元,是北京古都文明、中华传统优秀文化的实体体现,是北京历史文化魅力四射的符号、名片。历史是以各种形式来体现的,留存至今的胡同和四合院以实物的形式将北京的政治、经济、文化、自然和风俗习惯以有形的状态保存了下来。

一、胡同:古都北京的历史印记

北京胡同是北京历史文化的宝贵遗产,承载着北京城千年的文化积淀。胡同是北京的城市脉络,它的形成伴随着北京城的产生、变化和发展演进,与北京城的城市格局规划密切相关。从元代至今,胡同作为城市的重要组成部分,见证了北京城市的变迁和发展。

早在元代,北京就已经出现了不少胡同,经过明清两代几百年的发展,到中华人民共和国成立时,北京已经有大大小小的几千条胡同。经历了几百年风雨的胡同,具有独特的文化内涵。如果说紫禁城显示了皇家的富丽堂皇,那么胡同则更多体现的是百姓生活的平和温馨。

（一）历史文化渊源

北京胡同的历史可以追溯到元代。当时,元朝在北京建立了首都,城市规划中采用了棋盘状的街道布局,胡同作为街道之间的连接通道,形成了独特的城市风貌。随着时间的推移,胡同逐渐成为居民居住、商业活动和文化交流的场所,形成了丰富多彩的胡同文化。

元大都建都伊始便确定了规范的街巷体系,即按照宽度由大到小分为大街、小街、火巷、衖通。城内主干道以大街、街为通名,次干道以小街为通名,火巷及衖通则为胡同级别的道路。火巷及衖通留存至今的名称记载较少,北京有文字记载最早的是砖塔胡同,始自元代,沿用至今。

胡同一词的来源和解释说法各异,但是比较集中的多是与元大都的蒙古族语言、风俗、习惯联系在一起。"胡同"一词来源于蒙古语,元人称呼街巷为胡同,后即为北方街巷的通称。在关汉卿的杂曲《单刀会》中就出现了这样一句台词:"你孩儿到那江东,旱路里摆着马军,水路里摆着战船,直杀一个血胡同。"元人熊梦祥在《析津志》中写道"大都街制:自南以至于北谓之经,自东至西谓之纬。大街二十四步阔,小街十二步阔。三百八十四火巷,二十九衖通。衖通二字本方言"。这里提到的火巷、衖通,都可视为如今的胡同。

最普遍的说法认为,"胡同"一词源自蒙古语,原本意指"水井",其原始发音接近于"忽洞"。有人居住的地方就必有水井,于是"井"便成为人们居住地的代称。还有学者认为,胡同是隔开居民住宅、用以防火的通道,在蒙古语中的读音是"火疃",后来转音成"胡同"。

随着历史的发展,胡同越来越多。常言道:"有名胡同三百六,无名胡同似牛毛。"越来越多的胡同最终演变成了代表北京街巷的标志性总称。

（二）北京街巷胡同的命名

1.命名途径

北京坊巷胡同的命名途径大致有以下五种[①]。

（1）官定民承。

官定民承的坊巷胡同是北京坊巷胡同名称的基本类型之一,即由官府定名,居民奉行使用,为居民所沿承。随着地名管理制度的确立与发展,官定民承日益成为唯一的命名途径。

（2）俗成官认。

地名本起源于居民指认与称谓的需要,若不是新辟的规划区,则其名一般都始于居民的自发命名,约定俗成,沿袭既久,遂呈稳定状态。一般情况下,官府多对此种俗

---

① 北京市旅游局.北京导游基础[M].2版.北京:北京燕山出版社,2007年。

成的名称予以承认。这是北京坊巷胡同名形成过程的一个重要现象。

（3）官定与俗成之名并行。

如北京皇城北门，尽管官定之名初为厚载门，明嘉靖年间改为北安门，清顺治年间又改地安门，但居民一向以其为中轴线最后的城门而俗称之为后门，其门外向北之街也被俗称为后门大街，此名一直与官定的厚载门大街、北安门大街、地安门大街之名并存，人们皆知所指为一处。以上可以说明俗成与官定的名称并存的事实。

（4）俗成官改。

俗成的坊巷胡同名，固有鲜明、生动与通俗的优点，但也因地区的局限而造成大量重名。截至20世纪40年代末，城区两处以上重名胡同竟达500条之多。于是便发生了多次官改。

（5）官定官改。

既经官定，又经官改的情况，常因政局的更迭、时事的推移而发生。

2.命名方式

（1）以标志性建筑作为参照物起名。

北京有很多衙门、兵营、仓库，于是有小六部口胡同、兵马司胡同、火药局胡同、炮局胡同、禄米仓胡同等。胡同里有寺庙的，便以寺庙为名，如正觉寺胡同、前圆恩寺胡同等。

（2）以人物起名。

一些胡同以历史人物或民间传说中的人物命名，如文丞相胡同、史家胡同、张自忠路、遂安伯胡同、韩家胡同等。这些胡同名称背后蕴含着丰富的历史故事和文化内涵。

（3）以动植物起名。

一些胡同以动植物命名，如羊肉胡同、鸦儿胡同、柏树胡同（后改名百顺胡同）、椿树胡同等。这些名称反映了当时的社会生活和自然环境。

（4）以数字和方位命名。

许多胡同在起名时为了好找，加上东、西、南、北、前、后、中等方位词，如东坛根胡同、东棉花胡同、西红门胡同、南月牙儿胡同、北半壁胡同、中帽胡同、前百户胡同、后泥洼胡同等。这些名称简洁明了，易于辨认和记忆。

（5）以商业活动场所命名。

有些胡同名称反映了当时的商业活动，如菜市口胡同（曾是蔬菜市场）、米市胡同（曾是粮食市场）等。这些名称记录了当时的市场经济状况和市民生活。

（6）以谐音和寓意命名。

一些胡同名称有着寓意和象征意义，如寿比胡同、安福胡同、永祥胡同、吉祥胡同、庆丰胡同等。这些名称体现了人们对生活的美好愿望。

总之，北京胡同的命名方式多种多样，这些名称不仅具有实用功能，还蕴含着丰富的历史文化信息和价值，反映了当时的社会、经济、文化和自然环境。

【教学互动】

你还知道哪些北京的胡同？它们的名称来历是什么？

（三）北京胡同的文化内涵

北京胡同的文化内涵丰富而深厚，其不仅仅作为城市的脉络和交通的衢道存在，更是北京普通老百姓的生活场所和京城历史文化发展演化的重要舞台。

1. 历史变迁的见证者

北京坊巷胡同格局的肇建与变迁，见证了时代变迁，蕴含着浓郁的文化气息。北京胡同是北京历史文化的活化石，是人们了解北京历史文化的重要窗口。

2. 京味文化的重要载体

胡同中处处都是名胜古迹，漫步其中就像是在阅读北京的百科全书。胡同中的王公府邸、名人故居、会馆、寺庙道观、古老的四合院等无不展示着胡同独特的文化底蕴。从胡同院落中还可以了解北京市民的生活方式、生活情趣和邻里关系，体验地道的民俗风情。

3. 地名文化的体现

北京胡同数量多，名称自然也包罗万象，在那些特色鲜明的胡同名称背后，有着丰厚的历史文化底蕴。胡同名称的拟定，固然有多种途径，但无不铭刻着时代色彩，体现着时代的文化风貌。举凡文化的层层面面，多可于坊巷胡同名中得其征象，获其答案。

4. 独特的建筑风格

胡同中多为四合院建筑，体现了中国传统民居建筑的风格和特色。四合院通常由正房、东西厢房、倒座房组成，布局严谨，层次分明。

5. 丰富的历史记忆

胡同中保存着许多历史遗迹和名人故居，如鲁迅故居、梅兰芳故居等。这些历史遗迹和名人故居为胡同增添了浓厚的历史文化底蕴。可以说，街巷胡同本身就是一部真实的历史，几百年来，它见证着历史的变迁，历史人物的活动、衙署机构的兴革、坛庙祠宇的盛衰、市肆场作的演变、府邸宅第的起落，皆以此为依托，而不停地上演。

（四）代表性胡同

1. 北京胡同之根——砖塔胡同

砖塔胡同位于西四牌楼附近，早在元代就已出现。元李好古所著杂剧《沙门岛张生煮海杂剧》有云："你去兀那羊市角头砖塔儿胡同总铺门前来寻我。"追溯至元大都，可考的胡同只有砖塔胡同一条，七百多年名称一直未变，故罗哲文先生称之为"北京胡同之根"。

砖塔胡同东口有一座万松老人塔,砖塔胡同得名于此。万松老人塔院内有一家书店——正阳书局,这是一家专门经营北京文献古籍的特色书店。正阳书局是北京市文物建筑活化再利用的成果,现在已成为面向读者、面向社会的重要文化窗口,成为热爱北京历史文化的中外读者的家。

在砖塔胡同中,还分布着许多名人故居,如鲁迅故居、张恨水故居等。

1923年7月,鲁迅与周作人"兄弟失和",于是携妻子朱安迁居砖塔胡同61号。之后直至1924年5月迁新居,鲁迅一直居住在砖塔胡同这间小小的院落内。小院条件艰苦,却并未阻止鲁迅先生笔耕不辍。在砖塔胡同居住的九个多月中,他笔耕不辍,编写并发表了许多作品。

章回小说大家张恨水创作了《金粉世家》《春明外史》《啼笑因缘》《东北四连长》等小说。抗战胜利后,张恨水回到北京,在砖塔胡同购买了一所小四合院,门牌43号。这之后,直到1967年春走完人生的最后历程,张恨水一直居住于此。

2. 北京最文艺的胡同——五道营胡同

五道营胡同位于北二环,西到安定门内大街,向东可以望到雍和宫的红墙。

五道营在明代时属崇教坊,有守城的兵营驻扎于此地,称武德卫营。清代,满族旗人们按照"武德"的发音为其改名"五道营"。乾隆之后,这里基本形成了胡同的样貌。中华人民共和国成立时,这条600多米的胡同里有60多处院落,1965年整顿地名时,其被正式定名为五道营胡同。

灰瓦红门、门墩单车、鸟笼鸽哨,五道营胡同保留了老北京的韵味。同时,五道营胡同也在开发之中慢慢演变为一条富有文化气息的文艺胡同。如今的五道营胡同里,不仅有文艺的咖啡馆、书店、酒吧、餐厅、甜品店、服饰店、画廊,也有老北京的住户。在这里,你会看到穿着时尚潮流的游客,也会看到穿着睡衣闲话家常的城市居民。恬静、文艺、慢生活,人生百态都浓缩在这小小的胡同里,五道营胡同正在以另一种风貌诉说着老胡同的新故事。

3. 北京历史文化传承的见证——史家胡同

史家胡同位于北京市东城区,东起朝阳门南小街,西至东四南大街。因为当地曾居住有史姓大户,因此得名史家胡同。

(1)北京首家胡同博物馆。

史家胡同24号是北京首家胡同博物馆——史家胡同博物馆的所在地,这里原是民国才女凌叔华的故居。当年,凌叔华常在院内举办文化界聚会,这里被称为"小姐家的大书房"。齐白石、徐志摩、胡适、周作人都曾是这个院子的座上宾。后来,凌叔华女士的后人将院落产权转让给街道办事处,并提出将院落用于公益,史家胡同博物馆才得以诞生。

2013年10月,史家胡同博物馆正式对外开放,占地1000多平方米,设有七个常设展厅、一个临展厅和一个多功能厅,各式各样的展品原样重现了民国时期的胡同生活。

（2）"另一个人艺"。

史家胡同56号院被称为"另一个人艺"。北平和平解放之后,刚刚进城的华北人民文工团选取史家胡同56号（今史家胡同20号）作为工作驻地。1950年,华北人民文工团更名为北京人民艺术剧院（俗称"老人艺"）。1952年,中央戏剧学院话剧团和"老人艺"话剧队合并,组成专演话剧的北京人民艺术剧院,并在史家胡同56号院举行建院大会,曹禺被任命为首任院长。1955年,首都剧场在王府井大街建成之后,人艺迁入。史家胡同56号变成人艺职工宿舍,焦菊隐、夏淳、于是之等文字工作者一直在这个院子里生活。人艺许多早期经典作品都在这里排练。

（3）近代教育的发端。

史家胡同59号是史家小学所在地,这里曾是明末民族英雄史可法祠堂旧址,也是中国近代教育的发端。

清雍正二年（1724年）,"左翼宗学"在史家胡同59号院成立,当时只招收属于八旗左翼的镶黄、正白、镶白、正蓝四旗子弟入学。1909年,清政府用美国退还的庚子赔款,在史家胡同设立了游美学务处,专门选派留美学生。后来,游美学务处迁址清华园,成为清华大学前身,而史家胡同59号院则建立起史家小学。

4. "亚洲最佳风情地之一"——南锣鼓巷

南锣鼓巷位于北京中轴线东侧的交道口地区,北起鼓楼东大街,南至平安大街,宽8米,全长787米,与元大都同期建成,是北京较古老的街区之一,至今已有740多年的历史。2009年,南锣鼓巷因其独有的京味文化内涵和特色商铺蜚声海外,被美国《时代》周刊评为"亚洲最佳风情地之一"。

南锣鼓巷东西各有八条胡同整齐排列,呈鱼骨状,也称"蜈蚣街"。一直以来,这里都是达官显贵、富商巨贾、文化名人聚居之地,周边多是规模较大、等级较高的四合院和名人故居。南锣鼓巷仍然完整保留着元代胡同院落的独特肌理,是我国规模较大、品级较高、资源较丰富的棋盘式传统民居区,也是极其富有老北京风情的街巷。

明末清初的两朝重臣洪承畴、晚清名将僧格林沁,以及近现代的北洋军阀靳云鹏、国画大师齐白石、文学巨匠茅盾等,都曾是这里的住户。东棉花胡同的39号院为靳云鹏故居;后圆恩寺胡同7号曾经是蒋介石行辕,原是清代庆亲王次子载旉的府邸;后圆恩寺胡同13号为茅盾故居;雨儿胡同13号院曾为国画大师齐白石故居;帽儿胡同35号、37号院曾经是末代皇后婉容的娘家宅院……

作为历史文化保护街区,南锣鼓巷不仅保留了一条条历史悠久的胡同和一座座青砖灰瓦的四合院,还因为这些名人故居的存在而蕴含着丰富的人文历史印记。

【教学互动】

你还知道哪些北京特色胡同？说一说它们的文化和旅游特色。

（五）北京胡同的保护和发展

随着城市的发展和变迁，北京胡同也面临着保护和发展的挑战。为了保护这一宝贵的历史文化遗产，政府和社会各界共同努力，加强对胡同的保护和修复工作。同时，通过举办各种文化活动和旅游推广活动，让更多的人了解和认识北京胡同的历史文化价值，留住居民的乡愁记忆和老城情怀，传承和弘扬中华优秀传统文化。

二、四合院：古都北京的居住艺术

作为我国传统住宅建筑的一种典型形式，四合院拥有超过3000年的历史，展现了深厚的文化底蕴。北京四合院既是北京民居的基本形式，也是北方住宅建筑的代表。其主体结构以木间架为主体，四面环绕着走廊和围墙，将东、西、南、北四座单体建筑紧密相连，形成了一个封闭性强且整体性高的居住环境。经过长期的演进，到了明清时期，四合院在建筑标准、定型化等方面已经达到了高度成熟的状态。无论是院落布局、建筑构造还是内外装饰，都形成了一套完整且规范的体系。四合院是北京城市文化的重要组成部分，也是吸引中外游客体验"京味儿"生活方式的热门之地。

【教学互动】

说一说，中国传统民居建筑还有哪些？

在20世纪60年代至70年代修建北京第一条地下铁道时，在地处今西直门内后英房胡同西北的明清北城垣墙基下，发现了后英房元代居住遗址。但是，这处遗址只保留了明显的房基。随后，又陆续在西直门至安定门原北城墙南侧的后桃园、西绦胡同、旧鼓楼大街豁口等处发现了与后英房元代居住遗址同时期的遗迹。从发掘的几处元代的居住院落来看，这些房子的大门都是朝南的，整个院落也是坐北朝南，基本上奠定了以后北京地区四合院形成和发展的格局。北京的四合院自元代开始，经过明代的发展，到了清代已经基本形成固定的布局和模式。特别是在清代，清政府还对四合院进行了详细的规定，包括房屋的间数、屋瓦的样式和大门的种类。当时，一品官员居住的四合院与普通百姓在大门的样式上已经表现出明显的等级差异，不同地位的人，家的大门是不同的，否则就是逾越礼制。

（一）四合院的建筑单元

在北京，标准的四合院都是坐北朝南的，大门基本都设在院子的东南角，进入以后，院落的北面是正房，东西两侧是厢房，南面也有小屋。这样在东西南北都有房子，中间部分就是天井。

慎思笃行

▼

"要像爱惜自己的生命一样保护好城市历史文化遗产"

1. 宅门

根据五行八卦学说，北京的四合院一般都讲究坐北朝南，院门不开在院落的正中，而开在东南角。之所以如此设计，是因为讲求"坎宅巽门"。在八卦中，"坎"为正北方，在"五行"中主水，所以房子建在正北方意味着有利于避开火灾。在八卦中"巽"为东南，在"五行"中为风，这意味着出入顺利。把门开在东南角，是为了图吉利，保佑主人出入平安。

在等级森严的封建社会，住宅及其大门直接代表着主人的品第等级和社会地位，所谓"门第相当""门当户对"，就是这个意思。因此，人们对大门的形制和等级是非常重视的。

北京四合院住宅的大门，从建筑形式上可分为两类：一类是由一间或若干间房屋构成的屋宇式大门，另一类是在院墙合拢处建造的墙垣式门。设屋宇式大门的住宅一般是有官阶地位或经济实力的社会中上层阶级；设墙垣式大门的住宅，则多为社会下层普通百姓居住。根据建筑形式的不同，四合院的大门分为广亮大门、金柱大门、蛮子大门、如意门、窄大门、西洋式大门、随墙门等。

2. 影壁

影壁是北京四合院大门内外的重要装饰壁面，主要作用在于遮挡大门内外杂乱呆板的墙面和景物，美化大门的出入口，人们在进出宅门时，迎面看到的首先是叠砌考究、雕饰精美的墙面和镶刻在上面的吉辞颂语。

影壁多为砖石结构，也有琉璃等材质，通常雕刻有各种图案，如吉祥花卉、瑞兽、人物故事等，工艺精湛。影壁分为上、中、下三部分。下为基座，中间为影壁心部分，影壁上部为墙帽部分，仿佛一间房的屋顶和檐头。

四合院常见的影壁有三种，第一种位于大门内侧，呈一字形，称为一字影壁；大门内的独立于厢房山墙或隔墙之外的一字影壁，称为独立影壁；如果在厢房的山墙上直接砌出小墙帽并做出影壁形状，使影壁与山墙连为一体，则称为座山影壁。第二种是位于大门外面的影壁，这种影壁坐落在胡同对面，正对宅门，一般有两种形状，平面呈"一"字形的，叫一字影壁，平面呈"⌐"形的，称为雁翅影壁。这两种影壁或单独立于对面宅院墙之外，或倚砌于对面宅院墙壁，主要用于遮挡对面房屋和不甚整齐的房角檐头，使经大门外出的人有整齐美观愉悦的感受。还有一种影壁，位于大门的东西两侧，与大门檐口的夹角为120°或135°，平面呈"八"字形，称为"反八字影壁"或"撇山影壁"。做这种反八字影壁时，大门要向里退2米到4米，在门前形成一个小空间，可作为进出大门的缓冲之地。在反八字影壁的烘托陪衬下，宅门显得更加深邃、开阔、富丽。

影壁与大门有互相陪衬、互相烘托的关系，二者密不可分。它虽然是一面墙壁，但由于设计巧妙，施工精细，在四合院入口处起着烘云托月、画龙点睛的作用。

形形色色的大宅门

3. 倒座房

倒座房位于宅院的前部、大门以西,是整个院落中建筑较低矮的建筑,其建筑高度一般情况下低于大门、正房和厢房。它的前檐朝向院内,开门和窗;后檐墙临街,一般不开窗或开小高窗,且有露檐、封护檐之分。靠近大门的一间倒座房多用于门房或男仆居室,面对垂花门的三间供来客居住。倒座房的西部常用墙和屏门分出一个小小的跨院,内设厕所。大门以东的小院为塾。

4. 垂花门

两进以上的四合院有二门,是内院与外院的重要连接,体现着内外有别。二门的建筑形式有垂花门形式、月亮门形式和小门楼形式等。

提起四合院里的垂花门,老北京人都很熟悉,它是四合院里的一道门,但不是一道普普通通的门,而是一道很有讲究的门。

在北京传统的四合院住宅中,垂花门位于院落的中轴线上,处在正房与倒座之间,垂花门就是沟通内外院的门,俗称二门,又称内门。它的两侧连接着抄手游廊,游廊的外侧是一道隔墙,称为看面墙,把院落截然分为内外两部分。在垂花门以外的倒座房或厅房及其所属院落为外宅,是接待外来宾客的地方;垂花门以内的正房、厢房、耳房以及后罩房等则属内宅,是供自家人生活起居的地方。在封建社会,内宅是不允许外人进入的。未出嫁的香闺小姐"大门不出,二门不迈",所指"二门"就是这道垂花门。

垂花门作为内宅的宅门,也是房主人社会地位和经济地位的重要标志之一。它不仅是内宅与外宅的关键分隔,有着明确的空间分界作用,而且装饰华丽非凡,通过精美的木雕、彩绘等充分彰显主人的身份和品位。

垂花门一般有独立的屋顶,多为悬山式或卷棚式。屋顶下有两根垂花柱,柱头雕刻精美。北京四合院垂花门有常见的两种建筑形式,一种是一殿一卷式垂花门,是指垂花门的屋面是由一个悬山顶屋面和一个卷棚屋面组合形成的一种组合屋面形式。这种形式既庄严又活泼,屋顶跌宕起伏有致,富于韵律感。另一种是单卷棚垂花门,屋面仅采用一个单一的卷棚形式,虽然不够活泼,但仍不失高雅,在四合院中应用也较广泛。

垂花门除用于住宅建筑中,还广泛应用于园林、寺庙等建筑当中。北京著名的皇家园林颐和园中,就有各种形式的垂花门十余座。这些建于园林中的垂花门,有的作为园中之园的出入口,有的则串联于墙垣、游廊之间,起到分隔园区、隔景、障景的作用。由于功能不同,采用的建筑形式也更加灵活,除了一殿一卷式、单卷棚式,还有独立柱式、歇山式、廊罩式、十字形垂花门,充分展示出中国古建筑形式的千变万化。

垂花门的整体建筑形式精巧雅致,是四合院中极具魅力的建筑构成部分,它的各个突出部位几乎都有十分讲究的装饰。垂花门向外一侧的梁头常雕成云头形状,称为麻叶梁头,这种经过雕饰的梁头,在一般建筑中是不多见的。在麻叶梁头之下,有一对倒悬的短柱,柱头向下,头部雕饰出莲瓣、串珠、花萼或石榴头等形状,酷似一对含苞待放的花蕾,这对短柱称为垂莲柱,垂花门名称的由来大概就与这对特殊的垂柱有关。连接两垂柱的部件也有很美的雕饰,题材有"子孙万代""岁寒三友""玉堂富贵""福禄寿喜"等题材的吉祥图案组合。这些雕饰寄托着房宅主人对美好生活的憧憬,也将内宅门面装点得格外富丽华贵。

5. 内宅

进入垂花门之后,便是四合院的内宅了。内宅是由北房、东西厢房和垂花门四面建筑围合起来的院落。

北京四合院与中国传统建筑一样,有一条明显的中轴线,所有的院内主要建筑全部位于中轴线之上,以轴线为核心,形成两边左右对称的建筑格局。内宅的北房为正房,坐北朝南,它是宅院中最主要的房间,坐落在中轴线上,是四合院的核心,是每座院落中体量最大、建筑等级最高的建筑。台基和房屋的尺度都较大,一般是三间,大型住宅为五间。

正房的两侧还各有一间或两间进深、高度都偏小的房间,如同挂在正房两侧的两只耳朵,故称耳房。如果每侧一间耳房,两侧共两间,即称"三正两耳"。如果每侧两间,两侧共四间耳房,则称"三正四耳"。小型四合院多为"三正两耳",中型四合院多为"三正四耳"。耳房还可以位于厢房一侧,与厢房相接且比厢房矮小,称为厢耳房。

在长幼有序、尊卑有别的封建社会,内宅居住的分配是非常严格的,内宅中位置显赫的正房,都要给老一代的老爷、太太居住。北房三间仅中间一间向外开门,称为堂屋。两侧两间仅向堂屋开门,成为套间,形成一明两暗的格局。堂屋通常是家人起居、举行家庭礼仪、接待尊贵宾客等重要家事活动的场所,两侧多作为卧室。东西两侧的卧室也有尊卑之分,在封建时期一夫多妻的制度下,东侧为尊,由正室居住,西侧为卑,由偏房居住。东西耳房可单开门,也可与正房相通,一般用作卧室或书房。

厢房位于正房前,是院落两侧相向而建的房屋建筑。其房屋形制相同,体量、规模、高度等在一般情况下也会低于正房。东西厢房分别由晚辈居住,厢房也是一明两暗,正中一间为起居室,两侧为卧室,也可将偏南侧一间分割出来用作厨房或餐厅。

6. 游廊

四合院里的游廊是用于连接院落内各个房屋的、两侧或一侧的建筑物。凡有游廊连接的房子,其前檐都有廊子。游廊不但与正房、东西厢房和垂花门相连接,将内宅串联成一个整体,而且还丰富了内宅建筑的层次和空间。常见的游廊形式为抄手游廊。抄手游廊建在垂花门两侧,折向厢房连通至正房的游廊。因为其形似张开环抱的两只手臂,故称抄手游廊。

7. 后罩房

后罩房是四合院的最后一进院子,前有窄长院落,坐北朝南。后罩房的形制与倒座房基本相同。后罩房的采光较好,通常由主人的女儿或者女眷居住。讲究的四合院将后罩房建成两层,称后罩楼。

北京四合院宽敞明亮,阳光充足,视野开阔。有居房,有甬道,有天井,生活、休息、娱乐皆可。四面房屋各自独立,彼此之间有游廊连接,便于起居和休息。四合院对外是封闭式的住宅,一家人在里面和睦相处,其乐融融。

(二)四合院的艺术特色

北京传统的四合院住宅不仅布局严谨,建筑工艺考究,还十分注重装饰,在砖、木构件上面进行雕刻和彩绘,是主要的装饰手段。四合院的砖雕如图2-5所示。

1. 雕刻艺术

四合院中的雕刻艺术是中国传统建筑装饰艺术的重要组成部分,具有丰富的内涵和独特的魅力。四合院建筑中的雕刻艺术多以砖

图2-5 四合院的砖雕

雕、石雕、木雕等形式展现。雕刻手法有平雕、浮雕、透雕等。在四合院中,这些雕刻常常出现在以下一些地方。

(1)门楣与门簪:门楣上可能雕刻有吉祥图案,如福禄寿等。门簪也会有精美的雕花,增添建筑的精致感。

(2)门头和影壁:雕刻题材多样,包括花卉、动物、人物故事等,寓意美好,工艺精湛。

(3)梁柱:梁柱上的雕刻起到装饰和支撑的双重作用,图案往往精美且富有寓意。

(4)门窗装饰及建筑内部:窗棂上的雕刻图案精巧细致,既满足通风采光需求,又提升了艺术美感。建筑内部有花罩、落地罩、圆光罩和隔扇等。

四合院中的这些雕刻艺术具有诸多显著特点,首先其寓意十分丰富,像吉祥如意、多子多福等美好寓意都蕴含其中;其次工艺极其精湛,展现出了高超的雕刻技艺,线条流畅自然,所雕之物栩栩如生;再者其文化内涵深厚,不仅仅是建筑装饰,更是中国传统文化的价值观和审美观念的生动体现,它们共同构成了四合院独特而迷人的艺术魅力。

2. 彩绘艺术

北京四合院的主色调是青灰色。然而,进入到院内,与外部形成强烈反差的是在门窗梁柱上的油饰彩绘,炫目明亮。油饰彩绘在四合院的装饰中尤显突出,四合院的油饰主要用来保护外露的柱子、檐枋等木构件。正房、厢房的柱子多刷红色,门窗多刷绿色,游廊、垂花门的柱子多刷绿色,游廊的楣子边框则多刷红色,红绿相间,相映成趣。房间和游廊的檐下,画有彩绘图案,四合院的彩绘采用苏式彩画,形式活泼,内容

丰富。彩画的主题部位在正中心，呈半圆形，称为包袱，包袱心内画人物山水、花鸟鱼虫、历史故事、神话传说等题材。多数四合院的彩绘采取只在枋、檩端头画图案的简单形式，名为"掐箍头"。

北京四合院的雕饰和彩绘艺术，充分展示了主人的精神向往和追求，反映了北京的传统民俗文化，寓意深远、内容丰富，具有非常宝贵的艺术价值和文物价值。

3. 园林植被

四合院内的园林植被别有风味。北京人注重庭院内植物的搭配，不会因为季节的变化而使院内的景致凋零。春季赏花，夏季纳凉，秋季拾果。一年之中三季花木扶疏，清香四溢。开阔的院子中央设十字甬道，其他地方种植树木花卉。院中常常有枝杈茂盛的丁香树，花开时满庭芳香，沁人心脾；也可种植玉兰与海棠，常被人称为玉堂富贵；槐树也是四合院常见的树木，树冠大，可遮阴。院中还可种植柿子、石榴这些富有美好寓意的绿植，或者设置齐檐高的架子，种上蔓藤类的植物，架子下面辅以茉莉、菊花等，草和青苔铺地。庭院中植物的疏密安排，檐廊的镂空设计，因时间不同而变换的投影，这些因素使游走在四合院中的人每变换一个脚步，眼前呈现的空间艺术感就不同。

在院落中，水是必不可少的。不可能院院有活水，因此老北京四合院中央常常摆上一只或数只很大的鱼缸，一是为了观赏，二是能够调节温度和湿气，同时还有防火的功能。这是北京四合院中非常典型的一景。庭院在策划过程中精而美，在地形结构上根据设计规划来确定，布局上亲近自然。这样的设计大大增添了空间的艺术感染力。

（三）北京四合院的文化内涵

1. 中国传统文化价值观和礼制规范的影响

中国，作为一个拥有悠久历史和深厚传统文化的文明古国，其发展深受儒、释、道相结合的哲学体系影响，其中儒家伦理占据核心地位。儒家理论是中国传统文化的源泉，以仁、义、礼、智、信为其核心理念，强调以礼为基石，构建和维护人伦秩序，以实现国家的繁荣和安定。儒家思想倡导中庸之道，以"中"作为追求"和"的准则和界限，从而塑造了中国文化中崇尚"中和"的审美观念。此外，中国传统文化还注重以"礼乐"来协调人与人之间的和谐关系。这种传统的伦理精神不仅支撑了中国封建社会的发展，同时也深深影响了中国传统建筑的规划和设计。通过建筑的等级制度和居住空间的布局，体现了严格的等级秩序，彰显了中国古代社会的伦理观念和道德标准。

传统的四合院跟宫殿建筑一样，严格按照中轴对称的格局布置房屋，这种严整对称自有一种均衡美感，亦使中轴线上的正房具有压倒一切的威严感，其他房屋则居于从属地位，使居于正房的家长具有无上权威，这正是封建制度和秩序所追求的长幼有序、内外有别。

北京的四合院民居建筑，作为北京传统的代表性居住形式，鲜明地体现了"伦理"与"礼乐"的文化精神。其"择中立院"的空间布局，正是儒家哲学中追求"中正""仁和"

思想的具象化展现,也是对"不偏不倚"的中庸之道的深刻诠释。四合院民居讲究四周建筑的门窗均朝向院落开启,以院落为核心,统领和掌控着四周的房屋和从属院落空间。这种布局形式构建了一个典型的"内向聚合"的居住形态,既保证了内部空间的私密性和安全性,又体现了中国传统文化中家庭团聚、和谐相处的理念。

北京四合院不仅仅是一个居住空间,更是中国传统文化的重要载体,具有丰富的文化价值。其设计理念、建筑技艺和装饰风格都蕴含着深厚的中国传统文化元素,如儒家思想中的礼制、道家思想中的自然观以及风水学说中的宇宙观等。四合院的文化内涵跨越了哲学思想、伦理道德、文化艺术等多个领域,是中国传统文化宝库中的瑰宝。

2."天人合一""和谐共生"等思想的体现

四合院的布局和装饰都体现了中国古代的哲学思想和伦理观念,如"天人合一""和谐共生"等思想。

(1)布局与空间结构。

北京四合院以中心院落为核心,四周环绕房屋,形成四合一体的布局结构。这种布局体现了"天圆地方"的宇宙观,即"四"为四方,象征"地方",而"合"为闭合,象征天圆。同时房屋之间有游廊相连,形成一个整体的合围空间,这种设计使得人与自然更加亲近,体现了人与自然的和谐统一。同时,大小不同、功能有别、形式多样的四合院院落,通过不同的院落组合形式,塑造了室内外交融的北京四合院民居环境和合院建筑文化。

(2)建筑材料与色彩。

四合院多采用木材、青砖灰瓦等自然材料,色调朴素淡雅,给人一种安静平和的感觉,与自然环境相协调。俯瞰时,四合院的建筑色彩是灰瓦灰墙。当然,四合院的色彩更多的是体现在建筑构件的细节处理上。建筑构件如雀替、垂帘柱、檐枋等用苏式彩画装饰,以青绿二色为主,给朴素的建筑增添了生动。这里有千姿百态的花鸟画,表现殿堂楼阁的风景画,笔墨酣畅淋漓的山水画等。这些趣味活泼的绘画内容与人们的生活及周围环境紧密相关,为人们喜闻乐见。

(3)朝向与方位。

大门开在东南角或西北角,这是根据风水学说以及北京城胡同的规划来决定的,体现了人与环境、人与自然的和谐共生。

标准的北京四合院应该是南北略长的坐北朝南的矩形院落,正好排列在东西向的胡同之间,大门开向宅南的胡同,正房门与宅门的方向一致。这种建筑风格也与地区气候有一定关系。华北地区风大,冬天寒风从西北来,夏天风从东南来,门开在南边,冬天可避开凛冽的寒风,夏天则可迎风纳凉,符合居住卫生。

(4)居住空间。

四合院的设计充分考虑了自然环境因素,如通风、采光等,这使得居住环境更加舒适宜人。而院落中常种植花草树木,养鱼养鸟,营造了一个与自然环境相协调的居住

延伸阅读

四合院的朝向与方位

环境，实现了人与自然的和谐共生。四合院以一个坐落在中心的庭院作为建筑中心，房子围绕着庭院而修建，天在上，地在下，人在中间。这种相对封闭的居住方式也符合东方人含蓄内敛的性格，它不但强调人与自然的和谐，也又一次体现了中国人传统的哲学观念。

北京四合院作为老北京人世代居住的建筑，它有宽绰疏朗、起居方便的中心院落，房屋分配虽体现了长幼有序、尊卑有别的家族礼制观念，但四合院的院落设计宽敞舒适，家庭成员可以在其中共享天伦之乐，增强家庭的凝聚力和和谐感。院落不仅营造了亲近自然、怡情养性的室外空间，更是具有内涵的人文空间，成为家人团聚、人际交往的室外起居室。它凝聚着几代人同居同乐的亲情，成为情感交流的室外活动空间，也是接待宾客、棚下摆宴的室外客厅。

3. 承载历史记忆，极具建筑艺术魅力

四合院作为历史悠久的文化遗产，承载着丰富的历史记忆。四合院是北京历史文化的见证，具有很高的历史价值。四合院的发展历程可以追溯到元代，历经明清、民国等各个时期，见证了北京城的历史变迁和发展。四合院不仅是北京居民的居住空间，也是各种历史事件的见证地，留下了许多珍贵的历史文化遗产。许多四合院见证了中国的历史事件和人物，如名人故居、历史事件发生地等，这些历史记忆对于传承和弘扬中华民族优秀文化具有重要意义。

四合院建筑技艺精湛，注重细节处理，如木雕、石雕、彩绘等装饰工艺，都体现了中国古代建筑的独特魅力。北京四合院建筑以木结构为主，采用传统的梁、柱、檩、椽等建筑元素，构成了一个坚固而稳定的框架结构。同时，四合院的布局讲究对称和平衡，庭院内的绿化和景观设计也充满了自然和人文的气息。这种建筑风格不仅具有独特的美学特征，也反映了中国古代建筑艺术的高超水平。

北京四合院作为历史悠久的文化遗产，具有很高的文物价值和丰富的文化底蕴。四合院本身就是历史的见证，其建筑材料、建筑结构、装饰元素等都反映了不同时期的历史特点和艺术风格。同时，四合院内还保留了许多珍贵的文物和历史遗迹，如古井、碑刻、雕刻等，这些文物和遗迹对于研究北京历史和文化具有重要的参考价值。因此，保护和利用好四合院这一宝贵的文化遗产，对于传承和发展中华文化具有重要意义。

图 2-6 四合院装饰艺术

四合院装饰艺术如图 2-6 所示。

第二章 古都风貌：北京中轴线与城市格局

本章小结

本章详细介绍了古都北京的规划建设思想、北京中轴线的历史演变进程及其历史文化内涵、北京中轴线传承与发展的重要意义、北京胡同的历史文化渊源、命名途径与方式、北京胡同及四合院的建筑单元构成和文化内涵。

本章训练

一、选择题

1. 下列旅游景点中哪个不在北京中轴线上？(　　)
   A. 故宫　　　　B. 天安门　　　　C. 颐和园　　　　D. 景山
2. 北京中轴线的南端起点是(　　)。
   A. 天安门　　　B. 永定门　　　　C. 正阳门　　　　D. 地安门
3. 坐落在北京中轴线上，中华人民共和国成立后拆除后又重建的城门是(　　)。
   A. 正阳门　　　B. 德胜门　　　　C. 永定门　　　　D. 地安门
4. 以下哪个不是四合院的常用院门形式？(　　)
   A. 金漆大门　　B. 金柱大门　　　C. 蛮子门　　　　D. 广亮大门
5. 下列四合院院门中哪个门的等级最高？(　　)
   A. 金漆大门　　B. 金柱大门　　　C. 蛮子门　　　　D. 广亮大门
6. 下列门中哪个属于"大门不出，二门不迈"中的"二门"？(　　)
   A. 如意门　　　B. 窄大门　　　　C. 随墙门　　　　D. 垂花门
7. 根据《北京中轴线保护管理规划（2022年—2035年）》，遗产区包含了5大类(　　)个遗产构成要素。
   A. 12　　　　　B. 14　　　　　　C. 15　　　　　　D. 20

二、思考题

1. 北京的古都规划建设体现了我国哪些传统文化思想？
2. 如何评价北京中轴线在现代城市规划中的价值和意义？
3. 北京中轴线的历史文化内涵体现在哪些方面？
4. 北京胡同的历史渊源和现状如何？它们面临哪些问题和挑战？
5. 北京四合院的文化内涵是什么？

三、实训题

1. 查阅资料和展开实地调研，研究北京历史文脉保护与传承的现状。分析北京在保护文化遗产方面做得好的方面和需要改进的方面，并提出具体的建议。
2. 结合北京某一个具体的古建筑或历史街区，制订一份详细的保护和修复计划。计划内容包括现状分析、修复原则、技术手段、资金预算等方面的内容。
3. 在国家虚拟仿真实验教学课程共享平台——实验空间上完成"北京中轴线文化

旅游虚拟仿真实验"。

网址：https://www.ilab-x.com/details/page?id=6328&isView=true

该项目由中国劳动关系学院开发建设，实验的核心要素在于北京中轴线的演变过程及全貌的展现。在实验内容的设计上，以北京市政府申遗工作中所确定的遗产点为基础，对中轴线上核心的21处文化景观进行了虚拟场景建设，将中轴线上所汇集的古代城市建筑精华，利用Unity3D引擎开发，使用3DMax和Maya专业软件建模、动画、人机交互等技术，1:1完成了北京中轴线的三维场景全景再现。通过虚拟场景、动画等方式，将北京中轴线的整体概况、文化精髓、构成要素和历史面貌等展示出来，使学生通过第一视角的自主步行漫游、鸟瞰等方式，沉浸在360°的真实场景中，逼真的网络系统以强烈的感官视觉冲击，让学员在虚拟情境里，获得处于真实世界中的体验。

北京中轴线文化旅游虚拟仿真实验项目界面如图2-7所示。

图2-7　北京中轴线文化旅游虚拟仿真实验项目界面

四、案例分析题

共生院成为城市更新的新路径　同时打造城市更新标杆工程

在老城复兴的过程中，如何在保证宜居性的同时，焕发出生机与活力？北京正创造性地打造共生院模式。这一模式主要具有以下几个特点。

（一）新老建筑共生

共生院模式强调保留传统建筑的同时，植入现代建筑元素，实现新老建筑的和谐共生。在改造过程中，传统四合院、胡同等历史建筑得到修缮和保护，同时融入现代设计理念和建筑材料，打造出既符合现代生活需求，又保留历史风貌的居住环境。

（二）新老居民共生

共生院模式注重老居民与新居民的和谐共处。在改造过程中，政府和相关机构会积极听取老居民的意见和建议,充分考虑他们的生活习惯和利益诉求。同时,通过引入新的居住功能和商业业态,吸引年轻人和外来人口入住,为老城区注入新的活力和生命力。

(三)文化共生

共生院模式强调历史文化的传承和发展。在改造过程中,政府和相关机构会注重挖掘和保护老城区的历史文化资源,通过举办文化活动、建设文化设施等方式,让更多人了解和认识老城区的历史文化价值。同时,鼓励新居民融入老城区的生活方式和文化氛围,促进文化多样性和包容性的发展。

除此之外,共生院概念还可扩大到共生街区层面,整院腾退后,不同功能、形态的院落之间也可以实现共生。

东城区雨儿胡同的改造是共生院模式的一个典型案例。雨儿胡同毗邻玉河,是老北京的大杂院区,拥有丰富的历史文化底蕴。在改造过程中,东城区政府注重保留胡同四合院的形态和胡同肌理,同时引入现代设计理念,对老旧建筑进行修缮和改造。这不仅改善了居民的居住环境,还保留了老北京人的乡愁和历史文脉。通过共生院模式,雨儿胡同的居民可以根据自己的意愿选择是否参与改造,腾出的空间被重新设计,用于增加公共服务设施、改善绿化环境等,从而提升了整个社区的品质。

西城区的菜市口西片区则是另一个共生院模式的应用案例。该片区是北京市首个申请式退租项目,通过引入企业共同参与老城保护与更新,实现了直管公房申请式退租、房屋恢复性修建和环境综合整治等工作。在改造过程中,西城区政府充分尊重居民意愿,鼓励居民积极参与改造过程。同时,政府还注重挖掘和保护历史文化资源,通过修缮历史建筑、恢复传统风貌等方式,让更多人了解和认识老北京的历史文化价值。

除此之外,什刹海片区银锭桥胡同7号院尝试引入体验式民宿;草厂区域的院落升级改造后,将功能定位为"青年公寓",引入知识层次高的年轻人群,与老北京人做邻居,试点共推出了9个院子约16套房间;白塔寺区域的青塔胡同41号院营造出了一个温馨的阅读和活动空间。"白塔乐坊口琴之声""青塔棋社""胡同手艺社""青塔读书会"等十多个社区兴趣小组,轮流使用活动空间。

共生院不但留住了老北京胡同四合院的格局、肌理,还留住了当地居民、老街坊,延续着老城的生活方式、社区网络和历史文脉,更保留了老北京人的乡愁,在一派"天棚、鱼缸、石榴树,先生、肥狗、胖丫头"的景观里,老城有了新动能、新生机。

根据案例内容,请思考:

1. 北京四合院在现代社会中的价值和意义是什么?它们面临哪些问题和挑战?

2. 如何保护和开发北京四合院,使其在现代社会中得以传承和发展?共生院模式给予了什么启示?

3. 你认为在保护和开发北京四合院的过程中,应该遵循哪些原则和策略?

第三章
京韵悠长:京味文化的积淀与传承

知识目标

1. 了解北京会馆的起源与发展,包括其历史背景、功能和对北京文化的影响。
2. 掌握北京传统商业街的分布与特点,包括主要商业街的位置、特色和商业文化。
3. 熟悉北京著名老字号概况,包括它们的历史、产品或服务及其经营特色。
4. 了解北京饮食文化特色的形成,熟悉北京著名餐饮老字号的相关历史文化知识和菜肴特点,熟悉北京风味小吃的特色。
5. 了解北京庙会文化的历史渊源与主要特色。
6. 了解燕京八绝等工艺美术技艺的制作工艺和特点。

能力目标

1. 培养学生通过研究和分析历史资料,了解北京会馆和名人故居的历史沿革和文化内涵的能力。
2. 培养学生通过实地考察或资料研究,比较不同传统商业街的特色和优势的能力。
3. 培养学生通过实地考察或资料研究,分析和总结北京著名老字号的经营特色和成功因素的能力。
4. 培养学生通过北京名店名菜和北京风味小吃的考察调研,感受和评价北京饮食文化特色的能力。
5. 使学生理解庙会文化在当代社会中的价值和意义,以及其在传承和弘扬中华传统文化方面的重要作用。
6. 通过欣赏和学习燕京八绝等工艺美术技艺,提升学生审美和艺术鉴赏能力。

德育目标

1. 引导学生加深对北京老字号的经营特色及文化传承的理解,培养学生的工匠精神和职业素养。
2. 增强学生对北京历史和文化的认同感,培养学生对本土文化的自信和自豪感。
3. 培养学生的创新精神和创业意识,从北京著名老字号的成功案例中汲取经验。

4. 引导学生关注和传承北京的非物质文化遗产，感受工匠精神，培养学生对传统文化的保护和传承意识。

5. 教育学生珍惜和保护北京的历史文化遗产，倡导可持续发展的文化观念。

知识导图

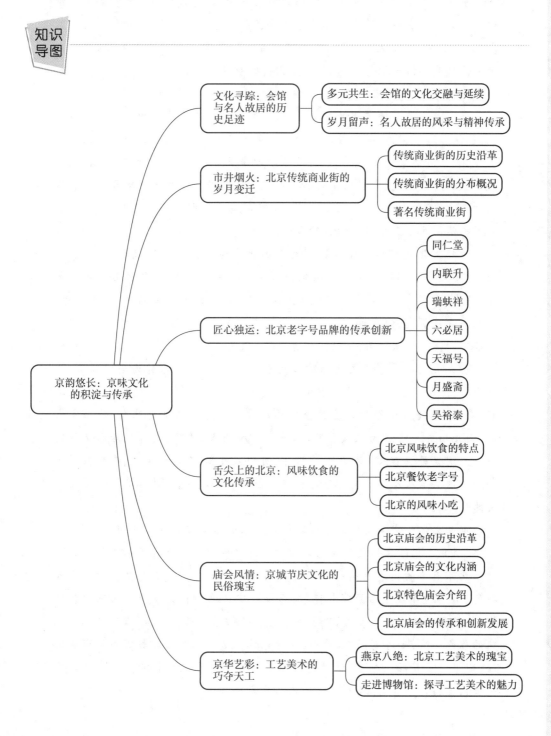

京味文化的内涵、特点及传承发展

京味文化是代表北京地域特征的文化符号,具有独特的人文社会文化价值。京味文化主要体现在古都北京的外在风貌与内在品格上,具体包括皇家文化、寺庙文化、士大夫文化、市井文化等。随着时代的进步和发展,京味文化也面临着如何传承与发扬、如何走出去的重要课题。

一、京味文化的内涵

皇家文化是京味文化的首要元素,主要表现在以皇城为中心的皇家建筑上,包括宫殿、坛庙和御园等。紫禁城的重重宫阙、黄瓦红墙、金扉朱楹,巍峨壮观,彰显着皇家气象。孔庙、国子监等古建筑是礼制与美学的巧妙结合,壮丽中显出庄严,秀美中显出肃穆。这些皇家建筑是京味文化的重要载体。清代,皇子宗亲分封为王,不外出就藩,于京城赐建府邸而居。由此,京师王公府第荟萃。北京王公府园鼎盛时多达150处。

寺庙文化是京味文化的第二元素。北京为元、明、清历代都城,寺庙之众,甲于天下。京城帝王祭祀祖先、天、地、日、月的坛庙,藏传佛教名寺雍和宫、黄寺、白塔寺,以及其他宗教与民间寺庙,遍布京城名山园林、大街小巷。据相关寺庙调查、登记和记录,民国初期北京内外城有近2000座传统儒道佛寺庙宇,堪称"圣城",最能体现"庙系天下"的京味文化特征。

士大夫文化是京味文化的第三元素。元代以来,北京作为全国政治、文化中心,汇集了全国各地各民族的文化精英。清初,由于"满汉分城"居住,汉官、商、民悉迁外城居住。这种分民族居住政策与科举制度结合,使今宣武门、崇文门外一带成为汉族朝官、京官、学者、士人、举子、商贾生活和交往的中心。这里居住着众多文化精英群体,有明末大儒,有理学名臣,有乾嘉汉学领袖。这些名人及其府宅是京师一道美丽的人文风景,更是具有京味文化意义的特殊载体。

市井文化是京味文化的第四元素。北京的市井文化包括胡同文化、饮食文化、商业文化等生活文化。老北京的街巷胡同众多。《京师坊巷志稿》记载,清代北京有名的街巷胡同有2077条。这些胡同的命名具有典型的北京地方特色,与周边百姓生活紧密相连,展示着一定区域的社会风情。北京饮食文化,集不同地域饮食之大成,除了奢华的宫廷御膳满汉全席,还有独具北京风味的各色小吃,如炸酱面、豆汁等,京味浓厚。古都北京经过数百年的商业变迁,留下许多精品老字号,成为老北京的历史传统和文化符号。在北京的传统工艺中,以"京作"为代表的宫廷艺术最为有名。

此外,京剧艺术、满式汉语、天桥杂耍也是北京市井文化的重要组成部分。清代,北京聚集了众多京剧世家名流,保留下来许多老戏楼、老戏院。清宫中专设戏班子——南府(后改为升平署),紫禁城、御苑、王府中都建有戏楼。宫中凡遇节日及帝后的生日、登极等,都由南府戏班演戏。前门外一带建有很多民间戏园,著名的有广德楼、广和楼等,国粹京剧就源于这片区域,很多京剧名角如光绪年间的"十三伶"与后来的"四大名旦"都曾在此演出。京剧念白中的北京话,近似清代宫廷中的满式汉语。普通百姓讲的是京腔京韵的方言土话,俗称"京片子",含蓄幽默,有大量歇后语、儿化音。著名作家老舍以地道纯正的北京话创作了《龙须沟》《茶馆》《骆驼祥子》等京味文化精品,展现了北京的民俗风情与文化。

二、京味文化的特点

京味文化的最大特点是它所体现的等级观念与礼仪法度。以北京传统四合院建筑群落为例,从依等级封爵的亲王、郡王、贝勒、贝子、镇国公、辅国将军的府邸宅第,各级品官大臣的深宅大院,到普通百姓居住的民宅小院,从规划设计、建设规模、营造制式到使用功能,都渗透着封建礼制敬天法地的基本内容,体现了严格的等级观念及传统礼仪法度。

京味文化的第二特点是雅俗共赏。雅文化包括皇家文化和士大夫文化,为社会上层和知识分子所有,带有浓重的王气、官气、儒雅气。俗文化属于平民文化,为普通大众所喜闻乐见。雅俗文化之间,往往互相吸收,互为影响。

京味文化的第三特点是庄重雄浑、壮美大气。北京是拥有800多年历史的古都,这使其天然地成为传统文化的核心堡垒,皇统、道统、学统都体现出十足的正统性。同时,北京文化融合了满、汉、蒙、藏等多民族文化精粹,展现出海纳百川的雄浑气势。北京人世代生活在天子脚下,有一种潜在的自尊心和优越感,举止行为也力求庄重大气。北京人的价值观念、审美评价、生产方式、生活习惯、方言俚语、婚丧民俗、社交礼节等,通常讲求朴实、体面、庄严。

三、京味文化的传承与发扬

传承与发扬京味文化,保护要先行。如今,北京已经着手对"历史的真实"进行保护和传承。《北京城市总体规划(2016年—2035年)》明确提出,加强老城和三山五园的整体保护,老城的道路、胡同、四合院等承载京味文化的载体将得到有效的保护。

传承与发扬京味文化,创新是手段。要在保持京味文化产品传统魅力的同时,提升其创新度,增加契合新时代发展、新时代人们审美需求的元素。要为京味文化提供更多的制作、传承与展示场所。政府要利用各种文化机构来宣传、推广、普及京味文化,允许和鼓励民间机构和资本进入。

京味文化的传承与发展,要借助新时代的文化发展契机。习近平总书记两次视察北京都对北京文化建设作出重要指示,明确要把北京建设成为全国的政治中心、文化中心、国际交往中心、科技创新中心。建设全国文化中心，要集中做好首都文化这篇大文章，特别是源远流长的古都文化、丰富厚重的红色文化、特色鲜明的京味文化和蓬勃兴起的创新文化。因此，京味文化的传承与发扬，要与古都文化、红色文化和创新文化叠加在一起，平台互用。

京味文化的传承与发展，必须实施走出去战略，增强国际知名度和影响力。有京味特点的文化企业应充分考虑中西方文化差异，不能只是展示"我们要展示的"，而是要主动运用国外文化市场运作规则、受众需求特点、欣赏习惯和审美情趣，使海外推广战略和方案更具可操作性，才能使京味文化真正实现走出去。

（资料来源：赵雅丽《京味文化的内涵、特点及传承发展》，《前线》，2018年第3期）

作为中华文化的璀璨明珠，京味文化以其深沉而质朴的气质、博大而高雅的格调，吸引着四面八方的目光。当人们谈及京味文化，脑海中浮现的是北京悠久的历史长河，巍峨壮观的城楼，金碧辉煌的故宫；是棋盘式的胡同布局，青砖灰瓦的四合院；是名人故居会馆的传奇故事，充满智慧和幽默的北京方言；是老字号的货真价实，地道的风味小吃；是京绣、玉雕、景泰蓝的精美绝伦；还有京腔京韵的京剧、相声、大鼓等艺术形式。这些元素虽然不能完全代表京味文化的全部，但足以展现其深厚的内涵和广泛的外延。在本章，我们将领略北京的会馆与名人故居、传统商业街、老字号、风味饮食、庙会民俗以及工艺美术的魅力，一同探寻京味文化那独特的文化内涵与韵味。

第一节　文化寻踪：会馆与名人故居的历史足迹

会馆，汇四方人群、聚百行技艺、融同乡情谊，是京城几百年来历史变迁的见证者和参与者，是北京重要的历史文化元素，也是北京历史文化遗产的重要组成部分。

一、多元共生：会馆的文化交融与延续

会馆是专供同乡或同业人士在京城及各大城市聚会、寄寓的场所。作为全国政治、文化中心的北京，不仅是会馆产生的源头，也是会馆最集中的地方。

北京的会馆兴于明，盛于清。明清之时，北京作为全国的政治、经济、文化中心，汇聚了各地前来参加科举考试的士子、从事商贸活动的商人群体，北京成为会馆建立最早、数量最多的城市，500多年间上演了一幕幕历史风云，留下了诸多名人印记。

（一）北京会馆的起源

北京的会馆发端于明代,在清代达到鼎盛。当时商业贸易兴盛,商人随处设立行栈,后来由于行栈愈来愈多,商业竞争激烈,由各地商人在京城兴建的会馆便应运而生。到了明中叶,会馆已经相当普遍。明中叶以后,一方面商业贸易更加繁荣,另一方面,由于科举考试制度逐渐形成,参加科举考试的各地士人增多,于是各地纷纷在京师修建会馆,供同乡停宿、聚会、举行宴会、参加科举考试之用。至明末清初,会馆的分布更加广泛。据1949年11月北京市民政局统计,全市会馆总数为391处。建于明代的33处,最早的南昌会馆建于明永乐年间。建于清代的341处,建于民国初年的17处,建得最晚的为1936年兴建的湖北大冶会馆。

（二）北京会馆发展概况

会馆,作为科举制度和工商业活动繁荣的产物,构成了北京一种独特的文化现象。在明清时期,为了方便解决来自全国各地的考生在京参加科举考试时的食宿问题,各省及一些府县纷纷在北京设立会馆,为本乡本土的举人提供一个落脚之地。以接待举子考试住宿为主的会馆,就直接叫作"试馆",例如遵化试馆、蓟州试馆等。这些会馆不仅解决了举子们的实际困难,还成为他们交流学问、增进友谊的重要场所。

与此同时,随着工商业的蓬勃发展,工商各行业为了维护自身的利益,协调行业内部关系,联络同行间的感情,需要经常集会、议事、宴饮,于是就有了商业会馆之设。最早的商业会馆建于明代,如颜料行业的平遥会馆、粮油业的临襄会馆。这类会馆一般是按不同行业分别设立,也叫行（háng）馆。行馆分两种:一种是完全由同行业组成的,如南新华街的玉器行长春会馆、北芦草园的颜料会馆、崇文门外东兴隆街的药行会馆、精忠庙的梨园会馆;另一种是冠以地名的会馆,但实际却是行馆,如山西布行商人在小江胡同建立的晋翼会馆。

明代北京内外城都有会馆的分布,而且东部明显多于西部。这种分布特征与明代漕运直接相关,当时士人进京,位于城东的运河是一条主要交通要道,会馆大都临近运河分布。明代,内外城会馆有一定分工,内城中是官员主持的会馆,主要为久居的京官服务;外城中则是士商与谒选者主持的会馆,主要为商人和临时来京的士人服务。

明嘉靖和清乾隆年间是北京会馆发展最快的两个时期,当时各省州府郡县争相建馆,清末至民国年间有会馆500多座。由于实行旗、民分治,汉族官员和进京赶考的士子多居住于外城,所建会馆基本上在外城。外城会馆在地域来源上,多集中于文化、经济发达的省份。这些省份的会馆以府县会馆为多,省馆较少。不发达地区则只有省馆,没有府、县会馆。

与明清时期相比,民国期间会馆在内城兴建较多,外城东部则以官员所建会馆为多。除西藏外,全国各个省、自治区、直辖市都先后在北京设立了(省、府、县、商)会馆。

中华人民共和国成立后,北京市人民委员会与各省市协商,由北京市民政局接收各会馆财产。1956年,在京的各地会馆房屋全部移交市房地产管理局,大多数会馆房屋经过整理修葺后分给无房的市民居住。1984年以来,文物管理部门陆续把有文物价值的会馆确立为国家级、市级和区级文物保护单位,其中安徽会馆被确立为全国重点文物保护单位,汀州会馆、南海会馆(康有为故居)、顺德会馆(朱彝尊故居)、中山会馆、湖广会馆、湖南会馆等被确立为市级文物保护单位。

(三)著名会馆

明永乐十三年(1415年)至1949年12月,北京兴建的会馆共计647处,因此北京也被称为会馆之都。随着时代变迁,会馆衰落,截至2022年,北京现存会馆建筑仅有57座。

会馆在推动北京政治、经济、文化发展,促进各地区文化交流和融合,特别是京剧艺术的形成和发展中发挥了不可磨灭的作用。正乙祠、湖广会馆、安徽会馆、阳平会馆的戏楼被称为蜚声京城的四大戏楼。

会馆不仅是地域饮食与方言的交融之地,更在菜肴的展示中相互学习、互相借鉴,取长补短,最终孕育出了川菜、鲁菜、粤菜、淮扬菜等地方菜系,每一菜系都独具风味,令人回味无穷。同时,会馆也是语言交流的舞台,各地方言的碰撞与融合,为北京话注入了新的活力,推动了以北京语音为标准音,以北方话为基础方言的普通话的形成与发展。除此之外,会馆在多个领域都留下了宝贵的文化遗产。从建筑艺术的精妙设计,到园林建设的匠心独运;从书法石刻的传世佳作,到诗文楹联的深厚内涵,这些丰富的遗产不仅见证了会馆的历史与文化,更为我们后人提供了无尽的探索与研究空间。

曾经这些会馆汇四方人群、聚百行技艺、融同乡情谊,现在辉煌虽然已经成为过去,但在演变历程中所承载的历史、文化与地方记忆,却永远不会消失。为了更好地利用会馆这份独特的文化遗产,北京市对一些会馆进行了修缮,并在湖广会馆、临汾会馆等8个会馆先行先试,推出"会馆有戏"系列活动,用文化为百年老建筑重新注入新的艺术生命。

1. 正乙祠戏楼

正乙祠戏楼又称为"银号会馆",原为明代古寺庙,清康熙初年由浙江银号商人集资,建立祠堂馆舍。在正乙祠内的二层戏楼是北京唯一保留至今基本完好无损的纯木质戏楼,也是中国历史上第一座室内剧场,众多昆曲、京剧大师都曾在这里演出。正乙祠戏楼布局紧凑,工艺讲究,在会馆戏楼中别具一格,被学者们誉为中华戏楼文化史上的活化石。

经过修缮,正乙祠戏楼现已重新启幕。开幕演出季选取了四幕颇有历史渊源的大戏连台上演,分别是驻场戏《天官赐福》、戏楼版《牡丹亭》、观其复版《墙头马上》和《怜香伴》,老戏楼重新焕发出光彩。

2. 湖广会馆

湖广会馆坐落在虎坊桥西南,是湖北、湖南两省人士为联络乡谊而修建。明代湖广省辖湖北、湖南两地,清代分置为湖北、湖南两省。湖广会馆现存戏台、门楼和一些附属群房,1996年按原貌修复并在会馆里开辟出了北京戏曲博物馆。

自1996年修缮一新后,湖广会馆一直是京戏表演的重要场所。自从湖广会馆成为德云社驻场演出的主要地点之一后,这里便形成了"白天京剧、晚上相声"的精彩组合,让更多的年轻人了解这座百年建筑背后的故事。此外,会馆里的北京戏曲博物馆,周末还为青少年提供戏曲研学课程。

3. 颜料会馆

颜料会馆又称平遥会馆,由来自山西的颜料、桐油商人创建于明代,是京城兴建较早的商业会馆之一,其"前庙后馆"格局是明清会馆建筑常见的形制。

现在"会馆有戏"在颜料会馆保持着每周一次的演出频次,以民乐为主,通过相声、鼓曲、杂技等多种艺术形式展现,让人既能感受到山西味道,也能体会到京味京韵。

4. 临汾会馆

临汾会馆始建于明代,已经有400多年的历史,由山西临汾五行商人所建,整座院落是三进四合院,具有山西民居的特色。2017年对其进行修缮保护,临汾会馆从大杂院华丽转身成为"北京会馆文化陈列馆"。

在临汾会馆的中殿有一组镇馆之宝,是留在东、西山墙上清乾隆、光绪年间的四块石碑,上面的文字讲述了当年牙行和商会之间的斗争,让参观者更直观地了解古代的商帮文化。

北京会馆文化陈列馆还开展了云游前门、云游会馆、云游南中轴的系列直播和线上云课堂活动,方便更多人了解和学习会馆文化与其中的乡土温情。

5. 安徽会馆

安徽会馆位于宣武门外后孙公园胡同,原是明末清初学者孙承泽的别墅私园。安徽会馆是北京现存体量最大的会馆建筑,安徽会馆的戏楼曾彪炳京城,"三庆班""四喜班"等四大徽班进京时都曾下榻于此,并在此演出。其中的表演曲目就有中国戏剧史上的不朽巨作《长生殿》。安徽会馆是徽班演出的重要据点,在京剧的发展过程中也起到了重要的推动作用。

如今,安徽会馆依旧是曲艺表演场所,北方昆曲剧院曾在这里尝试了不插电、纯嗓音、自然光的昆曲演出,以及现场评书表演,给观众以独特的艺术体验。

会馆作为历史上首都和地方交流的纽带,体现了北京这座城市从古至今兼容并包的特性。如今会馆新生,更是为曲艺文化提供了更多的演出空间,为公众提供了一个了解戏曲的入口,同时也让"首都风范、古都风韵、时代风貌"的北京城市特色有了更丰盈的含义。

知识链接

北京会馆你不知道的那些事儿

二、岁月留声：名人故居的风采与精神传承

在北京地区，分布着众多历史悠久且保存完好的文化名人故居，它们主要集中在东城和西城两大城区。这些故居不仅承载着丰富的历史文化内涵，更是北京城市记忆的重要载体。依托这些故居建立的博物馆和纪念馆，共同构成了北京历史文化名城的独特风貌。这些故居不仅是京城特色风情的体现，更是北京历史文化的重要组成部分，早已深深烙印在北京这座城市的记忆之中。

（一）北京宋庆龄故居

位于后海北沿46号的北京宋庆龄故居（见图3-1），原是清朝末代皇帝爱新觉罗·溥仪的父亲醇亲王载沣的王府花园。它与东侧的建筑群同为醇亲王府，后称摄政王府。康熙年间，初建明珠府第，乾隆年间易为和珅别院，嘉庆年间改为成王府，光绪十四年（1888年）改为醇亲王府。中华人民共和国成立后，政府即计划为宋庆龄在北京修建寓所，但她以国事为重，一再逊谢。后由周恩来总理亲自筹划，决定借此王府花园，葺旧更新，新建一座仿古式两层主楼。园内碧水回环、山石嶙峋、花木荟萃、芳草萋萋、楼堂亭榭、错落其间，是一处娴静典雅的庭园。宋庆龄自1963年4月乔迁于此，一直工作、学习和生活到1981年5月29日逝世。1981年10月，北京宋庆龄故居被命名为"中华人民共和国名誉主席宋庆龄同志故居"，1982年5月29日起对外开放。

图3-1　北京宋庆龄故居

故居原为清代四大王府花园之一,庭院南、西、北三面均有土山,土山内侧有由后海引入的活水,绕园一周。其中南湖为较大的一处水面。原王府花园内濠梁乐趣、畅襟斋等一组清代建筑,现已恢复宋庆龄生前原状(大客厅、大餐厅)。古建筑群以西的一中西合璧两层楼的主体建筑是宋庆龄的寓所(后建),兼办公、会客功能,称主楼,内按原状陈列。建筑群与南湖之间为草坪,草坪上设有旗杆,悬挂2号国旗。南湖南岸有明代两层楼建筑,称南楼。南山东侧有箑亭;西侧有听雨屋。园内有重点保护古树23株,其中西府海棠名列北京"最美十大树王"。长廊迂回曲折,纵贯南北,连接南楼与北建筑群,长廊中有恩波亭。庭院明清两代古建筑为砖木结构,楼台亭阁,王府风格,建筑面积2000余平方米。现代建筑为钢混结构,是在原有主体建筑以西接建的灰色仿古二层小楼,为宋庆龄生前工作和生活之处,建筑面积2100余平方米。新文物库依西侧大墙而建,宋庆龄生平展在新建文物库一层,2009年竣工。

宋庆龄故居被国务院列为全国重点文物保护单位,以原状陈列保持了宋庆龄生前在此工作、学习、读书、接见、座谈、宴请、休息、娱乐、喂鸽、赏花等生动场景,陈列宋庆龄生平展览,是集参观、游览、活动、会议于一体的重要场所,被评为全国爱国主义教育示范基地、全国青少年教育基地、全国中小学生研学实践教育基地、全国红色旅游经典景区、中央国家机关思想教育基地、北京市廉政教育基地、北京爱国主义教育基地。

(二)郭沫若纪念馆

郭沫若纪念馆,原名郭沫若故居,位于北京西城区前海西街,东临什刹海,南望北海公园静心斋,占地面积7000平方米。郭沫若纪念馆原是郭沫若的寓所,也是他作为中国科学院院长的办公所在地。清代末年,这里是恭王府的一部分,但没有留下任何建筑。民国初年,中医世家乐氏达仁堂将此地购买,修建成中西结合的宅院。中华人民共和国成立后,达仁堂将其捐赠国家。之后,此地先后做过蒙古国驻华大使馆和宋庆龄寓所。1963年11月,郭沫若迁入其东侧中式四合院中,至1978年病故,在这里度过了他人生中的最后15年。

郭沫若去世后,这里成为郭沫若著作编辑出版委员会的办公地,隶属中国社会科学院。1982年,中共中央书记处第147次会议决定把郭沫若同志的住地定名为郭沫若故居,邓颖超、成仿吾、李一氓分别为故居题名。1988年,郭沫若故居正式对外开放,1994年7月更名为郭沫若纪念馆。

纪念馆院内绿树参天,环境宜人。园中郭沫若生前种植的花木茂密葱茏。草地上有一对石狮,由于主人的不拘一格,它们没有站在大门外显示力量,而是轻松活泼地蹲在草地上,仿佛正在玩耍。与石狮遥遥相望的是垂花门前两口不成对的铜钟,一左一右,和门前两株古柏相伴。稍高的一只铸于明末天顺丁丑年,另一只铸于乾隆甲子年,它们都是郭沫若的收藏。郭沫若铜像安然地坐落在枝繁叶茂的银杏树下,它穿越时空,留下了一个文化先驱的姿态:似在沉思,又似在与前来的朋友倾心交流(见图3-2)。

图 3-2　郭沫若铜像

四合院东西厢房和后罩房两侧的房间,当年分别是会议室、秘书办公室及家人的住房,现在已辟为展室,以编年顺序讲述了郭沫若追求理想、以身报国,与时代同呼吸、共命运的86年风雨人生。

踏进郭沫若纪念馆的每一步都是跨越历史的对话,与大师的交流。在这里,游客将会追溯往昔峥嵘的岁月,感悟时代的激流。如今,郭老的办公室、客厅、卧室依然如故,仿佛主人会随时走出来与观众进行交谈。今天,这里已成为爱国主义教育基地,通过展览、讲座及举办文化活动等方式,迎接八方来客,许多观众参观后写下感人的留言。

(三) 北京鲁迅博物馆

北京鲁迅博物馆是在北京鲁迅故居基础上建立的博物馆。1923年秋,鲁迅购入这处宅院,他在此处居所住了两年多。这里也是迄今在北京保存最完整的一处鲁迅的居所。

在此居住期间,鲁迅完成了《华盖集》《华盖集续编》《野草》三本文集,以及《彷徨》《朝花夕拾》《坟》中的一部分文章。

1949年10月19日,时值鲁迅先生逝世13周年之际,旧居正式对外开放。次年3月,许广平先生将旧居和鲁迅先生生前的藏书、文物全部无偿捐献给国家。1954年初,旧居旁建立了陈列厅。1956年10月19日,鲁迅先生逝世20周年之际,鲁迅博物馆正式建馆并对外开放。

1950年至今,北京鲁迅博物馆已收藏文物藏品3万余件,鲁迅的遗物包括文稿、书信、日记、译稿、辑校古籍手稿、题赠卷轴等手迹,还有藏书、汉画像砖、墓志拓片等收藏品。另外,与鲁迅先生联系密切的萧军、萧红、瞿秋白、许寿裳、钱玄同等人的遗物也保存于此,成为不可多得的民族珍宝。

北京鲁迅博物馆内的鲁迅塑像如图3-3所示。

图3-3　鲁迅塑像

（四）茅盾故居

茅盾故居位于北京市东城区后圆恩寺胡同13号，是一处具有历史意义的名人故居。该故居是现代著名文学家茅盾在1974年至1981年生活居住的地方，直到他病重住院前，这里见证了茅盾晚年的生活与工作。茅盾故居是一座比较规整的具有典型北京特色的两进四合院。在这里，他完成了回忆录《我走过的道路》。茅盾逝世后，邓颖超同志为小院手书题写了"茅盾故居"匾额。如今的故居仍保持着茅盾生前原状。在茅盾的起居室和会客室中，其生前经常翻阅的书籍、使用过的文具、伏案撰著回忆录的写字台、与朋友促膝而谈时坐过的沙发都保留着原貌，供人瞻仰。

故居前院三间房屋被开辟成了展厅，2024年3月27日重新对外开放后，"万里江山一放歌——茅盾生平展"在此展出。展览共三个展厅，按时间分类为——"从文学青年到革命者""大地与子夜""霜叶红似二月花"。第一展厅从"青年时代""新文学的弄潮儿"和"最早的一批党员"三个方面，用置景、照片和手稿等方式展示茅盾早年的经历。第二展厅从茅盾小说的整体社会背景到《子夜》的相关实物展品，还原茅盾小说创作的概况、意图、过程，展现了茅盾各类文体创作的成果。第三展厅从"'人民文艺'的代表""'作协'三十年""直到生命的最后时刻"等方面，展现中华人民共和国成立后茅盾的工作与生活。

茅盾是中国现代文学史上杰出的作家之一，他的许多作品深刻反映了中国社会的变迁和人民的生活状态，如《子夜》《林家铺子》《春蚕》等，对中国现代文学的发展作出了巨大贡献。茅盾故居不仅是中国文学爱好者的朝圣之地，也是进行历史文化教育和爱国主义教育的良好平台。

（五）齐白石旧居纪念馆

雨儿胡同13号是1955年中华人民共和国文化部为齐白石配置的居所。不过，由于老人思念之前的旧居，在此住了不长时间便搬了回去，此地便改为齐白石纪念馆。

纪念馆的砖瓦上藏着精美的雕刻，屋内挂着名家的书法，特别是正屋的墙上，有齐白石先生亲笔写的篆书联语："大福宜富贵，长寿亦无疆"，格外醒目。

北屋正屋已恢复为客厅、画室、卧室，购置了旧式家具并配以齐白石生活照片，将齐白石生前居住的室内陈设旧貌进行还原。同时将东西厢房改建为齐白石生平与艺术展室，陈列齐白石画作高仿复制品、图片文字展板以及多媒体播放等，以丰富的手段展示了齐白石的创作及其多彩人生。

（六）梅兰芳纪念馆

梅兰芳纪念馆于1986年10月正式对外开放，是一座典型的二进四合院，原为清末庆王府一部分。1951年，杰出的京剧表演艺术家梅兰芳入住这里，度过了他生命的最后十年。

纪念馆分为正院和外院两部分。正院保存旧居原貌，会客厅、书房、卧室和起居室内的各项陈设均按梅兰芳生前生活起居原状陈列。东、西展室为专题展览。外院设有南展室、临展室、文创空间等，其中南展室为常设展室，以珍贵的图文影像资料介绍梅兰芳一生的艺术成就和社会活动。

知识链接

探秘隐藏在北京城里的15处名人故居

第二节　市井烟火：北京传统商业街的岁月变迁

传统商业街道在我国已经有近千年的发展历史，尤其在清代发展最为迅速，并形成了一定规模。作为历史悠久的文明古都，北京拥有大量的传统商业街道。这些商业街道是重要的文化遗产，见证了北京从封建社会到民国再到改革开放的历史变迁，留下了浓厚的时代烙印和历史沧桑感，集中展现了城市的建筑风格和历史文化特色。北京的传统商业街道展示着北京城市生活的历史记忆和民间风情，反映了独特的京味文化。

一、传统商业街的历史沿革

（一）元代

元大都的建设完全遵循了"前朝后市，左祖右社"的传统规划原则。商业区"市"被精心地布置在宫城的北部，即今天的钟楼鼓楼一带。这一商业街区的形成，不仅严格遵循传统营造都城的规划格局,更因其靠近古代重要的水运河流——京杭大运河,从而具备了得天独厚的交通条件。京杭大运河的便利汇聚了来自四面八方的商贾,形成了繁荣的商业景象。

(二)明清时期

明清时期,统治阶级开始限制漕运,钟鼓楼的商业繁荣逐渐减弱,商业中心开始转移至正阳门(即现在的前门)地区。尽管漕运受限,但北京城的商业发展并未因此停滞,反而越发繁华兴旺,有圆明园福海之东的买卖街、长安街市集、南城的天桥市场等众多商业点。这些商业点各具特色,共同构成了北京城繁荣的商业网络。此时在之前"铺、坊、宅合一"的沿街商业建筑形式的基础上,逐渐发展形成了具有前廊的商业街道,大大拓展了商业空间。同时在普通街道向商业街道发展的过程中,摊铺和商店大量涌现,突破了沿街空间的限制,侵占了一些官道空间,商业街道的功能更加混合和多元,体现了当时开放的城市空间形态。

到了清代后期,随着商品流通的加速和市场的日益繁荣,传统的商业街道已经无法满足当时商品流通快速发展的需要。在这一背景下,更大规模的商业中心应运而生,成为城市经济发展的重要推动力量。在清末至民国时期,北京城涌现出了两个最大的商业街区——王府井和西单。这两个区域以其独特的地理位置、丰富的商业资源和繁荣的商业氛围,成为当时北京城最繁华的商业中心。

王府井大街因毗邻使馆区,周围居住着大量的外交使节和达官贵人,成为外商投资和开设店铺的理想之地,许多知名的外国商行纷纷落户于此。这些外商带来了先进的商业理念和管理模式,使王府井大街的商业氛围更加浓厚。同时,他们也将西方的生活方式、时尚潮流和商品引入中国,使王府井大街成为一个西洋化的商业区。而西单则依托周边的许多政府机构,沿街商业发展兴旺,逐渐由六家小商店组成了西单商场。此时的商业街区的建筑逐渐脱离了居住功能,成为能够承载大型商业的独立商业建筑,街道的宽度也得到拓展,空间尺度变大,而洋货的涌入,也带来了西洋风格建筑。

二、传统商业街的分布概况

北京的传统商业街道主要集中在老城区,这些街道拥有丰富的历史文化建筑群,是北京历史街区的重要组成部分,具有重要的史学价值,并展现了一定时期的城市历史文化风貌。这些街道不仅保留了传统建筑风貌,而且仍然保持着活力,以其传统的胡同风貌和独特的文化氛围而受到游客的喜爱。

在北京,传统商业街道主要集中在几个区域,包括前门—大栅栏区域、鼓楼—什刹海区域、王府井和西单地区。前门—大栅栏区域包括著名的前门大街、大栅栏和琉璃厂文化街等。鼓楼—什刹海区域则包括烟袋斜街、南锣鼓巷和地安门外大街等。这些传统商业街道不仅是北京城市历史文化的重要见证,也是城市发展和变迁的重要标志,是人们了解北京历史和文化的窗口。同时,这些街道也是城市规划和发展中需要重点保护和开发的对象。相关部门采取了一系列措施,如修缮古建筑、保护传统商业形态和加强文化遗产保护等,以确保这些传统商业街道的历史和文化价值得以传承。

总的来说,北京的传统商业街是城市历史和文化的重要组成部分,也是城市经济发展的重要载体。它们不仅提供了购物和休闲的场所,更是传承和展示北京历史和文化的重要平台。如今,随着城市的发展和人们消费习惯的改变,传统商业街也在不断调整和升级,以满足人们日益多样化的需求。同时,政府和社会各界也在积极保护和传承这些宝贵的文化遗产,让它们在新的时代里继续发挥重要的作用。

三、著名传统商业街

(一)前门—大栅栏区域

1. 前门大街

前门大街是北京最负盛名、最繁华的商业街之一。前门大街位于北京的中轴线上,北起正阳门箭楼,南至天桥路口,与天桥南大街相连。明嘉靖二十九年(1550年)建外城前是皇帝出城赴天坛、山川坛的御路,建外城后为外城主要南北街道。民众俗称前门大街。大街长845米,行车道宽20米。明、清至民国时皆称正阳门大街。1965年正式定名为前门大街。来到北京品"京味儿",前门大街是游客们必选的目的地之一。

前门商业街萌生于元代,形成于明代初年,繁盛于清代、民国。早在元大都建设时,前门大街所在区域就是丽正门外皇帝祭天、南巡的必经之路,当时有菜市、草市和茶肆酒楼,一派商业繁荣景象;明永乐年间,丽正门南迁并改名为正阳门。明北京城的城市建设突破了元代所遵循的"前朝后市"的定制,在正阳门周围以及南至鲜鱼口、廊房胡同一带,设立了大片商业区,前门大街商贾云集、会馆林立。进入清代,内城商人外迁,达官显贵亦聚集于此,前门大街进一步繁荣,被乾隆誉为"京师之精华",前门大街两侧陆续形成了许多专业集市,一度成为大型商业街区。清末至辛亥革命时期,大量洋货汇集,加之京奉铁路、京汉铁路开通和火车站修建带来的更多商机,前门大街与王府井大街、西单大街并称为北京三大商业街。

中华人民共和国成立后,政府对前门大街一带进行了综合性治理、发展,如扶持老字号商店,使它们在保持原有的经营特色之外,又新添了许多便民服务设施。同时,这里也先后开放了国营商场,妇女服装店、儿童用品商店,给前门大街增加了许多特色。2007年5月9日,前门大街前门至珠市口段开始改造,2008年5月28日完工,同年8月7日对外开放。改造后的前门大街重现了明末清初的建筑风格,恢复了前门大街的有轨电车"铛铛车",2009年元旦开始运营。

如今,前门大街已经成为北京著名商业旅游胜地。前门大街以文化为灵魂,以中华民族优秀文化品牌为主体,以著名国际文化品牌为新亮点,民族传统文化与现代时尚文明相融合,力求建设文化高品位、经济高收益、社会高效益、管理高水平的综合文化商业街区。这是前门区别于王府井、西单商业街的重要特点。前门的入驻商业以民族自主品牌专卖店、形象店、旗舰店为主,再现老北京的传统魅力。现在,前门大街构建出了"中华老字号传统前门大街商业及旅游商品区""精品四合院体验区"等5大功能区,并以传统商业、历史文化的集聚为特色,体现传统与时尚的交汇融合。

前门大街在坚持"历史与现代、传统与时尚、民族与世界"相结合的原则下,引进了许多知名的国际品牌,给街道的商业气氛注入了现代活力。如今的前门大街,俨然成为一条融合了传统与现代的"国货大街",这里隐藏着众多中华文化的精髓与品牌故事,等待着每一位热爱探店的朋友去发现和体验。这里有都城建筑的古典美、风土文化的民俗美、中轴秩序的历史美,地道小吃、非遗传承、国潮元素、年货文创和几十家老字号汇集于此,"一站式"满足消费者的购买欲。

2. 大栅栏商业街

大栅栏商业街东接前门大街,西临煤市街,全长275米(见图3-4)。大栅栏地区元代兴起,明代初建,清代已成繁荣商业区,富集北京老字号门店,热闹非凡。街区风貌保存较为完整,是体现古都要素、展现老北京市井风貌的重要遗存。

图3-4 大栅栏商业街

3. 鲜鱼口老字号美食街

鲜鱼口老字号美食街位于北京市前门大街东侧,属于鲜鱼口历史文化街区,是北京老城25片历史文化重点保护区之一,是北京极具代表性的传统商业街。鲜鱼口街区因古高梁河(后改名三里河)流经于此而逐步发展成人们聚集买卖的区域,这里北京老字号名店云集,在明清初期成为北京最繁华的综合性商业街区之一。民间曾流传"先有鲜鱼口,后有大栅栏"的说法,可见其历史渊源之久。在鲜鱼口老字号美食街,有众多北京小吃老字号,如天兴居、锦芳小吃等,游客可以品尝到各种地道的北京小吃,如老北京炸酱面、爆肚、炒肝、门钉肉饼、豆汁焦圈等。在街道的入口处,有一座高大的牌楼,上面写着"鲜鱼口"三个大字,是北京著名的标志性建筑之一。

4. 琉璃厂文化街

琉璃厂文化街位于北京的西城区和平门外,西至南北柳巷,东至西城区的延寿寺街,辽代时名为"海王村"。元明时期,这里以开设官窑、烧制琉璃瓦著称,逐渐发展成为当时朝廷工部的五大工厂之一,因此有"琉璃厂"之称。清代,琉璃厂一带居住了很多汉族官员,士人会馆又多设在附近,琉璃厂出现了最初的文化街市,很多官员、赶考的举子来此逛书市,各地的书商都在琉璃厂摆摊开铺,逐渐发展成为当时京城最大的书籍市场,以至于当时的琉璃厂不仅有丰富的书籍,还兼有现代图书馆的作用。文人骚客的汇集,也使一些笔墨纸砚、古玩书画产业发展了起来。乾隆时期,琉璃厂文化街已成为古玩字画、古籍碑帖及文房四宝的集散地。如今,这里经营古玩字画的店铺依旧很多,是北京著名的文化街。

琉璃厂文化街以特色经营的方式,深入挖掘传统文化艺术的魅力。店铺的经营种类也围绕古玩字画、书店和传统工艺品展开,基本上都是传统老字号店,保持了街道业态的纯粹性和统一性。

琉璃厂文化街不仅是吸引外来游客探访中华古老文明的场所,更是专业人士和古玩爱好者的购物好去处。琉璃厂文化街重点突出"文化"二字,定位是成为北京最大的、品位最高的文化艺术品集散地和古都风貌游览区,是具有相当规模的中国传统手工艺品集散地,是中国重要的传统文化博物馆和民族文化教育基地,成为集文化、商业、旅游等多种产业于一体的文化产业园区和首都乃至全国的传统文化产业中心。在满足日常观光和专业购物的同时,琉璃厂在每年的传统节日里,都会举办庙会活动,吸引了大量的游客。目前,琉璃厂为北京市历史文化保护区。厂甸庙会、荣宝斋木版水印技艺、一得阁墨汁制作技艺等已列入国家级非物质文化遗产名录。

知识链接
▼

琉璃厂的老
字号——
荣宝斋

(二) 鼓楼—什刹海区域

鼓楼—什刹海区域位于北京市中心,是北京历史悠久的文化遗产区之一。在鼓楼—什刹海区域,有许多著名的传统商业街道,其中最著名的是地安门外大街、烟袋斜街和南锣鼓巷。

1. 地安门外大街

说起京城繁华的商业街,老北京有句顺口溜:"东四西单鼓楼前。""鼓楼前"说的就是现在的地安门外大街。

地安门外大街位于北京中轴线北端,从地安门至鼓楼,全长近800米。地安门外大街东连南锣鼓巷,西临什刹海,南起地安门东西大街,北至鼓楼。因南端原为皇城后门(地安门),故曾名后门大街。自元代形成以来,地安门外大街前承皇城、后启闹市,历史上承载的商业功能延续至今,是中轴线上形成时间最早、形态最稳定的商业街市。

清代是地安门外大街商业发展的繁盛时期,出现了大量的商业店铺和字号。民国时期,沿街道已经聚集肉市、古玩市、菜市等一些生活市场和特色市场,商业繁盛的景象延续至民国。近现代以来,地安门百货等商业设施凝聚了一代人的老北京情怀。

地安门外大街承载了北京建都以来的历史变迁,见证了北京老城地区的商业发展。历经百年变迁,如今的"鼓楼前"繁华依旧,这条老街将古老的文化氛围与现代商业相结合,呈现出独特的魅力,焕发出勃勃生机。

2. 烟袋斜街

烟袋斜街是地安门外大街西侧的一条小街,烟袋斜街呈东西斜形走向,本身就宛如一只烟袋,细长的街道好似烟袋杆,东头入口像烟袋嘴,西头入口折向南边,通往银锭桥,看上去好似烟袋锅。街道两侧建筑典雅朴素,颇具明清传统风格,其前店后居的形式呈现出市井风情,充分展现出浓郁的老北京传统风貌。

清代末年,这里聚集了许多经营文房四宝、古玩玉器、装裱字画的商铺。如今,烟袋斜街成为北京的时尚老街之一,各种风味小吃、古玩店和工艺品店林立。例如,大清邮政信柜依旧保留着老模样,它除办理正常的邮政业务外,还是一个邮驿博物馆,为游客近距离呈现中国邮驿发展历程。

3. 南锣鼓巷

南锣鼓巷兴建于元大都时期,是当时"左祖右社,面朝后市"格局里"后市"的重要组成部分,是北京较古老的街区之一。在元代曾是繁华的商业街。南锣鼓巷位于元大都的几何中心,为南北走向,紧邻中轴线东侧,北起鼓楼东大街,南止地安门东大街,全长不到800米。南锣鼓巷具有重要的史学价值,是我国唯一保存完整的元代胡同院落肌理式传统民居区,是北京胡同的典型代表。

南锣鼓巷曾是达官显贵和文化名人聚居的地方,国画大师齐白石和文学巨匠茅盾等都曾在这里居住。如今,南锣鼓巷作为历史文化保护街区,保留了许多历史悠久的胡同和四合院,以及许多名人故居,展现着丰富的人文历史。现在的南锣鼓巷更体现了年轻活力的现代商业文化,主要以创意时尚的小店为主,古今交融,时尚与古典结合,展现出独特的魅力。南锣鼓巷以元代胡同四合院为肌理、以三朝历史文化为底蕴、以时尚个性为品味的街道环境,形成了独具一格的风格。酒吧、咖啡馆、餐厅和创意商店汇聚于此,使南锣鼓巷成为古都北京休闲旅游和文化创意的特色商业街。

(三)王府井大街

王府井大街是一条具有数百年悠久历史的商业街,在北京享有"金街"美誉。它位于北京市中心,地处天安门以东,南起东长安街,北至东四西大街西端。

王府井大街的历史可追溯至元代。元代称"丁字街"。史料记载,明永乐年间,曾于此地修建十座王府,房屋共计八千三百余间,供亲王、郡王居住。街道因之得名十王府街。到了清代,十王府街逐渐冷清。一方面是因为清代八旗驻防,将内城的所有人迁到了外城或郊区,另一方面是因为此地靠近皇城,不便经商。清初,十王府街改称王府大街。1915年时,北洋政府内政部绘制《北京详图》时,把这条街分成三段:北街称王府大街,中段称八面槽,南段由于有一眼甜水井(井址在大街的西侧),所以这一部分街道被人们称为大甜水井胡同。也就是从此时开始,这条街的"王府"正式和"井"扯上了关系。后来,人们为了方便记忆,就将两个词连接起来,称王府井,之后逐渐用王府井称呼整条街。

中华人民共和国成立后,王府井大街经历了多次改造和发展,成为北京的标志性商业街。王府井大街兴建了北京第一座国营大型综合性百货商场,随后陆续兴建了全国最大的工艺美术商店、新华书店、外文书店,以及妇女儿童用品商店等,还有上海、天津等地名店迁来,一系列著名品牌的专业店、专营店的开设,使王府井大街成为中华人民共和国成立后的"商业第一街"。

(四)西单商业街

西单商业街,南起西长安街,北到灵境胡同,长约800米。中华人民共和国成立以来,西单商业街一直与王府井大街、前门大街并称三大传统商业区。现在的西单商业街,因西临金融街,有大量的年轻白领云集,已经发展成为以青春、时尚为主题,集购物、休闲、餐饮于一体的现代商业中心区。

西单商业街的历史可以追溯到明代。当时,这里是通往京城西南孔道广安门的主要路口,从西南各省陆路而来的商旅和货物,都要由卢沟桥东进外城广安门,经菜市口向北入内城宣武门,经过西单进入内城各处。因此,西单逐渐成为商贩云集、交易繁忙的商业区。

到了清代和民国时期,西单商业街逐渐发展壮大,吸引了众多商家和顾客前来。中华人民共和国成立后,西单商业街得到了进一步的发展。近年来,随着城市改造和商业升级,西单商业街的商业形态和环境也得到了不断的提升和改善。

西单商业街的特色在于其多元化的商业形态和丰富的品牌资源。这里有各种类型的商场、店铺、餐厅、咖啡店等,满足了不同层次和需求的消费者。西单商业街目前有西单商场、君太百货、西单大悦城、汉光百货等多家大型现代化商场。同时,西单商业街也是时尚潮流的聚集地,许多时尚品牌在此开设旗舰店或概念店,引领着潮流趋势。随着时尚元素的不断聚集,西单还成为年轻人追求个性消费的前沿地,被称为引领北京时尚潮流的商业街。

知识链接
为什么王府大街要加上一个"井"字?

知识链接
西单名称的由来

知识链接
左手传承 右手创新 北京老字号火出圈

第三节　匠心独运：北京老字号品牌的传承创新

北京的老字号，历经数百年的商业与手工业激烈竞争，沉淀为时代的瑰宝。它们各自承载着艰苦奋斗的发家历程，终于在各自行业崭露头角，成为行业的翘楚。这些老字号品牌，不仅代表着传统工艺的精湛技艺，更是人们心中公认的高品质象征。北京老字号不仅是一种商贸景观，更重要的是一种历史传统文化现象。过去老北京曾流传有"头顶马聚源、脚踩内联升、身穿八大祥、腰缠四大恒"的说法，展现出这些老字号的重要地位。

2023年8月，北京老字号协会发布《关于第八批北京老字号企业认定结果的通知》，中国中药有限公司等15家企业（15个品牌）被认定为北京老字号。截至2023年8月，北京老字号协会已先后认定8批，共238家北京老字号企业。

北京拥有众多历史悠久的老字号企业，篇幅所限，无法逐一讲述。本章节将选取其中几家，进行简要介绍。

一、同仁堂

同仁堂是世界驰名的中华老字号。同仁堂品牌始创于清康熙八年（1669年），自清雍正元年（1723年）为清宫供御药，历经八代皇帝，长达188年。同仁堂集团作为首批中华老字号企业，坚持走经济实体与文化载体协同发展之路，认真履行国有企业经济责任、政治责任、社会责任和文化传承责任，在推动中医药事业发展、传承中医药文化方面发挥了独特作用。

"同修仁德，济世养生"是同仁堂创立的初心，"全心全意为人民健康服务"是同仁堂不变的宗旨。同仁堂将"修合无人见，存心有天知""炮制虽繁必不敢省人工，品味虽贵必不敢减物力""但愿世间人无病，哪怕架上药生尘"等古训内化为企业行为准则，造就了同仁堂"配方独特、选料上乘、工艺精湛、疗效显著"制药特色，奠定了同仁堂质量和诚信文化的根基。

坚守工匠精神，传承创新，薪火相续。同仁堂集团拥有同仁堂中医药文化、传统中药材炮制技艺、安宫牛黄丸制作技艺3个国家级非物质文化遗产项目和一批市级、区级"非遗"项目，有国家、市、区三级非物质文化遗产代表性传承人37位，同仁堂中医大师41位，中药大师8位，特技传承师20位。

二、内联升

内联升始建于清咸丰三年（1853年），创始人赵廷，以制作朝靴起家。"内"指大内宫

知识链接

北京老字号名录

知识链接

《履中备载》——中国最早的"客户关系管理档案"

廷;"联升"寓意顾客穿上此店制作的朝靴,可以官运亨通,连升三级。内联升将前来定做朝靴官员的靴鞋尺寸、爱好样式等资料,按等级入册,久而久之便形成了在京城名噪一时的《履中备载》。内联升作为一家传统制作布鞋的老字号企业,于2008年被收录进国家级非物质文化遗产名录。

内联升在中华人民共和国成立后将消费目标群体转向为广大人民服务,依据大众的收入水平修改了产品的生产方向,将制作朝靴的部分工艺应用到布鞋的制作当中,在研究布鞋的制作工艺、方法时,形成了独有的招牌产品——千层底布鞋。内联升的"千层底"实际上并没有1000层,夸张的表达是为了突出其鞋底的厚实;在实际生产中,男鞋是35层,女鞋是31层。千层底的制作分为五大工序:切底、包签、圈边、纳底、锤底。在纳鞋底的工艺过程中对针脚有着严格要求,共三种纳底方法,花底至少需要1200针,"一"字底至少需要2100针,"十"字底至少需要4200针[①]。

在现代鞋业"百花齐放"的环境下,内联升的生存空间变得非常狭窄,经过市场激烈的竞争,其品牌发展略显乏力,品牌已经没有了当年的辉煌。在新时代的环境中,内联升积极探索,结合新时代的特点,走出了独具特色的工艺传承创新之路。

(一)坚持传统工艺

内联升一直坚持传统的制鞋工艺,注重鞋子的手工制作和品质保证。在制鞋过程中,内联升采用传统的千层底布鞋制作技艺,每道工序都需要精湛的手艺和严格的质量控制。

(二)创新材料研发

为了满足现代消费者的需求,内联升不断探索新的材料和技术,在传统工艺的基础上进行创新。例如,内联升开发出了新型的防臭抗菌鞋垫和鞋材,提高了鞋子的舒适度和耐用性。

(三)拓展产品线

内联升不断拓展产品线,从传统的布鞋向皮鞋、运动鞋、童鞋等方向发展。在皮鞋和运动鞋方面,内联升引进了先进的制鞋设备和工艺,提高了生产效率和产品质量。在童鞋方面,内联升注重设计和功能的创新,为孩子们提供舒适、时尚的鞋子。

(四)数字化转型

为了适应互联网时代的需求,内联升积极推进数字化转型,通过线上线下融合的方式提高品牌知名度和销售额。例如,内联升开设了官方网站、电商平台和线下实体店,为消费者提供多样化的购物体验。

---

① 于涛,张文慧,纪向宏.北京老字号品牌"内联升"传承与创新[J].丝网印刷,2023(8).

(五)传统文化营销

内联升注重传统文化元素的挖掘和运用,通过举办文化展览、参与文化活动等方式,提高品牌的知名度和美誉度。例如,内联升曾在北京举办关于老北京鞋的文化展览,展示北京地区不同时期、不同形制的鞋履。

(六)跨界合作

内联升通过与其他品牌或IP进行跨界合作,推出联名款产品,吸引更多消费者的关注。例如,内联升曾与故宫文创合作推出联名款布鞋,将传统工艺与宫廷文化相结合。内联升近年来推出了多款文创主题产品,其中包括大鱼海棠、愤怒的小鸟、王者荣耀等联名产品。这些产品受到了年轻消费者的欢迎,其中300双大鱼海棠系列女鞋在开售不到18小时便售罄。此外,内联升还与潮牌BAPE推出了联名款产品,该产品一上线便被抢购一空。这些文创主题产品的推出,不仅增加了内联升的品牌知名度和销售额,同时也为消费者提供了更多元化的选择。

内联升不断努力探索工艺传承、文化创新的道路,以及品牌传播与发展的策略,为老字号在新时代保持品牌活力和竞争力提供了宝贵的经验。

三、瑞蚨祥

美国零售商业巨头沃尔玛公司的创始人山姆·沃尔顿生前曾说:"我创立沃尔玛的最初灵感,来自中国的一家古老的商号,它的名字来源于传说中的一种可以带来金钱的昆虫。"沃尔顿先生说的这家古老的商号指的就是瑞蚨祥。

瑞蚨祥(见图3-5)始建于1862年(清同治元年),距今已有160余年的历史,其创始人为孟鸿升。瑞蚨祥始终坚持"至诚至上、货真价实、言不二价、童叟无欺"的经营宗旨,获得"中华老字号""北京市著名商标"等多项殊荣。"瑞蚨祥中式服装手工制作技艺"已被列入北京市非物质文化遗产名录。

图3-5 瑞蚨祥

知识链接

瑞蚨祥——第一面五星红旗的故事

瑞蚨祥所售产品涉足丝绸、呢绒、服装、皮草、家纺用品等多个领域，在不断完善服务和商品品质的同时，秉承"传承、创新、合作、发展"的企业精神，延续传统，与时俱进，已成为多元化产品发展的高端定制领导品牌。

瑞蚨祥是国家商务部首批认定的"中华老字号"。其中式服装手工制作技艺已被列入北京市级非物质文化遗产保护名录。

在瑞蚨祥的历史发展进程中，瑞蚨祥始终追求卓越，谨遵"至诚至上，货真价实，言不二价，童叟无欺"的店训。历经百年，瑞蚨祥始终站在行业潮头，立足现在，着眼未来，不忘初心，不断创新，深谙老字号的价值在于"老"，出路更在于"新"。在竞争激烈的市场中，瑞蚨祥始终保持着活力，不断为传承经典文化努力。为更好地弘扬老字号文化、保护非物质文化遗产成果，并将这种成果转换为生产力，推动中式服装传承创新，让瑞蚨祥中式服装手工制作技艺这一璀璨的文化瑰宝永放异彩。

经过历代瑞蚨祥人的不懈努力，瑞蚨祥传承人团队建设代代相传，瑞蚨祥中式服装制作技艺在传承人团队体系化的有序发展下，得到了很好的保护和传承。瑞蚨祥中式服装手工制作技艺被列入非物质文化遗产名录，从面料到做工，闻名遐迩。所有的面料都是经过严格的质量检验，在工艺上不仅延续了"四功""九势""十六字"，还增加了京绣、手绘等工艺；高级定制选料精良、剪裁得体、滚边讲究、盘扣精美，经过了精确的尺寸度量和体型分析，才制作出一件合体的中式服装。瑞蚨祥定制的服装从领口到底边到小小的盘扣，每一步都是纯手工制成，设计考究，制作精心，不仅具有实用价值，还具有很高的艺术价值。

瑞蚨祥将非遗展示、非遗体验与现代商业相结合，传承中国传统文化的品质和韵味，在传统工艺技法和传统文化内涵的基础上进行创新和重塑，让传统艺术熠熠生辉。

四、六必居

知识链接

六必居是哪"六必"？

六必居始于明正统元年（1436年）。六必居最出名的是酱菜，在北京的所有酱园中是历史最悠久、声誉最显著的一家。六必居的酱菜色泽鲜亮、酱味浓郁、脆嫩清香、咸甜适度、解腻助食。在酱及酱菜制作传统工艺方面，六必居一直恪守"忠义信业为本"的文化，遵循"六必"古训，即用料必上等，下料必合时，制作必清洁，泉水必纯香，设备必优良，火候必适当。遵循这一古训代表着六必居制酱和腌渍工艺的精细与严格。

都说六必居酱菜好吃，好吃就在浓郁的酱香味。六必居为何能够在酱菜工艺、酱菜品质上取得行业顶尖地位，原因就是六必居的匠心坚守古法传统技艺。厚德务实、薪火相传，成为六必居一代代传承人的精神所在，在非遗文化传承方面堪称北京乃至全国的一面旗帜。

历经沧桑六百年，在传承中也要不断创新，是老字号六必居长盛发展的精髓所在。与时俱进的新时代，六必居顺势而为，适应人民对美好生活的新向往新需求，开发新产品、开拓新市场、弘扬新理念、顺应新趋势，不断研发推出适合现代人口味的新产品。

除了酱菜外,还有开盖即食的老北京炸酱、极具北京特色的龙门米醋系列调味产品,标志着六必居向产业链、价值链中高端阔步迈进。

五、天福号

清乾隆三年(1738年),山东人刘凤翔在北京西单瞻云坊牌楼旁开设刘记酱肉铺,即天福号前身,迄今为止已经有280多年的历史。天福号的酱肘子曾作为清宫御膳必备佳肴获赐进宫腰牌,在京城享有"乾隆酱汁传百年,慈禧腰牌通天下"的美誉。天福号创办以来,始终坚持"诚信为本、品质是天"企业精神,一代代传承延续,秉承"好功、好料、好味道"的生产原则,良心制作、诚心经营、放心食用。2008年,天福号酱肘子制作技艺被列入国家级非物质文化遗产名录。天福号始终坚持"诚信为本,品质是天"的质量信念,在产品生产过程中严格控制加工工艺,深耕健康食材,为消费者打造高品质生活。现在的天福号,始终与时俱进,注重在传承中创新,在创新中发展。

天福号在中华美食文化特别是近代美食文化方面,有其特殊的历史文化价值。为了老字号的发展,天福号不但保留和经营着传统产品,而且还有很多营销的创新举措,如引进和生产多种西式熟肉制品;恢复和开发了一系列的老字号产品等。

"诚信协和,有德乃昌"是天福号服务社会、服务客户的真挚承诺,也是天福号的企业经营理念。这八字方针表现了天福号人置身商业活动的崇高精神境界以及强烈的社会责任感、使命感。它是企业精神的升华,体现了天福号人在秉承传统的同时与时代同呼吸、共命运,凝聚了企业追求高品质的服务理念,是天福号雄厚实力的信心保证。所有这些,都提升了天福号品牌的无形资产。

如今,天福号有四十余种产品,可谓中、西式产品并存,多档产品并重。以传统产品与现代营养、文化、科学加工制作相结合;以匠心品质与现代高雅、豪华、精美的包装相结合,使天福号的产品既保持风味特色,又体现着现代文化的创新。

知识链接

天福号故事

六、月盛斋

月盛斋是一家专门经营清真酱牛羊肉的中华老字号,位于前门大街路西,也就是原前门五牌楼的边上,始建于清乾隆四十年(1775年),至今已有250余年的历史。月盛斋的酱牛羊肉最为著名,其中烧羊肉最为人称道。其名声传入宫廷,慈禧太后在光绪十二年(1886年)特发给月盛斋四道出入宫门的腰牌,要其按时送酱肉进宫。这更为月盛斋做了无形的"广告",其美名更加远扬,成为京城名食,家喻户晓,妇孺皆知。月盛斋的酱牛羊肉之所以人人爱吃,是因为选料严格、制作精细、火候适度、肥肉不腻、瘦肉不柴、不腥不腻、香味纯正。2008年,"月盛斋酱烧牛羊肉制作技艺"被列入国家级非物质文化遗产名录。

知识链接

月盛斋的故事

七、吴裕泰

吴裕泰是国家商务部首批认定的"中华老字号"。始创于清光绪十三年(1887年),

历经百年发展,吴裕泰将中国茶和中国茶文化不断传承并发扬光大,其"茉莉花茶制作技艺"被列入国家级非物质文化遗产名录,2022年11月29日,该制作技艺又被列入联合国教科文组织人类非物质文化遗产代表作名录。

作为一个百年老店,吴裕泰致力于品牌打造和渠道建设,卖老百姓喝得起的放心茶是吴裕泰对消费者的承诺,"坚守品质、创新品种、提升品位"是吴裕泰的品牌理念。吴裕泰线上线下融合发展,升级转型实体店,市场份额不断扩大,在全国拓展已突破600家门店。

近年来,吴裕泰依靠百年专业制茶经验,将时尚理念融入传统文化,深入挖掘产品内涵,将中国茶文化与产品、营销紧密结合,精心打造以花茶为核心,七大茶类共同发展的丰富产品线。积极探索茶叶深加工,相继推出了茶月饼、茶食品、茶冰激凌、茶爽无胶口香糖等一系列茶叶深加工产品,努力实现茶产业的多元化发展,产品一经上市,便受到年轻顾客的欢迎。传承创新的价值观,使吴裕泰这家"中华老字号"在竞争激烈的市场中,始终保持着崭新的发展活力。

吴裕泰以让老百姓放心的品质和贴心的服务,多次获得"中国茉莉花茶十大品牌""北京十大商业品牌金奖"等荣誉称号。

知识链接

吴裕泰的创新优势

第四节 舌尖上的北京:风味饮食的文化传承

由于物产丰富、交通便捷以及多民族聚集的历史背景,北京成为各地风味和名厨的汇聚之地。不同民族的饮食风尚在这里交融,历经数代的发展和创新,逐渐形成了独具特色、自成一派的北京地方风味菜。

一、北京风味饮食的特点

北京作为历史悠久的文化名城,其饮食文化也经历了数个历史时期的演变。从金元到明清,不同民族的饮食习惯和烹调技艺在北京菜的形成过程中留下了深刻的烙印。北京因其政治中心的地位,得以汇聚各方美食,形成了独具特色的饮食文化。多民族聚居,使北京饮食融合了多元风味,既包含了中原农耕民族的饮食传统,又吸收了北方游牧民族的特色。地理位置上,北京地处华北平原、东北平原和内蒙古高原三大地区的交会点,使其在历史上成为中原与北方民族饮食文化交流的重要场所。中央集权制度为北京的饮食文化提供了发展的沃土,各地的贡品丰富了北京的饮食资源。北京的饮食文化深受北方饮食文化影响,同时,京杭大运河也源源不断地将南方的饮食文化引入北京,为北京的饮食增添了细腻和精致的元素。

(一)多元文化融合

北京的历史上,多个民族曾在此建都,包括女真人、蒙古人、汉人和满人。作为多民族聚集地,各民族的饮食风尚在这里互相影响和融合。自7世纪起,许多回族人也迁居于此,为北京带来了丰富的民族饮食文化。这些不同民族的饮食习惯和烹调技艺在北京菜的形成过程中留下了深刻的烙印。

金元和明清时期,北京菜受到了来自塞外游牧民族的牛羊肉和奶类食品的影响。同时,汉族的烹调技艺也不断融入其中,使得北京菜在制鱼方面尤为擅长,这得益于江、浙、豫等地的烹鱼之法。又如著名的北京烤鸭便是来自金陵(南京)明宫御膳,称金陵片皮烤鸭,因明代迁都传入北京民间。

到了清代,满族的一些古朴烹调方法传入北京,其中烧、燎、白煮等技法至今仍在沿用。满汉菜肴的交流促进了满族菜的发展,并对北京菜产生了深远影响,著名菜肴有白煮猪肉、坛子肉、炙猪肉等。此外,对北京地方风味菜影响最大的是流行于北方的山东菜。自明代起,山东菜便在北京扎根,并逐渐发展成为北京菜体系的主干部分。山东菜浓少清多、醇厚不腻、鲜咸脆嫩的特色,更易为北京人所接受,所以山东人在京开餐馆的颇多。特别是清代初期至中叶,很多山东人在京做官,山东菜馆大量涌现。清末民初,北京有名的"八大居""八大楼",除少数为其他地方菜外,其余皆经营山东菜。不过,在北京的山东菜经数百年的演变,已不断改进了烹制方法和调味技术,并在诸多名家指导下创制了许多独特的名菜,已与原来的山东菜有明显的区别,成为北京菜体系的主干部分。

独具一格的清真菜也是北京菜系的重要组成部分,自元代以来,受兄弟民族的影响,北京人多喜食羊肉。早在乾隆年间就出现了著名的全羊席,可用羊的各个部位做出多种美味佳肴,有汤、羹、膏等,有甜味、咸味、辣味、椒盐味,或烤或涮,或煮或炸,使烹羊技术达到了一个高峰。这种技术后来很自然地为信奉伊斯兰教的回族人民所继承,他们在京开设了许多善治羊馔的清真餐馆。清末民初的两益轩、同和轩、西域馆、庆宴楼、东来顺、西来顺、又一顺等,都是清真馆中的佼佼者。直到现在,清真菜深受回族、汉族等各族人民的欢迎,在北京仍然有很大的影响。

(二)宫廷菜与官府菜的传承

宫廷菜和官府菜的烹调技艺也流入了民间,为北京菜增添了高贵典雅的特色。这些菜肴用料讲究、工艺精细、味道醇鲜,注重色、香、味、形的和谐统一,这是北京菜体系最有特色的组成部分。

北京作为全国的政治中心,其饮食文化深受宫廷影响,独具特色。在元、明、清三代,封建统治阶级在饮食上追求极致,各地的珍馐美味源源不断地进贡到皇宫,为北京的饮食文化增添了丰富的内涵。各地的名厨云集北京,将各地的菜肴精品汇聚于此,形成了独特的宫廷菜。这些宫廷菜不仅具有传奇色彩,更代表了中国饮食文化的最高水平。

同时，自辽金以来，随着北京成为都城，文人名士在此聚集，他们频繁地开展饮食文化活动，进一步提升了北京饮食文化的层次。这些活动不仅推动了北京饮食文化的发展，也迅速提升了北京饮食文化的层次，使北京菜体系更加丰富多彩。

北京作为首都，其饮食文化具有独特的宫廷风味和深厚的文化底蕴。在历史的长河中，北京的饮食文化不断吸收各地的精华，形成了风格多样、品位高端、底蕴丰厚、气象万千的显著特色。

综上所述，北京菜的形成是多民族饮食文化交融的结果，历经数代的发展和创新，逐渐形成了这一独具特色、自成一派的菜系。如今，北京菜已经成为中国饮食文化的重要代表之一，深受国内外食客的喜爱。

二、北京餐饮老字号

北京作为全国的文化中心，其饮食文化拥有独特的历史地位。老字号餐饮店是北京饮食文化发展成熟的标志，从明代开始迅速发展，数量众多，特色鲜明，极大地满足了人们的口味需求。北京餐饮老字号品牌历经百年沧桑变化的积淀，它们将经营、创造与书写出来的智慧和精神融入饮食，激发人们的情感共鸣。可以说，餐饮老字号是北京的城市历史与城市文化的共同见证者。北京之所以能够拥有如此多的餐饮老字号，主要得益于其独特的区位优势。北京历来是南北文化的交汇之地，也是游牧和农耕经济的交汇点。这种多元化的文化背景和经济发展环境，为各种风味在北京的融合提供了优越的条件。元、明、清三代，北京作为全国的政治中心，达官贵人和名贤雅士都对餐饮老字号的兴盛起到了重要的推动作用。他们的品位和需求促使餐饮老字号不断提升自身的品质和特色，形成了独特的品牌形象和饮食文化传统。

（一）京城老铺——全聚德

1. 北京烤鸭的历史

北京烤鸭，是北京全聚德烤鸭店的名食，它以色泽红艳，肉质细嫩，味道醇厚，肥而不腻的特色，被誉为"天下美味"，驰名中外。

相传，烤鸭之美，系源于名贵品种的北京鸭，它是当今世界最优质的一种肉食鸭。据说，这一特种纯白京鸭的饲养，约起于千年以前，辽金元之历代帝王游猎，偶获此纯白野鸭种，后为游猎而养，一直延续下来，才得此优良纯种，并培育成如今名贵的肉食鸭种。北京鸭是用填喂方法育肥的一种白鸭，故名"填鸭"。不仅如此，北京鸭曾在百年以前传至欧美，经繁育后，形成适合规模化、工业化生产需求的商业品种。因而，作为优质品种的北京鸭，成为世界名贵鸭种来源已久。

关于烤鸭的形成，早在南北朝时期成书的《食珍录》中即有"炙鸭"字样出现。南宋时，"炙鸭"已成为临安（杭州）"市食"中的名品。其时，烤鸭不但已成为民间美味，同时也是士大夫家中的珍馐。但至后来，根据《元史》，元破临安后，元将伯颜曾将临安城里的百工技艺徙至大都（北京），由此，烤鸭技术就这样传到北京，烤鸭成为元宫御膳奇珍之一。继而,随着朝代的更替,烤鸭亦成为明、清宫廷的美味。明代时,烤鸭是宫中元宵节必备的佳肴。据说,清代乾隆皇帝和慈禧太后,都特别爱吃烤鸭。从此,烤鸭便正式命名为北京烤鸭。后来,随着社会的发展,北京烤鸭逐步由皇宫传到民间。

2. 著名烤鸭老字号

在北京前门大街上,有一家享誉海内外的老字号烤鸭店——全聚德。人们到全聚德来,除了品尝这里名扬天下的烤鸭,更想一睹烤鸭师傅们的好手艺,切身体会一番这家百年老店中独有的老北京韵味。

全聚德创始于清同治三年(1864年),创始人杨全仁。杨全仁初到北京时,在前门肉市做生鸡鸭买卖。由于他脑袋灵活,又肯吃苦,生意做得非常好,并逐渐有了一定的积蓄,于是,在清同治三年(1864),他盘下了前门肉市一家濒临倒闭的干果店,立新字号为"全聚德"。在他和伙计的共同研究下,经过多次试验,他们终于找到了全新的加工方法,独创了全聚德挂炉烤鸭,而且,这种烤鸭的色香味与焖炉烤鸭不相上下。从此以后,一家只经营烤鸡、烤鸭和烤驴肉的小铺逐渐发展为以烤鸭为龙头,集各大菜系之所长的中华老字号品牌,成为中华美食的代表、中外交流的桥梁,跨越三个世纪,续写着传奇的创业故事。

据说,周恩来总理生前十分喜爱全聚德的北京烤鸭,他曾27次到全聚德烤鸭店宴请外宾,品尝烤鸭。周总理曾这样解释"全聚德"的含义:"全而无缺、聚而不散、仁德至上"。今天这一精辟解释已被全聚德确定为集团的企业精神。为了适应社会发展需要,而今全聚德烤鸭店的烤制操作已更加现代化,风味更加珍美。如今,全聚德已经成为北京著名的餐饮老字号名家。1993年,全聚德集团正式组建;2003年,全聚德集团与北京华天饮食集团共同组建聚德华天控股有限公司;2004年,全聚德集团与首旅集团、新燕莎集团实现战略重组,形成了拥有全聚德、仿膳饭庄(创建于1925年)、丰泽园饭店(创建于1930年)、四川饭店(创建于1959年)四大知名餐饮品牌的大型餐饮集团,更名为"中国全聚德(集团)股份有限公司"。2007年,"全聚德"在深交所挂牌上市。

在百余年里,全聚德菜品经过不断创新发展,形成了以独具特色的全聚德烤鸭为龙头、集"全聚德全鸭席"和400多道特色菜品于一体的全聚德菜系。多年来,全聚德集团服务于多国元首、各界知名人士及国内外游客,并多次为国家大型活动提供服务保障工作,如2008年北京奥运会、2010年上海世博会服务、2018年中非合作论坛北京峰会、2022年北京冬奥会、冬残奥会冬奥村的服务保障工作等。

全聚德集团倾力传承全聚德、仿膳、丰泽园、四川饭店餐饮品牌文化,博采众长,联合发展,连续十年位居"中国餐饮百强企业"。"全聚德挂炉烤鸭技艺"和"仿膳(清廷御膳)制作技艺"被认定为国家级非物质文化遗产,"全聚德全鸭席制作技艺"和"丰泽园鲁菜制作技艺"被认定为北京市区级非物质文化遗产,"全聚德烤鸭店门面"被列为"北京市文物保护单位"。

知识链接

"全聚德"名字的由来

知识链接

北京烤鸭怎么吃?

(二)涮羊肉一绝——东来顺

提起东来顺,许多北京人会伸出大拇指,并称赞道:"东来顺的涮羊肉最嫩。"东来顺是京城著名的清真老字号饭庄,从1914年至今,已有百余年的历史,以经营传统风味"涮羊肉"而驰名海内外。火锅是东来顺主营的精品佳肴。观一观古朴的紫铜火锅,赏一赏红白相间的羊肉片,闻一闻香浓清淡的口蘑汤,不禁提起筷子涮上一涮,一涮即熟,久涮不老,浇上可口的调料,吃起来鲜嫩爽口,食而不腻。东来顺饭庄还有精美的小点心供客人涮后品尝,咸的、甜的、酥的、脆的,口味各异,品种齐全,老少皆宜,雅俗共赏,素有"中华老字号清真第一涮"的美誉。东来顺创造了独特的色、香、味、形、器的和谐统一,可谓为"美食美器,一菜成席"。

百余年来,东来顺在秉承传统的同时,博采众长、精益求精,形成了风味涮肉的八大特点。

1. 选料精

东来顺的羊肉是来源于产自内蒙古锡林郭勒盟和乌兰察布市生长期在一年左右的黑头肥尾白羊。当地水甜草嫩,草中含有丰富的矿物质,故羊的肉质细嫩,无膻味。屠宰方式为吊宰。选肉的部位是羊的上脑、大三叉、小三叉、黄瓜条、磨裆,出成率仅为一只羊净肉的40%。

2. 刀工美

东来顺羊肉肉质细嫩,色泽鲜艳,刀工精美,薄厚均匀,排列整齐,形如手帕。切出的肉片舒展开来,放在青花瓷盘上,透过肉片盘上的花纹清晰可见。肉片薄如纸,软如棉,肥而不腻,瘦而不柴,红白相间,整齐美观,一涮即熟,久涮不老,每盘肉都像是一件精美的艺术品。

3. 调料香

东来顺涮肉调料很有讲究,一般是由七种原料调制而成,使用时以麻酱、酱油为主,韭菜花、酱豆腐为辅,虾油、料酒少许,辣椒油自由。在传统调料配方的基础上,又增添了十几种调味品,形成了辛、辣、卤、糟、鲜的独特口味。

4. 火锅旺

东来顺紫铜火锅具有炉膛大、放炭多、开锅快、通风口合理、燃烧时间长的特点。选用环保型的机制炭,无烟、耐烧、火旺。

5. 底汤鲜

传统东来顺火锅使用清汤,底料包括海米、葱花、姜片、口蘑汤。口蘑营养丰富,经过日照干制后蛋白质含量高达40%左右,用开水浸泡后,产生醇厚的香味,与海米结合,使火锅底汤味道鲜美。

6. 糖蒜脆

东来顺糖蒜原料选用优良品种的六瓣蒜。严格按照传统工艺自制加工而成,经七大步骤、百天腌制才能完成。腌好的糖蒜呈琥珀色半透明状,口感酸甜脆爽,有助于开胃、解腻,促进消化吸收。

7. 配料细

与涮肉调料同时上桌的还有几样配料,如葱花、香菜等,刀工精细,能够起到锦上添花的作用,为餐桌增色不少。

8. 辅料全

东来顺涮火锅不仅辅料齐全,而且各种蔬菜均符合营养配餐的要求,有根、茎、叶、果不同系列的菜品,面点精美味全,符合荤素搭配、酸碱中和、营养互补的要求。

(三)武吃自烤——烤肉季烤肉

此店原名"潞泉居",因店主姓季,俗称"烤肉季",位于西城区什刹海前海东沿。烤肉季于清道光二十八年(1848年)开业,当初只是什刹海银锭桥畔的一家烤肉摊。1927年,烤肉季由其后人季阁臣继承,他在银锭桥畔买下了一座坐北朝南、古朴小巧的楼房,继续经营烤肉。烤肉季的烤羊肉选材精细,张家口以西的绵羊为最好,用专用烤肉工具——烤肉炙子加以烘烤。其烤肉分为"老、嫩、焦、糊、炒、咸、辣"等多种口味,鲜嫩可口,不膻不柴,香味醇美,久吃不腻。其吃法分文吃、武吃。武吃,说的是自烤而食的吃法。自烤时,自己取料、掌控火候,边烤边饮酒,酣畅淋漓地体味武吃的乐趣;而文吃比较斯文,是指由后厨房厨师烤好后,服务人员负责送到餐桌的一种吃法。在烤肉季旁的银锭桥观西山,被称为"燕京小八景"之一,在烤肉季吃烤肉、观山、赏荷并称为"三绝",体现了烤肉季独有的文化底蕴。如今,经过上百年发展,烤肉季已经成为北京烤肉的一大品牌,其烤肉和清真炒菜享誉中外。

2008年,烤肉季正式成为国家级"非遗"。作为百年老店和国家非物质文化遗产的烤肉季,其独特之处在于,这里的烤肉并非简单的食物烹饪,更是一种传统文化的传承和展现。

(四)御厨创建——仿膳饭庄

在元明清三代,北京的宫廷御膳始终都代表着整个国家烹饪技术的最高水平。特别是到了清康乾盛世之后,清宫御膳的烹饪技艺已经达到了中国整个封建社会时期的顶峰。清王朝的封建统治被推翻后,清宫御膳房的御厨陆续流落到民间。

仿膳饭庄位于北海公园内,是以经营宫廷风味菜点而驰名中外的老字号饭庄,创建于1925年,至今已有80多年的历史。1925年,昔日的皇家园林——北海被辟为公园,从此对社会正式开放。昔日清廷御厨赵仁斋、赵承寿、孙绍然、牛文质、王玉山等人,创办"仿膳"茶社,意为前清御厨按"祖制",仿照清宫御膳房精心制作宫廷点心和菜肴。从此,清廷御膳制作技艺开启了在民间发展的新篇章。

仿膳的清廷御膳取材讲究,制作精细,形色美观,口味以清鲜酥嫩见长,菜名形象生动、寓意丰富。为了确保传统菜点的品质,仿膳一直坚持手工制作。为了传承与发

延伸阅读

银锭桥畔烤肉季"观山、赏荷、烤肉"三绝

展清廷御膳,仿膳经过不断挖掘与探索,于1979年在国内首推清廷御膳的代表宴席"满汉全席"。仿膳饭庄"满汉全席"的最大特色,就在于它的"精、繁、丰、珍",即膳食选料的精细、烹制工艺的复杂、品种的丰富多样和原料的珍贵稀少。2011年,"仿膳(清廷御膳)制作技艺"被列入国家级非物质文化遗产保护名录。

仿膳饭庄在继承传统的基础上,不断挖掘、整理出乾隆、光绪年间的数百种菜肴。仿膳饭庄的经典菜式有鸳鸯戏水虾、凤尾虾、松鼠鳜鱼、抓炒里脊、一品豆腐、御袋献宝等。这些菜肴不仅造型精美,新颖别致,而且制作工序复杂且极为耗时,全面展现了仿膳(清廷御膳)制作技艺中"制作精细"的特色。菜肴除了美味,其背后的故事更是让人津津乐道。听着脚踏宫靴、头顶凤冠、身着宫廷旗袍的服务员娓娓道来,席间奏古乐,配以仿膳历史文化、菜品典故的讲解,礼仪严谨庄重,令客人流连忘返。近年来,仿膳饭庄曾几十次派厨师代表团赴国外进行技术表演,多次在国内外重大外事接待活动中承担重要接待任务,以"为国待客"的精神,向世界展示中国烹饪技艺的精华和宫廷饮食文化的独特魅力。

(五)制作精细的官府菜——北京饭店的谭家菜

北京菜中,不但包含了世界闻名的宫廷菜,而且还包含了一批精美的以私家烹调出名的官府菜。谭家菜是中国最著名的官府菜之一,乃清末官僚谭宗浚的家传筵席,因其是同治二年的榜眼,又称"榜眼菜"。谭家菜烹制方法以烧、炖、煨、靠、蒸为主,"长于干货发制","精于高汤老火烹饪海八珍"。谭家菜流传到社会中后,有人说:"戏界无腔不学谭(指谭鑫培),食界无口不夸谭(指谭家菜)"。

谭家菜产生于中国清代末年的官人谭宗浚家中。谭宗浚父子酷爱珍馐美食,谭家女主人都善烹调,而且不惜重金聘请京城名厨学艺,不断吸收各派烹饪名厨所长,久而久之,独创一派谭家风味菜肴。由于谭家菜选料考究,制作精细,尤其重火功和调味的工艺特点,深受各界食客的赞赏与推崇,当时作为一种家庭菜肴就已闻名北京。后来,由于谭家官运不佳,家道中落,不得不以经营谭家菜为生,谭家菜得以进一步发展。

谭家菜咸甜适口,南北均宜,调料讲究原汁原味,制作讲究火候足、下料狠,菜肴软烂,因而味道鲜美、质地软嫩。谭家菜近两百种佳肴中,海味菜最为有名,尤其"黄焖鱼翅""清汤燕窝"更有其独到之处。谭家菜以其独特的风味和精湛的烹饪技艺赢得了广泛的赞誉和认可。

时至今日,谭家菜被完好地继承了下来,并获得了新的发展。作为中国官府菜中的一个最突出的典型,其独特的烹饪技艺和美食风格使其成为中国餐饮文化中的重要组成部分。谭家菜不仅赢得了许多国内外老饕的赞美,也引起了不少烹饪研究家的兴趣。从中国烹饪历史角度说,谭家菜是一块活化石,为我们提供了一份研究清代官府菜的完整而准确的资料。

(六)鲁菜代表——丰泽园

鲁菜约从明代起"落户"北京,对北京地方风味菜影响最大。北京的鲁菜经数百年的演变,不断改进烹制方法和调味技术,并创制了许多独特的名菜,已与原来的鲁菜有明显的区别。丰泽园饭店作为经营鲁菜的中华老字号,跨越了两个世纪近百年的岁月,经历了新旧社会的变迁,始终保持和代表着正宗鲁菜在北京的较高水平,是近百年来鲁菜薪火在北京传承发展的缩影和记忆。

丰泽园创办于1930年,"丰泽"二字,蕴含雅意:"菜肴丰饶,味道润泽"。饭庄名厨汇聚,掌勺、掌案,均为客籍京城多年、身怀技艺的鲁菜名厨名师。丰泽园饭庄的菜肴集济南菜和胶东菜之精华,选料精细,操作严谨,注重刀工,讲究火候,将"清、鲜、香、脆、嫩"等优长融为一体,特别是葱烧海参、糟熘鱼片、干烧大黄鱼、乌鱼蛋汤等叫座名菜,堪称京城之最。2011年,"丰泽园鲁菜制作技艺"被列入北京市区级非物质文化遗产名录。

丰泽园在近百年的经营中,历代名厨以精湛厨艺和高尚的厨德培养了多位鲁菜传承人,传承和发展着鲁菜制作技艺这份宝贵的民族文化遗产。丰泽园曾多次选派厨师参与服务国内外重大外事宴会,先后接待过百余个国家的政要和文化名人,他们将正宗鲁菜佳肴传播到世界各地,为鲁菜和鲁菜文化的传承,写下新篇章,留下新记忆。

三、北京的风味小吃

有人曾将北京的小吃比作千年都城史的"活化石",也有人称之为"小吃大艺",可见北京小吃文化内涵的丰厚。举凡关于北京的回忆录或文学作品,几乎没有不提到或描述北京小吃的,由此可见北京小吃的文化魅力,可以说北京的小吃是京味文化的典型代表。北京小吃的特点是平民化、大众化、经济实惠,符合一般市民的消费水平;而另一大特点就是口味多样化,适应了京城百姓的饮食习惯,并在京城传承不衰,历久弥新。

(一)风味小吃的种类

据不完全统计,北京的小吃有二百余种。较常见的有艾窝窝、驴打滚儿、豌豆黄、炸灌肠、豆汁儿等,再就是被称为三粥四茶的甜浆粥、江米粥、大米粥,以及杏仁茶、面茶、茶汤和油茶。

北京小吃可粗略划分为汉民风味、回民风味和宫廷风味三种,在烹制上,则有蒸、炸、煎、烤、涮、冲、烙、熬、煨等做法。其中,"爆、烤、涮"是清真传统特色。

1. 汉民风味小吃

此类小吃多取材于猪肉及猪内脏、猪板油等,或煮或蒸,或煎或烤,风味突出,脍炙人口。例如天兴居的炒肝、馄饨侯的馄饨、小肠陈的卤煮小肠、都一处的三鲜烧卖、瑞宾楼的褡裢火烧、鼓楼小吃店的片丝火烧等,都是汉民风味小吃中颇有名气的。

2. 清真风味小吃

此类小吃在北京小吃占有相当大的比重,经营者主要为回民,经营的品种主要为回民风味小吃。此类小吃有两个特点,一是品种配套供应,方便顾客食用。例如豆腐脑配麻酱烧饼,豆汁配咸菜,老豆腐配火烧,馅饼配小米粥,薄脆配牛舌头饼。二是擅长制作油炸食品,甜咸荤素俱全。甜食有蜜麻花、奶油炸糕、炸年糕坨等;咸食有薄脆、半煎馃子、炸荷包等,荤食有炸回头、肉火烧等等,名目繁多,目不暇接。

3. 宫廷风味小吃

宫廷风味小吃是指清代宫廷御膳中的一些精馔流传于民间而被继承下来,代表品种有芸豆卷、豌豆黄、小窝头、肉末烧饼、焦圈等。此类小吃的特点是用料讲究,工艺精良,口味纯正,造型美观。

(二)北京小吃的来源及特征

北京小吃主要来源三方面。

一是宫廷小吃传入民间。如元代的烧饼、莲子粥,明代的小火烧,清代的小窝头、豌豆黄等,据说有一二百种。这或可说是自上而下的饮食文化传播。

二是南方小吃的传来。这主要是明清两代大批南方人入京为官,把他们家乡的小吃带到京城。例如,汤圆及南味糕点等,是来源于南北饮食文化的融合。

三是少数民族饮食文化的传来,如满族的萨其马等。小吃也记载民族文化的交流与融汇。

北京小吃主要特征:一是应时当令,适应民俗;二是用料广博,品种丰富;三是技法多样,工精艺巧。

(三)常见风味小吃

1. 炒肝

炒肝是北京特色风味小吃,具有汤汁油亮酱红、肝香肠肥、味浓不腻、稀而不澥的特色。北京炒肝历史悠久,是由宋代民间食品"熬肝"和"炒肺"发展而来,清同治年间,前门鲜鱼口胡同的会仙居(今天兴居)发明不勾芡方法制作炒肝,会仙居被认为是炒肝的创制者。当时京城曾流传"炒肝不勾芡——熬心熬肺"的歇后语。

现在很多小餐馆早餐都提供炒肝。但要说最有名的有2家——"北姚记,南天兴","北姚记"指的是有几十年历史的鼓楼姚记炒肝,"南天兴"指的是鲜鱼口的老字号天兴居。鼓楼姚记炒肝还经营包子、炸灌肠、豌豆黄、炸咯吱、卤煮等老北京小吃。2011年8月,时任美国副总统拜登访华,为品尝北京小吃,曾专程来这里用餐。

吃炒肝时应就着小包子沿碗周围抿食。炒肝所用的主料是肥肠,配料为猪肝,调料有酱油、黄酱、生蒜泥、熟蒜泥、猪骨汤等,成品汤汁晶莹透亮,肠肥肝嫩,清淡不腻,醇厚味美。

2. 爆肚

爆肚是北京风味小吃中的名吃,最早在清乾隆年间就有记载,多为回族同胞经营。

老北京有"要吃秋,有爆肚"的说法,而且老人都很讲究在立秋的时候吃爆肚。北京比较有名的有天桥的爆肚石(今南来顺)、后门的东兴顺爆肚张,其他还有爆肚杨、爆肚满以及金生隆。叫"爆肚冯"的早年间有两家,都是由姓冯的山东人在光绪年间创立的,一家初创于门框胡同,号称"后门桥爆肚冯",一家一直开在东安市场(就是现在的金生隆)。这两家一南一北,口味一重一轻,都用着爆肚冯的招牌,一直相安无事。直到2000年左右,门框胡同的爆肚冯率先注册了"爆肚冯"的商标,东安市场的爆肚冯只能蒙上"冯"字,仅留下爆肚两字。

爆肚是将羊肚或牛肚按不同部位切成片或条,经沸水爆熟,蘸芝麻酱等调料食用。爆肚要现爆现吃,吃爆肚的最高境界是吃肚领(瘤胃内壁肉柱),据说要好几个肚才出那么一盘。羊的肚领要把外面的皮剥了吃,牛的肚领可以直接爆。肚仁也很不错,据说一盘肚仁也要三只羊胃才可以做出来。

3. 灌肠

灌肠是北京独特的风味小吃,明代刘若愚的《明宫史》中就有记载。灌肠的色泽粉红,鲜润可口,咸辣酥香,别有风味。清光绪福兴居的灌肠很有名,传说其制作的灌肠,为慈禧太后所喜。各大庙会所卖灌肠是用淀粉加红曲所制。据说,最初的灌肠是用猪小肠灌绿豆粉芡和红曲,蒸熟后,外皮白色,肠心粉红。蒸熟后切小片块,用猪油煎焦,浇盐水蒜汁食用。后来,由于猪小肠与淀粉不相合,就用淀粉搓成肠子形,上锅蒸,但保持了灌肠的名称。再之后也不用绿豆粉了,颜色也不如以前好看。灌肠外焦里嫩,用竹签扎着吃,颇具特色。

4. 褡裢火烧

褡裢火烧是北京的传统小吃之一,以其独特的风味和制作工艺而著名。褡裢火烧因为制作成型后很像当时的腰带上的褡裢而得名。褡裢火烧是一种油煎食品,色泽金黄,外皮酥脆,馅料鲜美可口。此食品宜趁热食用,吃褡裢火烧时配以鸡血和豆腐条制成的酸辣汤,鲜香酸辣一齐入口,余味无穷。

5. 焦圈

焦圈色泽深黄,形如手镯,焦香酥脆,风味独特。老北京人吃烧饼爱夹焦圈,喝豆汁的时候也爱就着焦圈。每当提起焦圈,老北京人都会大为赞赏:"油香酥脆,真是够味儿。"焦圈具有香、酥、脆等特点,即便储存十多天也不会变质,酥脆如新炸的一般。

6. 豆汁

豆汁是地道的北京风味小吃,具有色泽灰绿,口感浓醇,味酸且微甜的特色。爱喝的,说它酸中带甜、妙不可言,越喝越上瘾;不爱喝的,说它酸臭难闻,难以下咽。豆汁是北京具有独特风味的冬、春季流食小吃,老北京人对它有特殊的偏爱。

过去卖豆汁的分售生和售熟两种。售生者多以手推木桶车,同麻豆腐一起卖;售熟者多以肩挑,挑担一头是豆汁锅,另一头摆着焦圈、麻花、辣咸菜。

7. 麻豆腐

正宗的麻豆腐有四种必备的原料——雪里蕻、羊尾油、黄豆酱、青韭。炒麻豆腐

豆汁,老北京的身份证

时,加一些雪里蕻是为了让炒出的麻豆腐有筋骨,用切成丁的羊尾油炒,会更香,盛一勺炒好的麻豆腐放到嘴里,吃到羊尾油时会咬出一股油来。过去,人们喜欢在吃面的时候拌上一勺麻豆腐。为了提升咸味,炒麻豆腐时要加一勺黄豆酱。炒好之后,用勺子在麻豆腐中间打个窝,中间加入炸好的辣椒油,周围则要撒上青韭。青韭很细,特别提味,用刀一切满屋子都会飘着韭菜的香气。但青韭现在已经很少见了,没有青韭时,也可以用一种紫色根的叫"野鸡脖"的韭菜代替。

8. 茶汤

茶汤是北京的传统风味小吃。茶汤具有味甜香醇、色泽杏黄、味道细腻耐品等特点。相传,茶汤起源于明代皇宫的御膳房,后来流传到了民间,清初已经成为非常有名的小吃。

清代的《都门竹枝词》中写道:"清晨一碗甜浆粥,才吃茶汤又面茶。"茶汤的制作需要选用优质糜子面,经过浸泡、磨浆、炒制等多道工序,制作成细腻的糜子面糊。在冲泡时,需用热水将糜子面糊冲入碗中,再加入适量的红糖、白糖、芝麻、核桃仁等调料,搅拌均匀即可食用。茶汤的口感细腻,香甜可口,具有浓郁的地方特色。

茶汤的口感独特,香甜滑爽,糜子面的细腻口感与各种调料的香甜味道相得益彰,让人回味无穷。在老北京,茶汤是一种非常受欢迎的传统小吃,常常被摆在街头巷尾的小摊上,供人们品尝。

9. 豌豆黄

豌豆黄是北京春夏季节的一种应时佳品,也是典型的春令食品。按照北京人的习俗,农历的三月初三人们都要吃豌豆黄。

豌豆黄分宫廷和民间两种,同芸豆卷一起传入清宫。宫里吃的时候通常装在精致的盒子里。豌豆黄以白豌豆、白糖、红枣等为原料,先将白豌豆碾碎,加水煮一个半小时,然后制成豌豆泥,加入枣汁、白糖搅拌均匀,放入锅内,翻炒至起稠,倒入不锈钢盘子里,晾凉,用刀切成小块即可食用。

10. 驴打滚

驴打滚又称豆面糕,是北京小吃中的古老品种之一。"驴打滚"是一种形象比喻,制得后放在黄豆面中滚一下,如郊野毛驴打滚,扬起灰尘似的,故而得名。它的做法是用黄米面加水蒸熟,和面时多加水和软些,另将黄豆炒熟后,制成粉面。制作时将蒸熟的黄米面外面蘸上黄豆粉面擀成片,然后抹上豆沙馅(也可用红糖)卷起来,切成100克左右的小块,撒上白糖。其特点是香、甜、黏,有浓郁的黄豆粉香味。

11. 艾窝窝

艾窝窝是北京传统风味小吃,每年春节前后,北京的小吃店会售卖,一直卖到夏末秋初,所以艾窝窝也属春秋品种,现在一年四季都有供应。明代,有一位皇帝爱好这种窝窝,想吃或要吃时,就吩咐说:"御爱窝窝。"后来这种食品传入民间,一般百姓不敢说

"御"字,所以省略了"御"字而称"爱(艾)窝窝"。艾窝窝外皮用的糯米是已经蒸熟的,馅使用的桃仁、瓜仁、芝麻仁和白糖也是事先炒好的,所以做好之后就能直接食用。艾窝窝吃到嘴里又黏软又筋道,香甜爽口。

12. 卤煮火烧

卤煮火烧,简称卤煮,是北京的一道传统小吃。其主要原料是猪肠、猪肺和干豆腐,用大锅卤制,一般要在清早就开始"卤煮",快到中午吃饭时间,加入戗面做的火烧,待到火烧变软,即可食用。卤煮火烧比较讲究两点,一是猪肠猪肺一定要洗得干净,二是火烧一定要是戗面的。和北方多数的饮食一样,卤煮火烧以味厚见长。在卤制过程中,加入大量的佐料。在食用中,可根据个人口味,放适量辣椒油、蒜汁、醋,以及香菜等。北京有很多饭馆卖卤煮,其中最有名的是百年老字号"小肠陈"。

13. 芸豆卷

芸豆卷原是民间小吃,后成为宫廷小吃品种。传说是慈禧太后听见宫外有小贩叫卖芸豆卷,便召进宫内品尝,觉得很好吃,于是命令御膳房专门制作,从此芸豆卷成了慈禧的御前御点。芸豆卷具有色泽雪白、质地柔软细腻、馅料香甜爽口的特色。

14. 小窝头

小窝头原是清宫御膳房的厨师创制,为慈禧晚年斋戒时吃的食品,形状小巧玲珑,颜色金黄,质地细腻,味道香甜,很得慈禧的赞赏。清朝覆灭后,小窝头流传到了民间。制作小窝头时需用新磨的细玉米面,并加黄豆面、白糖、桂花调制。

15. 肉末烧饼

北海公园仿膳饭庄制作的肉末烧饼是宫廷风味的配套小吃,早在20世纪20年代就驰名北京。这种小吃是将烤熟的马蹄烧饼从侧面切开一个小口,抽出饼心,然后填入现炒的猪肉末,吃起来烧饼外皮酥脆,肉馅鲜嫩多汁,香醇味厚。

在仿膳饭庄,肉末烧饼的制作工艺得到了充分的发扬和传承,其选料严格、制作精细,是北京传统美食中的瑰宝。品尝一口肉末烧饼,不仅可以享受到美食的美味,还能感受到浓郁的历史文化氛围。

第五节　庙会风情:京城节庆文化的民俗瑰宝

一、北京庙会的历史沿革

北京庙会作为一种深植于民间的文化活动,拥有源远流长的历史和丰富多彩的文化内涵。它不仅是商贸和娱乐的集结地,更是北京文化的一张重要名片,记录着时代的变迁和百姓生活的点点滴滴。

庙会的起源可以追溯到夏商时期。之所以"庙"字当先,是因为庙会的起源与得名都与庙相关。最初的庙会主要是为了祭祀神灵和祖先。随着时间的推移,庙会受到佛教和道教等宗教的影响,吸收了宗教仪式和信仰元素。每逢庙会之际,信徒们纷纷前来烧香拜神,祈求平安和吉祥。随着客流的不断增多,商贩们看中了庙会的商机,纷纷从四面八方赶来设摊经营。从此,庙会不再仅是宗教活动的场所,而逐渐成为一个热闹非凡的市集。从金石古玩、文房四宝到绫罗绸缎、锅碗瓢盆,庙会上的商品琳琅满目,应有尽有。此外,民间艺人的绝活杂耍和歌舞百戏更是让庙会充满了欢乐和喜庆的气氛。可以说,北京庙会是伴随着佛教、道教宗教活动而日益兴盛起来的,是以佛寺和道观为活动空间的一种集宗教祭祀、民俗娱乐、商业购物、民间聚会活动于一体的群众性集会活动。

北京庙会起源于辽代,经过元末明初的发展,在明清两代达到了鼎盛。史书记载,最早的北京庙会诞生于都城隍庙附近,那里曾经是京城较为繁华的地带之一。庙会的规模和影响力逐渐扩大,成为当时社会生活中的重要组成部分。

在北京,由于庙宇众多,庙会也呈现出多样化的特点。明清以来,北京的庙会分为平时轮流开放和年节开放两种。平时轮流开放的庙会,有"隆福寺庙会""护国寺庙会""白塔寺庙会""土地庙庙会""花市庙会"等。但后期香火已断,仅集市照常。正月里庙会最多,如前门"关帝庙庙会"、和平门外"厂甸庙会"、西便门外"白云观庙会"等。另外,按照内容和性质的不同,庙会还可以分为宗教类、祭祀类、商贸类、文娱类和观光类等。

清代,北京庙会进入了一个全新的发展阶段。"逛庙"成为京城百姓日常生活中不可或缺的一部分。人们纷纷走出家门,来到庙会上感受那份独特的欢乐和喜庆。在交通不便的年代里,甚至有人租驴前往白云观庙会等远离市区的庙会场所,足见其对庙会的热爱和执着。阜成门附近因此出现了一条"驴市路",后来成了我们熟知的礼士路。清末民初,初一、初二、初九、初十是隆福寺庙会,逢初三是土地庙庙会,逢初五、初六是白塔寺庙会,逢初七、初八是护国寺庙会等,再加上正月初一开庙的东岳庙和大钟寺庙会,初二的财神庙庙会,十六、十八的白云观庙会、三月初三的蟠桃宫庙会等,种类繁多,热闹非凡。

中华人民共和国成立后,北京庙会曾暂时退出民众的日常生活。随着1984年龙潭庙会和1985年地坛庙会的举办,北京庙会正式复苏,庙会文化得以传承。在随后的数年间,大观园庙会、圆明园新春游园会、莲花池庙会、颐和园苏州街宫市等庙会也开始兴办,白云观、东岳庙、潭柘寺、厂甸、妙峰山等处庙会也纷纷再现神韵。

随着旅游事业的发展,为了弘扬民族文化、发展民族经济,北京地区恢复了春节庙会活动,北京庙会开始复苏,并逐渐恢复了往日的繁荣和活力。如今,北京人在过年时仍然保留了逛庙会的习俗。2024年龙年春节,北京庙会再次回归,传统庙会全面恢复。地坛、龙潭、厂甸、大观园、石景山游乐园、八大处等传统庙会竞相亮相,颐和园、中山公园、玉渊潭、红螺寺等景区也推出了丰富多彩的传统花会游园活动。庙会的举办唤起了人们对传统庙会的美好记忆,也再度点燃市民和游客对节日欢乐的期盼。人们可沉浸式游逛市集、观灯赏花、登高祈福、迎春闹春,品味北方特色传统年俗。

二、北京庙会的文化内涵

北京庙会,历经千年的沧桑岁月,至今仍然保留着深厚的文化内涵。这些文化内涵不仅体现在丰富多彩的活动中,更融入北京人的生活习俗之中,成为这座城市独特的历史记忆和文化符号。下文将从宗教祭祀、民俗娱乐、商业贸易和民间聚会四个方面,剖析北京庙会的文化内涵。

(一)宗教祭祀:烧香祈福,民间信仰

北京庙会起源于寺观的宗教仪式,是民间信仰和宗教文化的重要体现。在庙会期间,人们会前往寺观烧香祈福,祈求风调雨顺、五谷丰登,表达对神灵的尊崇和信仰。这种宗教信仰既满足了人们的精神层面需求,又在一定程度上促进了社会的和谐稳定。北京是有着悠久历史的文化古都,不同的文化形态和生活方式经过千百年的发展变化,繁衍出了许多丰富多彩的寺观庙会民俗文化,反映了民众的精神寄托和生活追求,充分表达了民众对于美好生活的向往,同时也是佛教与道教中国化的具体体现。

(二)民俗娱乐:多彩多姿,独具魅力

"北城外的大钟寺、西城外的白云观、南城的火神庙(厂甸)是最有名的……到了初五六,庙会开始风光起来,孩子们特别热心去逛,为的是到城外看看野景,可以骑毛驴,还能买到那些新年特有的玩具。白云观外的广场上有赛轿车赛马的,在老年间,据说还有赛骆驼的。这些比赛并不争谁第一谁第二,而是在观众面前表演骡马与骑者的美好姿态和娴熟技能。"这是老舍在《北京的春节》中刻画的庙会。从中可见,人们在庙会中不仅可以购物,还可以欣赏到各种民间艺术表演,如舞龙舞狮、高跷、说相声等,还可以品尝到地道的北京小吃,如炸酱面、豆汁、糖葫芦等。庙会已经成为以春节为中心展开的商业大卖场、文化大舞台,是北京民俗文化的重要载体。

(三)商业贸易:繁华热闹,互通有无

庙会是古代商业贸易的重要场所。在庙会期间,商贩们会聚集在寺庙周围,形成一个个热闹的市集。庙会上,各种摊位琳琅满目,从日用百货、手工艺品到农产品、风味小吃等应有尽有。商贩们通过庙会这个平台,展示自己的产品和技艺,吸引大量游客和市民前来选购。这种商业贸易不仅促进了商品的流通和经济的发展,也满足了人们的购物需求。

(四)民间聚会:社会交往,情感纽带

庙会也是人们进行民间聚会、社会交往的重要场所。在庙会举办期间,人们会结

伴而行,互相拜年祝福,交流感情。例如,在春节期间的庙会上,亲朋好友们会相约一起逛庙会,在庙会中看表演、品小吃,享受难得的闲暇时光。一家老少逛庙会,已经成为春节期间很多家庭不可或缺的项目,"逛庙会了吗"成为不少市民见面的问候语。年夜饭等习俗是一家家单独的团聚,庙会则是全城的欢聚。春节是一年中最红火的日子,庙会把这种红火烘托到了极致。无论时代如何变化,在北京人心中,庙会都是独一份的存在;有了庙会,老北京的年味儿才足斤足两。

庙会作为老北京一大民俗景观,至今深受人们喜爱。每到新春,大家赶赴各处,观看传统曲艺,欣赏古籍年画,品味茶汤炒肝。大小市集熙攘喧腾,大家吃起来、逛起来、玩起来、闹起来,浓浓的年味里,流淌出的是对时节的感悟,对生活的热爱,更有对家国安泰的共同祈愿。

三、北京特色庙会介绍

(一)厂甸庙会

"厂甸"是"琉璃厂"的古称,厂甸庙会始于明代嘉靖年间,兴盛于清康乾年间,传承至今已有四百余年历史。厂甸庙会以"文市"著称,具有丰厚的文化底蕴,是首批国家级非物质文化遗产项目,不仅深受市井百姓喜爱,还得文人雅士青睐。厂甸庙会于每年正月初一至初五举行,规模盛大,京味浓厚,闻名遐迩。人们爱逛厂甸,是因为正月里京城大小古玩、字画、图书店多在此设摊,字画、字帖、珠宝、翡翠等琳琅满目。另外,这里还汇集了全国各地的上百种食品及特色商品,对期待了一年的北京百姓具有不可抵挡的吸引力。哪怕在1945年,厂甸庙会一天的客流量就能够达到当时京城常住人口的五分之一。厂甸庙会传承了一代代北京人的民俗文化和市井风情,记录了四百多年来北京作为帝都和历史文化名城的历史身影,是北京城著名的一张文化名片。

2001年,与北京百姓阔别近40年的厂甸庙会在原址重新举办。2006年,厂甸庙会经中华人民共和国国务院批准列入第一批国家级非物质文化遗产名录。2010年,结合庙会产业发展策略和社会公众需求,厂甸庙会实施了"两区一带"的格局划分,分为以陶然亭公园为主体的庙会民俗区和以东西琉璃厂为主体的文市区。功能区的划分给市民提供了更多的选择,满足了广大市民不同的趣味和需求。2024年,厂甸庙会以"漫步古都中轴,共赏百年厂甸"为主题,于正月初一至初五在琉璃厂东、西街举办。

(二)白云观庙会

白云观位于北京西便门外。北京白云观为道教全真龙门派祖庭,享有"全真第一丛林"之誉。中华人民共和国成立后,中国道教协会、中国道教学院及中国道教文化研究所等道教界的全国性机构均曾设立在白云观。在广大道教徒的心目中,它有着崇高的地位。

白云观庙会是北京古老而重要的庙会之一。在交通不发达的年代,人们出行主要靠租来的驴。白云观举办庙会时,骑驴游白云观也是一种时尚。

早期的白云观庙会每年正月初一至正月十九日举办,是北京城内开放时间最长的庙会。庙会上有各处民间花会狮子、高跷等表演,游人络绎,车马奔腾,锣鼓不断,热闹非常。

每年春节都有不少人到白云观来"打金钱眼"和"摸石猴"。"摸石猴"是不少人童年的回忆。白云观里共有三只石猴,"摸石猴"主要是摸石拱门上的那一只,传说摸了它可以祛病、避邪。至于"打金钱眼",则是以真钱来打假钱的项目。院内石桥名"窝风桥",桥下无水,桥洞两侧各悬一硬纸做的大钱,钱孔内挂一铜铃,香客们用铜板投击孔内铜铃叫作"打金钱眼",传说击中者能一年顺利。

(三)龙潭庙会

比起其他的老庙会,龙潭庙会可谓是新秀,龙潭湖庙会到1984年才开始举办。虽然没有悠久的历史,但是它的年味并不逊色于其他庙会。20世纪90年代初,北京亚运会吉祥物"熊猫盼盼"当上了庙会的开幕嘉宾。

龙潭湖畔的民俗表演、花会、车展、书市,以及小吃等都是经过精心设计的,使得整个庙会期间的活动日日精彩,天天新颖。龙潭庙会传统的"踩街走会"每年都别具特色,中国各地的表演者都会聚于此,沿着夕照寺街,进公园北门,环湖边走边舞,欢快而热闹。

(四)地坛庙会

地坛庙会是北京名气最旺的庙会,以地道的民俗、传统的民间特色著称。每届地坛庙会都能吸引近百万的游客。1985年,地坛公园春节文化庙会开幕。注重文化品位、民俗特色的地坛庙会,很快成了春节群众文化活动的"固定节目",一办就是近40年,被誉为现代版、现实中的"清明上河图"。互动性、沉浸式的体验活动是近些年地坛庙会的最大亮点。仿清祭地表演是地坛庙会主打的文化特色和品牌经典,表演再现清代皇帝祭地时的场景,祈求国泰民安、风调雨顺、五谷丰登。

进入新时代,随着文化产业的发展升级以及国家对非物质文化遗产的重视,北京庙会也被赋予了更多的文化内涵。近年来,伴随着北京冬奥会的成功申办和筹办,北京庙会文化又注入了冰雪元素。2024年,为进一步突出传统年味,北京集中推出千场庙会游园等年俗活动。我们现在从庙会上感受到的,是新时代风貌与老北京旧时风物结合的无限魅力,这种融合使北京传统文化得以更好地传承和发展,愈久弥香。

四、北京庙会的传承和创新发展

作为历史悠久的传统民俗活动,北京庙会本应是展现古都文化魅力、传承民间信仰的重要平台。然而,近年来,随着商业化的不断侵蚀,北京庙会也面临着诸多批评与质疑。

一方面，有人认为，如今的庙会似乎更像是一个商品展销会，各种摊位琳琅满目，但其中真正能够体现北京传统文化特色的商品和美食却寥寥无几。以小吃为例，庙会上更多的是一些随处可见、缺乏特色的快餐和小吃，这无疑削弱了庙会的文化内涵，使其变得愈发肤浅和同质化。

另一方面，假冒伪劣商品的泛滥也成为庙会饱受诟病的问题之一。一些不法商贩利用庙会人流量大的特点，销售假冒伪劣商品，不仅损害了消费者的权益，也给庙会的声誉带来了极大的负面影响。同时，庙会举行期间周边往往拥堵不堪，不仅存在安全隐患，食品卫生和垃圾处理等方面也存在诸多问题。

此外，商业气息过于浓厚也是当前庙会面临的一大挑战。过度的商业化使得庙会失去了原有的民俗文化的本质，变成了一场纯粹的商业狂欢。在这种氛围下，人们很难再感受到庙会所带来的那份虔诚、敬畏和温馨。没有了京味儿、年味儿，庙会也就没了魂。年味儿是北京庙会的关键，京味儿是北京庙会的灵魂。要延续北京人由来已久的庙会情结，就要在庙会的京味儿和年味儿上再下功夫。

（一）加强对庙会文化的挖掘和整理工作，挖掘庙会传统文化要素

从庙会的起源和发展看，文化才是庙会的核心和灵魂，商业性是它的附加价值。两者可以相辅相成，但商业性若凌驾于文化价值之上，就成了舍本逐末，难以持续发展。摆脱庙会同质化的尴尬，需要真诚的态度和创新的思维，要通过深入研究北京庙会的历史渊源、民俗风情和文化特色，提炼出能够代表北京庙会文化的核心元素，为庙会的传承和发展提供有力的文化支撑。2024年春节，北京庙会做了精心的升级。比如，厂甸庙会邀请了琉璃厂文化街两侧的老书店、老商户参与其中，增添更多文化活动。地坛春节文化庙会以传承经典、体验民俗为主要特色，艺术与烟火、历史与民俗、文创品牌和非遗工艺齐聚，打造多元文化融合、传统文化创新、北京文化凸显的庙会盛宴。八大处庙会融合了八大处的文旅资源、石景山历史文化和北京特色文化，包括跃龙门主题通道＋集章打卡，营造沉浸式喜庆氛围；许愿树＋祈愿鼓，主打节日祈福文化；老北京特色咖啡＋八大处特色素饼，丰富味觉体验；经典场景再现＋老相机展，重温儿时记忆，记录文化传承；国潮演艺＋京味儿巡游，呈现丰富文艺演出。中华书局的"灿然文化庙会"，利用书屋门前的一个小空间，将图书文创、非遗手工艺、老北京文化讲座、传统文化展、茶饮和游玩汇聚在一起，虽是北京最小庙会，一样是展示城市文化和气质的生动窗口。

（二）创新庙会的举办形式和内容

北京拥有3000多年建城史和800多年建都史，既不缺文化资源，也不缺文化创意。庙会文化的传承和发展，可以在保持传统庙会特色的基础上，引入现代科技手段和创意元素，打造具有时代特色的新型庙会。纵观北京2024年新春各项活动，既有戏曲、园

延伸阅读

京味庙会 品年韵 赏花游园乐新春

艺、绝活等民俗文化大放异彩，也有科技、国潮、文创等现代元素脱颖而出。传承经典活动，上新贺年形态，解锁更多过年玩法，文化张力与时代活力就能相得益彰。

（三）加强对庙会市场的监管力度，打造安全祥和的春节文化庙会

严厉打击假冒伪劣商品的销售行为，保障消费者的合法权益。同时，也要引导商贩诚信经营、文明服务，共同营造一个和谐、有序的庙会环境。例如，为确保2024年地坛庙会和龙潭庙会的安全稳定和经营有序，营造喜庆祥和的节日文化氛围，北京市东城区市场监管局通过周密部署、靠前组织、驻点监管，全力保障庙会顺利举办。同时，持续加大庙会执法检查力度，督促各参展商户合法合规开展经营，做好庙会投诉举报处理和应急值守工作，进一步排除风险隐患，确保广大市民安心、放心逛庙会。

延伸阅读

厂甸庙会

第六节　京华艺彩：工艺美术的巧夺天工

北京工艺美术文化是京味文化的重要组成部分，它承载着北京的历史、文化和传统，具有浓厚的地方特色和独特的艺术魅力，是中华民族文化艺术的瑰宝。北京工艺美术以品种门类繁多、工艺技术高超、京城文化特色鲜明而驰名中外。它涵盖了多个门类，如玉器、景泰蓝、牙雕、漆器、金丝镶嵌、花丝镶嵌等。这些工艺品以其精湛的技艺和独特的艺术风格，成为国内外游客喜爱的收藏品和纪念品。其中，燕京八绝是北京工艺美术的代表。燕京八绝是指八种具有北京地方特色的传统手工艺，其萌芽于燕赵，奠基于辽金，繁荣于明清，汲取了各地民间工艺的精华，开创了中华传统工艺新的高峰，并逐渐形成了"京作"特色宫廷艺术，在海内外享有极高的声誉。如今，这八项技艺均被列为国家级非物质文化遗产，它们不仅代表了北京地区的文化特色，也是中国传统手工艺的杰出代表，具有重要的历史、文化和艺术价值。

讲课视频

《北京工艺美术》

一、燕京八绝：北京工艺美术的瑰宝

工艺美术是中华文明的一个极其重要的组成部分，是承载中华文明的重要宝藏。北京作为历史文化古都，在这片古老而神奇的土地上，孕育了无数的工艺美术精华。其中，最具特色且美轮美奂、蜚声中外的当属燕京八绝。燕京八绝指景泰蓝、玉雕、牙雕、雕漆、金漆镶嵌、花丝镶嵌、京绣、宫毯这八种工艺绝技，每一种工艺都代表着古老燕京的独特韵味，蕴含着深厚的历史与文化底蕴。

（一）景泰蓝

景泰蓝又名"铜胎掐丝珐琅"，俗名"珐蓝"，又称"嵌珐琅"，因其在明景泰年间盛行，制作技艺比较成熟，使用的珐琅釉多以蓝色为主，故而得名"景泰蓝"。其技艺是在

铜质的胎型上，用柔软的扁铜丝，掐成各种花纹焊上，然后把珐琅质的色釉填充在花纹内，经过烧制、磨光、镀金等多道工序最后制作出成品。

景泰蓝制品造型典雅，纹样繁复，色彩富丽，具有宫廷艺术的特点，给人以"圆润结实、金光灿烂"的艺术感受，有很高的艺术价值，曾多次参加国内外重要展览，还经常被作为国礼馈赠外宾。

（二）玉雕

玉雕是中国古老的雕刻品种之一。玉石经加工雕琢成为精美的工艺品，称为玉雕。工艺师在制作过程中，根据不同玉料的天然颜色和自然形状，经过精心设计、反复琢磨，才能把玉石雕制成精美的工艺品。

图3-6　北京工艺美术馆玉雕

北京玉雕又称"北京玉器"，是流传于北京的一种玉石雕刻技艺。它兴起于元代，明代宫廷御用监下设玉作，汇集全国治玉良师，北京的宫廷玉雕业由此兴盛。清代北京玩玉风行，玉雕工艺水平达到历史高峰。

北京玉雕素有"工精料实"的美誉，它继承宫廷玉作的技艺传统，用料讲究，制作精美，种类齐全，能生产摆件、器具、盆景、首饰等多种制品。北京玉雕技艺包括相料、清料、开料、设计、磨活、抛光等多个环节，造型雄浑厚重、端庄典雅，装饰精巧细腻、明丽质朴，体现着高超的工艺水平。

北京工艺美术馆玉雕见图3-6。

（三）雕漆

北京雕漆工艺是把天然漆料在胎上涂抹出一定厚度，再用刀在堆起的平面漆胎上雕刻花纹的技法。雕漆制品造型古朴、纹饰考究、色泽光润、形态典雅，并有防潮、抗热、耐酸碱、不变形、不变质的特点。由于色彩的不同，有"剔红""剔黑""剔彩"及"剔犀"名目。雕漆工艺是中国漆工艺的一个重要门类，也是北京传统工艺美术的精华之一，它体现了我国工艺美术家的高超技艺和聪明才智，是中华民族传统工艺的瑰宝。

（四）金漆镶嵌

中国漆器有8000多年的悠久历史，北京金漆镶嵌到元代已经趋于成熟，清代内务府造办处下设42作中专门设有漆作。金漆镶嵌是一种传统漆艺，历来为皇家所用，其以木胎成型、髹漆，然后在漆底上运用镶嵌、雕填、彩填、堆古罩漆、刻灰、平金开彩、断纹、刻漆、金银、罩漆等装饰技法。产品主要有屏风、车、轿、仪仗及皇室、贵族所用的日用家具和器具及各种装饰摆件。清王朝灭亡后,这门原本主要为宫廷服务的漆器工艺传向民间。金漆镶嵌所表现出的珠光宝气、雍容华贵,体现了皇家的大气,是带有浓厚"京味儿"的工艺品。现在的北京金漆镶嵌从工艺技法到艺术风格等许多方面都直接继承和发展了明清宫廷的漆器制造艺术。

北京金漆镶嵌髹饰工艺复杂,题材广泛,艺术表现手法丰富多彩。其中,镶嵌类产品层次清晰,玲珑剔透;彩绘类产品色彩艳丽,灿若锦绣;雕填类产品线条流畅,精美绝伦;刻灰类产品刀锋犀利,气韵生动;断纹类产品古朴大方,隽秀雅致;虎皮漆类产品五彩斑斓,似天然成就。这一古老的手工技艺具有较高的艺术研究价值,其产品既方便实用,又可收藏,深受广大消费者喜爱。

(五)花丝镶嵌

花丝镶嵌是一门传承久远的中国传统手工技艺,主要用于皇家饰品的制作,其工艺精湛,造型优美,花样繁多。花丝镶嵌历史悠久,早在春秋时已出现,至明代达到较高水平。清代以后,花丝镶嵌有了更大的发展,精品不断涌现,享誉海内外。

花丝镶嵌工艺复杂,是以金银或铜为原料,塑成粗细不同的金、银丝线,编结成形,再将金银薄片捶打成形,在上面錾刻花纹或镶嵌珠宝玉石的传统手艺,又称为"细金工艺",为"花丝"和"镶嵌"两种制作技艺的结合。花丝选用金、银、铜为原料,采用掐、填、攒、焊、编织、堆垒等传统技法。镶嵌以挫、镂、捶、闷、打、崩、挤、镶等技法,将金属片做成托和瓜子形凹槽,再镶以珍珠、宝石。花丝镶嵌因其昂贵的用料和典雅奢华的审美风格深受皇家及官府的青睐,在燕京八绝中占有极其重要的地位。

(六)牙雕

牙雕是指在象牙上进行的一系列的雕刻,是一门古老的传统艺术,也是一门民间工艺美术。北京牙雕的可考历史至少可追溯到两千多年前。在后来的历史发展过程中,从外地迁徙或被招募到京的优秀工匠与北京当地的工匠不断切磋,经过数百年的实践,北京牙雕具有了雍容华贵的宫廷艺术品格,形成独特的工艺特点。

牙雕艺术品以坚实细密、色泽柔润的质地,以及精美的雕刻艺术,备受收藏家珍爱。牙雕因牙材自身的品质而具有高洁的美感,成为中国特种工艺美术的一部分。北京牙雕工艺复杂且有难度,表现题材广泛,技艺以口传心授方式传承。

(七)宫毯

宫毯是富有北京地域特色和宫廷特色的手工艺制品,自元代起,就成为皇宫的御用品,宫毯由此得名。宫毯的原材料以羊毛、丝线为主,织结坚牢,毯面柔软。北京宫毯则以传统图案著称,融中国绘画、刺绣、织锦、建筑装饰艺术于一体,有京式、古纹式、民族式、锦纹式、花鸟式等等,图案讲究纹样对称,给人以四平八稳之感,具有浓郁的中国民族文化气息。其以工艺精细、样式美观、图案多彩、色调素雅而驰名世界,被西方人称为"东方艺术的代表"。

20世纪以来,北京宫毯得到了进一步的发展。1900年,北京宫毯在法国巴黎世博会上获得金奖。1920年,北京宫毯作坊已有354家,成为中国地毯的主要产地之一。20世纪70年代末到90年代初,北京宫毯出口处于鼎盛期,在国际上获得广泛的声誉。

(八) 京绣

京绣又称宫绣,是一门古老的中国传统刺绣工艺,是以北京为中心的刺绣产品的总称。明清时期,京绣开始大为兴盛,多用于宫廷装饰、服饰,用料讲究、技术精湛、格调风雅,以材质华贵、图案庄重大气著称。

由于北京作为都城的独特地位,京绣工艺的流传具有自宫廷至民间的特点。宫绣一般选用最好的绸缎为面料,而绣线除了以蚕丝所制成的绒线外,还以黄金、白银锤箔,捻成金、银线,大量使用于服饰绣品中,其手法是先用金银线盘成花纹,然后用色线绣在纺织平面上,这种用金银线绣出的龙、凤等图案又叫"盘金",尽显皇族气派,充分体现了富贵精美的宫廷审美艺术。

京绣的最大特点是用料华贵,比如龙袍上的龙,除了眼睛、角、鬓发、爪尖、脊骨使用普通丝线,其他部分都使用金丝线,这样制作出来的龙金光闪闪、立体感强。京绣在针法上,融合各派所长,严谨而富有变化,比如"网绣"像盔甲交错叠加,"打子绣"可以再现植物繁茂的样子,"松针绣"与"平针绣"结合,可以展现人物的生动神态。

二、走进博物馆:探寻工艺美术的魅力

北京工艺美术以其独特的艺术风格和精湛的工艺技巧,成为中华民族文化艺术的重要组成部分。要想深入地了解北京工艺美术的发展历程和文化内涵,可以走进北京众多的博物馆,探寻北京工艺美术的魅力。

(一) 中国工艺美术馆(中国非物质文化遗产馆)

中国工艺美术馆(中国非物质文化遗产馆)隶属于文化和旅游部,位于北京中轴线北延长线上,西临奥林匹克公园龙形水系,东接中国共产党历史展览馆,南面"鸟巢""水立方",北靠中国科学技术馆。中国工艺美术馆(中国非物质文化遗产馆)于2022年全新开馆,是以收藏展示中国工艺美术精品、展示非物质文化遗产代表性项目,传承和弘扬中华优秀传统文化为宗旨的大型非遗藏品展示场所(见图3-7)。

中国工艺美术馆(中国非物质文化遗产馆)的建筑设计构思借鉴了故宫太和殿的尺度比例,纵横均为对称结构,象征了中国传统文化的天地人和谐平衡的理念。外立面褐铜色金属格栅结构提炼自传统建筑中花窗纹案和博古架的形式,有机融合了传统图案要素与现代建筑构架,使得整体建筑庄重周正中又充满灵动通透的审美气质。

馆内收藏涵盖众多工艺美术门类,主要有玉雕、石雕、竹木雕、牙角骨雕、织染绣、陶瓷、漆器漆艺、金属工艺、玻璃、唐卡及民族民间(综合)十一个门类,代表了当代工艺美术的国家级水平。

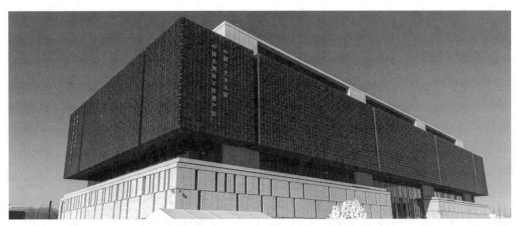

图 3-7 中国工艺美术馆（中国非物质文化遗产馆）

中国工艺美术馆（中国非物质文化遗产馆）坚持创造性转化、创新性发展，多措并举，推出可观、可做、可讲、可感、可学的教育品牌，努力建设学有所得的博物馆大学校。"中国巧手""社会大课堂""乡村美育"等活动聚焦青少年美育、传统戏曲艺术、乡村美育，自 2022 年开馆以来累计触达近千万人次；在春节、元宵节、中秋节等传统节日举办"相约两馆"系列活动，倡导在博物馆里过传统节日新风尚；设立"传承与转化实验室"，助力工艺美术和非遗活态传承，充分发挥其文化与社会价值。

（二）北京工艺美术博物馆

北京工艺美术博物馆创建于 1987 年，隶属于北京工美集团有限责任公司，是全国第一家由企业创建的专业性工艺美术博物馆，开创了企业办博物馆的先河。馆藏历代工艺美术珍精品 3000 余件，上起三代，下扩至今，许多作品曾长期陈列在中南海、人民大会堂、天安门贵宾厅。馆内藏品的精美绝伦令人震撼，堪称近现代艺术大师呕心沥血的绝世佳品，受到了党和国家领导人、国际奥委会领导人极高的赞誉。在 20 多类馆藏品中，尤以北京近、现代传统工艺美术"四大名旦"——牙雕、玉器、景泰蓝、雕漆为主，同时藏有国画、花丝、瓷器、青铜、刺绣、金漆、木雕等艺术品类，是近百年来几代名师在古代优秀文化的积淀之上，创造的一批富有时代精神的珍品佳作。其材质、价值、工艺技巧、艺术品位均代表了国内同行业的最高水平。

九龙浴佛、九州欢腾、奥运奖牌、APEC 国礼……一件件国宝和国礼汇集于此，见证了一段历史，生动体现了中国最具代表性的艺术创作和民族风格。随着时代发展，一些古代的工艺技法正在慢慢失传，北京工艺美术博物馆聘请国内顶级工艺美术大师，承担起研究、整理工艺遗产的工作，对这些技艺加以保护。

（三）北京燕京八绝博物馆

北京燕京八绝博物馆（原"北京燕京八绝艺术馆"），收藏包括金漆镶嵌、花丝镶嵌、景泰蓝、牙雕、玉雕、雕漆、京绣、宫毯在内的燕京八绝工艺作品及古代木雕、根雕、石雕等工艺藏品数百件(套),是石景山区第一家正式经市文物局和市民政局备案审批的非国有博物馆,是北京市第一家在全国重点文物保护单位中设立的非遗主题博物馆,是北京市第一家将展示宫廷艺术和体验宫廷技艺相融合的非遗博物馆,是中国第一家由近百位工美大师和非遗传承人历时十年携手打造的匠心博物馆。博物馆主体建筑承恩寺为明代古建,四进院落,始建于明正德五年(1510年),落成于正德八年(1513年)。承恩寺自明代以来即有"三不之谜"——不开庙门、不受香火、不开庙,所以又被称作"北京最神秘的寺庙"。

本章小结

京味文化是代表北京地域特征的文化符号,具有独特的人文社会文化价值。本章主要介绍了京味文化中的重要组成部分——北京的会馆与名人故居、传统商业街、著名老字号、北京风味饮食、北京庙会和工艺美术。通过对这些内容的学习,学生能够了解京味文化的重要载体,感受北京深厚的文化底蕴。

本章训练

一、选择题

1. 宋庆龄故居原为( )的王府花园。

　　A. 礼亲王府　　　B. 睿亲王府　　　C. 醇亲王府　　　D. 豫亲王府

2. 北京中轴线上由御路演变而来的商业街是( )。

　　A. 东单　　　　　B. 西单　　　　　C. 东四十条　　　D. 前门大街

3. 下列烤鸭名店中,( )是以焖炉烤鸭为特色。

　　A. 四季民福　　　B. 全聚德　　　　C. 便宜坊　　　　D. 大董

4. 烤肉季的三绝分别是什么?( )

　　A. 烧酒 烤肉 烧饼　　　　　　　　B. 烤肉 观山 烧酒

　　C. 烤肉 观山 赏荷　　　　　　　　D. 烤肉 烧酒 赏荷

5. 下列老字号中,( )的经营品种是酱菜。

　　A. 天福号　　　　B. 月盛斋　　　　C. 吴裕泰　　　　D. 六必居

6. "打金钱眼"和"摸石猴"属于( )庙会的传统项目。

　　A. 厂甸　　　　　B. 白云观　　　　C. 龙潭　　　　　D. 地坛

7. 下列景泰蓝制作工序说法正确的是( )。

　　A. 掐丝、制胎、点蓝、烧蓝、磨光、点金

　　B. 制胎、掐丝、点蓝、烧蓝、磨光、点金

　　C. 制胎、掐丝、烧蓝、点蓝、磨光、点金

　　D. 制胎、掐丝、烧蓝、点蓝、点金、磨光

8.（多选）下列老字号与经营品种对应正确的选项是（　　）。

A．马聚源—帽店　　　　　　B．内联升—鞋店

C．瑞蚨祥—绸布店　　　　　D．月盛斋—书画店

E．鹤年堂—中药店　　　　　F．六必居—酱肉店

二、思考题

1. 简述北京会馆的起源与发展过程。

2. 简述传统商业街的分布与特点。

3. 列举一些你知道的北京著名老字号，说出它们的经营特色。

4. 北京有哪些具有代表性的风味小吃？

5. 简述北京庙会文化的形成。

6. 燕京八绝指的是哪八种技艺？

三、实训题

1. 调研一个北京的会馆或名人故居，分析其建筑风格和历史背景，并探讨它在京味文化中的地位和价值。

2. 选择一个传统商业街，绘制一份简单的地图，标注出主要店铺和特色商品，并分析该商业街的文化价值。

3. 收集一些北京老字号的资料，包括它们的历史、产品或服务特色等，制作一份介绍北京老字号的海报或宣传册。

4. 选择一种工艺美术文化（如景泰蓝、花丝镶嵌、玉雕等），了解其制作过程和艺术特点，制作PPT向全班同学介绍和展示。

四、案例分析题

北京非遗有了统一的形象标识！形似京剧武生起范儿

北京首创了系列化非遗传播视觉系统，让北京非遗有了统一的形象标识。北京非遗的统一形象标识，是红色的"京"字，形似京剧武生起范儿动作，并在字形中体现了"一城三带"所孕育的北京非物质文化遗产及其传承人的精气神。依靠非遗技艺生产的商品，在售卖包装上可使用该标识。

同时，多个非遗项目有了各自的识别图标，同时该系统还创造了统一的非遗传承故事人格化IP、非遗项目国潮插画。形象标识、项目图标、人物IP和国潮插画四大类视觉创新，均来自北京市文化和旅游局的北京非物质文化遗产符号项目。该项目利用非遗资源开展文创设计、丰富传播手段、促进广泛传播，将北京非遗资源所承载的中华优秀传统文化提炼展示出来，通过传统文化的当代表达，推动非遗与当代生活产生视觉连接。这一系列符号不仅代表着北京非遗深厚的历史文化底蕴，也为非遗保护单位提供了文创更新的基础，引导与支持非遗保护单位在新国潮、新消费、新国货的浪潮中获得新的发展动力。

非遗项目识别图标，目前已针对天坛神乐署中和韶乐、金漆镶嵌、通州运河龙灯、京韵大鼓、景泰蓝等项目进行高度提炼，同时注重人、物、场景的组合，设计出适合当下

传播语境的非遗识别图标。

另悉,2023年北京已出台《北京市关于进一步加强非物质文化遗产保护工作的实施意见》,并印发《北京市级非物质文化遗产代表性传承人认定与管理办法》,非遗传承保护工作稳步推进。

(资料来源:文旅北京)

结合案例,请回答以下问题:

1. 北京非遗的统一形象标识有什么特点?北京为什么要设计系列化非遗传播视觉系统?

2. 在非遗技艺的传承中,传统技艺与现代设计如何相互融合?

3. 目前,北京非遗技艺保护面临的主要挑战是什么?应该如何应对这些挑战?

第四章
京华览胜：历史遗存与时代新篇

知识目标
1. 了解北京的皇家宫殿、皇家园林、皇家坛庙、皇家陵寝、清代王府、长城、大运河等历史文化遗存的历史背景和文化内涵。
2. 了解北京现代景点的类型、发展及其对城市旅游和文化产业的贡献。
3. 掌握北京主要历史文化遗存的重要特点和价值。

能力目标
1. 培养学生对历史文化遗存的观察和分析能力。
2. 提高学生对不同类型景点的鉴赏和评价能力。
3. 培养学生的文化保护意识和旅游规划能力。

德育目标
1. 增强学生对中国传统文化的认同感和自豪感，培养文化自信。
2. 引导学生树立正确的历史观和文化观，尊重和保护历史文化遗产。
3. 培养学生的爱国主义情感，弘扬中华民族的精神风貌。

知识导图

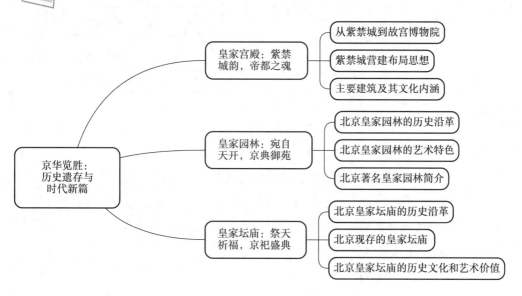

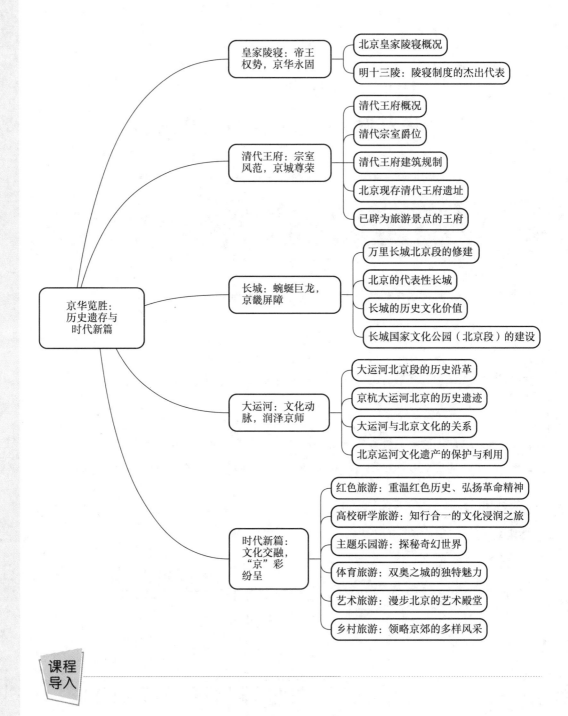

课程导入

北京园林中的古韵新意

北京致力于打造历史文化"金名片"。作为以皇家园林为代表的北京园林，在中国乃至世界园林中独树一帜，浓缩中华传统文化精华于曼妙景观中。它们承载着传统文化和北京记忆的同时，不断丰富着文化元素，在继承中发展，向游客展示着古韵新意。

先要提及的是皇家园林之首——颐和园。2004年,颐和园耕织图景区进行重修复建,使乾隆盛世时期皇家耕织文化的园林式建筑得以呈现,使颐和园的文化内涵更加完整。这里桑柳夹岸、烟波浩渺,亭台楼榭、曲径通幽,让人流连忘返。

在这里,人们可以感受到乾隆御制诗《题耕织图》中的意境——堤界湖过桑苎桥,水村迎面趣清超。润含植稻连农舍,响讶缫丝答客桡。柳岸风前朝爽度,石矶雨后涨痕消。分明一段江南景,安福舻中引兴遥。

据说,乾隆帝收录和翻刻了南宋画家楼璹的作品《耕织图》,并在现实中将画中美景复原,把关系到国计民生的衣食之本,用艺术与现实相结合的手法镶嵌在绚丽的湖光山色中。而颐和园对于耕织图景区的复建,亦有着积极的现实意义,民生为本的思想在当下得到一如既往的推崇与尊重。

北京园林中的古韵新意不仅体现在景观风貌的复建中,还有对于有声文化的挖掘和传播,天坛神乐署就是其中的代表。这里在经历了百余年的破坏之后,破败不堪,仅有部分主体建筑保留。令人欣慰的是,神乐署于2004年得以重修完成并向公众开放,向世人展示了神乐署的历史、乐律词曲、琴瑟乐器、舞蹈服饰。更重要的是,神乐署使皇家宫廷雅乐、祭祀音乐得以重见天日,让今人一饱耳福,感受明清两朝最高礼乐学府的魅力。

天坛公园对于"中和韶乐"等有声文化的传播开启了新的篇章。不仅有乐队可以演奏中和韶乐,同时创新演绎曲目,丰富市民日常文化生活。不止于此,2014年,在中法建交50周年之际,天坛神乐署雅乐团应邀赴法国卢瓦尔河谷丽芙城堡演出了"天坛神乐之旅——中国宫廷音乐会",将中国悠久的礼乐文化带进法国,这是天坛礼乐文化首次走出国门。2018年2月,天坛神乐署雅乐团在被誉为"欧洲最美广场"的布鲁塞尔大广场上展演中国皇家祭祀礼乐"中和韶乐"。天坛公园成为传播中华文化的使者,致力于中和韶乐的传承和推广工作,使其在世界舞台上得到更广泛的传播。

在新时期大放异彩的不止于皇家园林文化,还有寺庙文化。2017年,经过5年修缮,位于香山公园内的香山寺景区试开放。香山寺古称大永安寺、甘露寺等,坐落于香山静宜园南隅,是香山静宜园二十八景之一,乾隆皇帝赐名"香山大永安禅寺"。香山寺堪称中国古典禅寺与山地园林的完璧之作,它的历史价值、艺术价值、美学价值、人文价值在国内实属罕见。史料记载,香山寺始建于唐代,历经辽、金、元、明历朝经营,至清乾隆时期达到鼎盛,后于1860年废毁。如今,香山寺的复建使人们有幸一睹融自然景观和园林景观于一体的皇家庙宇的风采。

作为遗承北京古都风貌的复建景观不止于以上所述,如玉渊潭湿地已恢复景观并对外开放,景山公园寿皇殿复建工程完工。北京园林古韵新意,除了体现在景观复建上,同时也通过文化创意产品研发、园林科普活动开展、群众文化活动建设及重大节日文化活动的宣传策划和展示,使承载着古都风韵、蕴含着千年历史文化的北京园林焕发出新的生机,融入百姓日常生活,并在社会发展进程中彰显着自己的荣耀与价值。

(资料来源:梵雁平《北京园林中的古韵新意》,北京纪事杂志社公众号,2023年3月15日,内容有删减)

北京,作为中国的首都,拥有着悠久的历史和丰富的文化遗产。在这座城市中,众多的历史文化遗存见证了其辉煌的过去,也展现了中华民族的智慧和创造力。这些遗存不仅是北京的骄傲,更是全人类共同的宝贵财富。

让我们一起走近北京的历史文化遗存,去感受这座城市的魅力吧!

第一节　皇家宫殿:紫禁城韵,帝都之魂

宫殿建筑是皇帝为了巩固自己的统治,突出皇权的威严,满足物质生活和精神生活享受而建造的规模巨大、气势雄伟的建筑物。皇家宫殿以其巍峨壮丽的气势、宏大的规模和严谨规整的空间格局,显示帝王的权威,给人以强烈的震撼。

故宫博物院作为中国明清两代的皇家宫殿,具有极高的历史文化价值。它不仅见证了皇帝的宫廷生活和政治历史,还展现了中国古代的高超工艺和艺术水平,蕴含着丰富的传统文化。它不仅是中国古代宫殿建筑的典范,更是中华文化的重要载体。故宫的每一块砖瓦,每一幅画卷,每一件文物,都凝聚着古人的智慧和创造力,是中华文明的无价之宝。在故宫,人们可以深刻感受到中华文化的博大精深,领略到中国历史、文化和艺术的无穷魅力。

一、从紫禁城到故宫博物院

故宫博物院旧称紫禁城,是中国明清两代的皇家宫殿,位于北京中轴线的中心,始建于明永乐四年(1406年),以南京故宫为蓝本营建,到永乐十八年(1420年)建成。故宫博物院成立于1925年,1961年被列为第一批全国重点文物保护单位,1987年被列为世界文化遗产。

紫禁城南北长961米,东西宽753米,四面围有高10米的城墙,城外有宽52米的护城河,真可谓有金城汤池之固。紫禁城有四座城门,南面为午门,北面为神武门,东面为东华门,西面为西华门。城墙的四角,各有一座风姿绰约的角楼(见图4-1),民间有"九梁十八柱七十二条脊"之说,形容其结构的复杂。紫禁城内的建筑分为外朝和内廷两部分。外朝的中心为太和殿、中和殿、保和殿,统称三大殿,是国家举行大典礼的地

音频链接

《故宫》

知识链接

紫禁城名称的由来

方。三大殿左右两翼辅以文华殿、武英殿两组建筑。内廷的中心是乾清宫、交泰殿、坤宁宫,统称后三宫,是皇帝和皇后居住的正宫。其后为御花园。后三宫两侧排列着东、西六宫,是后妃们居住休息的地方。东六宫东侧是天穹宝殿等建筑,西六宫西侧是中正殿等建筑。外朝、内廷之外还有外东路、外西路两部分建筑。

图 4-1　故宫角楼

紫禁城宫殿,作为封建统治的至高象征,是封建礼制在建筑中的直接体现。从整体的规划布局,到建筑规制与装饰陈设,无不彰显着封建等级制度的森严。紫禁城整体建筑布局规整严谨、浑然天成,尽显中国古代建筑的卓越水平。建筑材料华丽考究,整体构筑雍容华贵,代表了中国古代建筑艺术的最高成就。

故宫博物院既是明清故宫(紫禁城)建筑群与宫廷史迹的保护管理机构,也是以明清皇室旧藏文物为基础的中国古代文化艺术品的收藏、研究和展示机构。故宫博物院馆藏文物体系完备、涵盖古今、品质精良、品类丰富。现有藏品总量已达180余万件(套),以明清宫廷文物类藏品、古建类藏品、图书类藏品为主。藏品分25种大类别,其中一级藏品8000余件(套),堪称文化的宝库。

二、紫禁城营建布局思想

"礼"是贯穿中国传统文化的核心思想,"夫礼,天之经也,地之义也,民之行也"。紫禁城宫殿作为古代建筑文化集大成的载体,无论其位置、布局还是建筑单体的规模、形制、色彩乃至装饰等方面,都鲜明地体现着"礼"文化的渗透。高度集权、四方俯首的皇权威严都反映在其中,形成了既和谐流畅又独具匠心的建筑格局。

紫禁城宫殿建筑全景模型如图4-2所示。

图4-2 紫禁城宫殿建筑全景模型

（一）中轴对称

紫禁城建筑在北京城的中轴线上，南北取直，左右相对。为了表现君权受命于天和以皇权为核心的等级观念，紫禁城建筑采用严格的中轴对称的布局方式，主要建筑依次排列于中轴线上，次要建筑有序地排布在中轴线两侧，总体上呈现出均衡而不失变化的院落式对称分布，这是中国儒家思想影响下"中庸"与"均衡"的结果，也是中国一直以来"和为贵"价值观的一种体现。同时，中轴线上的建筑高大、华丽，轴线两侧的建筑低小、简单，这种明显的反差也体现了皇权的至高无上，中轴线纵长深远，更显示了帝王宫殿的尊严华贵。不仅如此，这条中轴线还是整个北京城的中轴线，北京城内的所有重要建筑都沿着这条轴线建设，这样就使紫禁城居于北京城的中心，突出了"王者居中""尊卑有序"等封建礼制原则。

（二）前朝后寝

紫禁城建筑依据其布局与功用分为"外朝"与"内廷"两部分，中间以乾清门前的横街为界。"前朝"即外朝，外朝以太和殿、中和殿、保和殿三大殿为中心，是皇帝行使权力、举行盛典的地方，建筑气势雄伟、体量宏大；"后寝"即后廷或内廷，以乾清宫、交泰殿、坤宁宫为中心，在它们的东西两侧各有六个宫院相连，被称为"三宫六院"，是皇帝与后妃居住、休闲之所，建筑布局严整紧凑、样式多变、装修华丽，反映了皇家奢华而严谨的建筑特点。

（三）左祖右社

紫禁城的祖庙是帝王祭祀祖先的地方，因为是天子的祖庙，故也称太庙。土地与粮食是国之根基,有粮则安,所以在宫殿右前方设社稷坛,为"右社"。社为土地,稷为粮食,是帝王祭祀土地神、谷物神的地方。清代以左为尊、以东为上,所以左在前,右在后。如今,故宫博物院左前方的劳动人民文化宫即明清时期的太庙;右前方的中山公园则是明清时期的社稷坛。

(四)三朝五门

三朝五门是从周代开始沿袭的一种古老的宫室布局制度,为宫殿建筑群的门殿布局,用五道门将皇宫分为三个不同的行政区域。

《周礼》规定,天子五门,诸侯三门,象征着尊崇礼序;天子及诸侯皆有三朝,分别是外朝、治朝、燕朝。

五门是指在举行大型朝事活动的宫殿庭院前,沿中轴线以五道门及辅助建筑构成四座庭院,作为其前导空间。东汉郑玄注《礼记·明堂位》曰:"天子五门,皋、库、雉、应、路",即天子所居宫殿有五座最重要的门,分别为皋门(皇宫最外层的大门)、库门(皇宫仓库之门)、雉门(皇宫的宫门)、应门(治朝之门,取君王应天之命而为人君之意)、路门(燕朝之门,门内即为天子及妃嫔燕居之所)。诸侯仅有三门,没有库门和雉门。紫禁城的"五门"在明清时期略有不同,明代由外而内依次为大明门(皇城的正南门)、承天门(皇城门,今天安门)、端门(宫城的正门)、午门(宫门)和太和门(朝门);清代的五门是天安门、端门、午门、太和门和乾清门。

根据典章制度,"三朝"是根据帝王朝事活动内容的不同,分别在三处不同规模的殿堂内举行,从内而外分成外朝、治朝和燕朝,外朝是商议国事、公布法令、举行大典的场所,位于皋门之内、库门之外;治朝是用于君王日常朝会治事、处理诸臣奏章的场所,位于路门之外、应门之内;燕朝是君王接见臣下、与群臣议事及举行册命、宴饮活动之处,位于路门之内。

三、主要建筑及其文化内涵

故宫博物院从午门到神武门形成一条贯通南北的中轴线,主要建筑都集中在中轴线上,并按照使用功能分区,根据不同的等级安排建筑的体量和空间,即建筑物的等级越高则规模越大,装饰等就越豪华。这样做的目的是体现皇权的至高无上和等级分明的封建礼制。这里主要选取中轴线上的主要建筑及装饰陈设进行阐述。

(一)午门

午门是紫禁城的正门,位于紫禁城的南北轴线上。由于其居中向阳,位当子午,所以名为午门(见图4-3)。午门建成于明永乐十八年(1420年),清顺治四年(1647年)重修,清嘉庆六年(1801年)再度重修。

图4-3　午门

午门也叫五凤楼，平面呈"凹"字形。午门上有五座城楼，城楼上设有钟鼓。城台正中有三个大门，左右各有一个掖门，形成"明三暗五"的格局。午门分上下两部分，下为墩台，高12米，墩台上正中建筑门楼一座，面阔9间，进深5间，屋顶为重檐庑殿顶。门楼两侧为廊庑，廊庑两端立重檐攒尖顶方亭各一座。正楼两侧有钟鼓亭各3间，每遇皇帝亲临天坛、地坛祭祀则钟鼓齐鸣，到太庙祭祀则击鼓。

午门因其两翼的掖门犹如大雁展翅，故又称雁翅楼。墩台两侧设上下城台的马道。它的布局、结构和形制，体现着中国人对神圣庄严的理解。午门中门为皇帝专用，例外的情况仅有两种：皇帝大婚时，皇后乘坐的喜轿可以从中门进宫；通过殿试选拔的状元、榜眼、探花，在宣布殿试结果后可从中门出宫，跨马游街，以示荣耀。午门东掖门供文武官员出入，西掖门供宗室王公出入。两座掖门只在举行大型活动时开启。

每年的农历十月初一，皇帝要在午门举行盛大的颁朔典礼，颁布下一年的历书。另外，明清两朝凡是遇到战争胜利，都要在午门的广场前举行献俘礼。每年的正月十五元宵节，午门张灯结彩，放灯三天，老百姓可以来参观，体现皇帝与民同乐。民间传说中所谓"推出午门斩首"中的午门正是这里，但把如此重要的皇宫正门作为杀人刑场是不可能的，此为民间讹传。

（二）太和殿

1. 基本概况

太和殿，俗称金銮殿，位于紫禁城南北主轴线的显要位置，始建于明永乐四年（1406年），原名奉天殿。明嘉靖四十一年（1562年）改称皇极殿，清顺治二年（1645年）改今名。建成后屡遭焚毁，多次重建，今殿为清康熙三十四年（1695年）重建后的形制。

太和殿在明清两代是举行国家大典的场所。每逢元旦、冬至、万寿（皇帝生日）三

其实午门不"斩首"

大节及皇帝登基、大婚、册立皇后、派将出征、金殿传胪等重大活动,都要在太和殿举行隆重的典礼。

太和殿广场如图4-4所示。

图4-4　太和殿广场

2. 建筑特点

太和殿面阔11间,进深5间,高26.92米,连同台基通高35.05米,建筑总面积2377平方米,为紫禁城内规模最大的殿宇。太和殿装饰有金龙和玺彩画,殿顶为重檐庑殿顶,殿前有宽阔的平台,称为丹陛,俗称月台,月台上陈设日晷、嘉量各一,铜龟、铜鹤各一对,铜鼎18座。殿下为高8.13米的3层汉白玉石雕基座,周围环以栏杆。栏杆下安有排水用的石雕龙头,每逢雨季,可呈现"千龙吐水"的奇观。

3. 主要装饰陈设

1) 脊兽

太和殿为重檐庑殿顶,正脊上两头的琉璃构件叫大吻,也叫正吻、龙吻。因为木结构建筑最怕火灾,因此大吻放于此有镇火之意,传说这种动物能激浪降雨以压火。其实,它的实际功能是连接正脊和垂脊,以防风雨侵蚀。太和殿的大吻高3.4米,宽2.68米,厚0.52米,重约4.3吨,由13块琉璃构件组成。太和殿殿顶四面坡的筒子瓦上镶有琉璃帽钉两排。然而,对于太和殿,连"九"都不足以表达其尊贵,因此,在它的屋顶上出现了10个走兽,在中国所有古建筑中仅此一例。它们分别是龙、凤、狮子、海马、天马、押鱼、狻猊、獬豸、斗牛、行什,脊兽前是骑凤仙人。

脊兽和帽钉既有装饰性也有实用性,它们起着固定屋顶琉璃瓦的作用。骑凤仙人在每个飞檐上都有,但脊兽的数量却依建筑物的等级高低各异,需减少时,从队尾依次递减,不能打乱顺序,采用数量从1至9,均取奇数。例如:养心门1个;紫禁城角楼3个;

储秀宫5个；中和殿7个；保和殿9个；天安门9个。10种脊兽俱全的只有太和殿（见图4-5），可见其等级是至高无上的。

图4-5　太和殿屋檐脊兽

2）柱子

太和殿的殿内共有72根柱子，其中中间最大的6根被称为沥粉贴金蟠龙柱，66根大红漆柱分布两侧。沥粉贴金是我国古代高超的工艺。首先混合膏状物质，灌到有导管的皮囊中，在柱子的地仗上作画，然后将加工好的金箔贴在涂桐油的柱子表面。

3）藻井

藻井又称天井、龙井等。太和殿天花板的正中是蟠龙藻井，上圆下方，有天圆地方之意。中间为蟠龙口衔一球，此球据传为黄帝所制，称为轩辕镜，寓意皇帝的正统性。

藻井的设置主要是起烘托帝王尊严的作用。除太和殿之外，紫禁城中的重要建筑如乾清宫、养心殿内皆设藻井。民间许多重要的寺院也设有藻井，来表现对神佛的虔诚。此外，放置藻井还有着镇火之意。

4）金砖

金砖并不是用黄金制成的，而是专门为皇宫烧造的细料方砖，产自苏州。这种砖质地细密，烧成之后达到"敲之有声，断之无孔"的效果，故名。金砖表面为淡黑色，油润、光亮、不涩不滑。

因为苏州地区的土质细腻、可塑性强，是上等的制砖原料，而且苏州地理位置优越，地处大运河畔，运输便利，故成为金砖的主要生产地。

太和殿内地面共铺二尺（约66.67厘米）见方的金砖4718块。数百年来依然油黑光亮、不滑不涩、隔潮透气、结实保温。

5）吉祥缸

吉祥缸是置于宫殿前盛满清水以防火灾的水缸，常为铜铸。太和殿东西两侧各陈鎏金青铜吉祥缸两口，每口重约2吨。吉祥缸又称"门海"，以喻缸中水似海，可以救火，故被誉为吉祥缸。故宫里的吉祥缸，除了防火，也有一定的装饰作用。古时冬天都要在缸外套上棉套，覆上缸盖，下方石座内燃炭，以防冰冻，至天气回暖才会撤火。

6) 铜龟、铜鹤

太和殿前丹陛的东西两侧各有一只龙头龟和一只铜鹤。龟鹤都是祥瑞长寿的动物，摆在这里有万年长寿之意。实际上龟鹤是香炉，龟鹤背上有一块可开启的盖，里面放满香料，在上大朝的时候，作为燃香之用。届时，龟鹤口香烟袅袅，庄严肃穆。

7) 鼎式香炉

太和殿前3层台阶间列鼎式香炉18只，丹陛上6只，以下3层，每层4只。这样设置也有一定的含义，因为清初改明代行政区划15省为18省。陈设18只鼎式香炉的含义是普天之下。鼎式香炉实际上也是香炉，和龟鹤一样，上大朝时鼎内亦放置香料，作为燃香之用。

8) 日晷和嘉量

日晷位于太和殿丹陛东南角。日晷是中国古代的计时器。石座上斜放着一个石圆盘，盘上刻有时刻，中间置一根铜针，与盘面垂直，利用阳光映出的铜针阴影位置来计算当时的时刻。

嘉量位于太和殿丹陛西南角。嘉量是古代的标准量器。主体较大的量器中间有一隔，上部为斛，下部为斗；两旁有两小耳，其中一耳为升，另一耳上部为合，下部为龠。今太和殿前的这座嘉量制作于乾隆九年（1744年），与其一同制作的还有一件圆形嘉量，陈设于乾清宫丹陛之上。

（三）中和殿

1. 建筑规制

中和殿位于太和殿和保和殿之间，从平面看是方形，殿顶为单檐四角攒尖顶，中央最高处安放着镀金的圆形宝顶。殿内沥粉贴金，云龙纹天花彩画，内外檐为金龙和玺彩画。四面各三开间，南北三出陛，东西一出陛。周围出廊，建筑面积约为580平方米。

中和殿和保和殿见图4-6。

2. 用途

(1) 凡遇三大节举行庆典前，皇帝先于中和殿升座，内阁、内大臣、都察院、翰林院、詹事府各堂官及侍卫执事人员向皇帝行礼。皇帝在此休息片刻，然后去太和殿举行仪式。

(2) 如遇皇帝亲自参加天、地、日、月四坛和太庙祭祀之前，也必须在前一天到中和殿阅视祝版，以示对这些祭祀活动的重视。

(3) 每年春分皇帝到先农坛举行亲耕礼的前一天，要到中和殿检查农具和种子准备的情况。

知识链接

为什么要在太和殿前摆放日晷和嘉量？

图4-6 中和殿和保和殿

（4）中和殿还有一个重要的作用就是验看玉牒。玉牒是皇帝家族之谱册,每十年修订一次,以帝系为统,长幼为序,存者朱书,死者墨书。

3. 殿内陈设

中和殿设宝座,宝座后有屏风,旁置甪端、铜熏炉、皇帝坐的轿子。

（1）甪端：陈设在宝座左右两侧的两只金质四腿独角异兽。它们并非现实世界的生物形象,而是想象中的一种神异之兽,传说日行一万八千里,通晓四方语言,深谙远方之事。它虽为烧檀香所用,但因其有神兽之形,放在皇帝宝座两旁,更寓意君主圣明。

（2）铜熏炉：放在地平台两侧的铜熏炉,用于生炭火取暖。

（3）皇帝坐的轿子：在宝座两旁,放着两乘轿子,雅名肩舆,是清代皇帝在宫廷内部往来时使用的交通工具。帝后在什么场合乘坐什么轿子都有严格的等级规定,陈设于此的肩舆是皇帝所用的众多轿子中的一种。

（四）保和殿

1. 建筑特点

保和殿是故宫外朝三大殿之一,位于中和殿后,建成于明永乐十八年（1420年）,初名谨身殿,嘉靖时遭火灾,重修后改称建极殿。清顺治二年（1645年）改为保和殿。其建筑特点是殿内南侧减去了一排柱子,使宝座前的空间特别宽敞、明亮,这种建筑方法叫"减柱造"。保和殿面阔九间,进深五间。

保和殿如图4-7所示。

2. 用途

保和殿在清代经常举行宴会。每逢除夕和元宵节,皇帝在此宴请外藩。公主下嫁的宴请活动也在这里举行。

图 4-7　保和殿

清乾隆以后在保和殿举行的最重要的活动,就是进行科举考试中最高等级的考试——殿试。殿试地点在乾隆五十四年(1789年)由太和殿移到保和殿。殿试是封建科举制度最高一级考试,由皇帝亲自命题,指定大臣问卷,皇帝还要亲自阅看前十名的卷子。考取第一名的为状元,第二名叫榜眼,第三名称探花,高中者均被赐予进士及第并委以高官。这样的殿试每三年举行一次,参加者一般须是会试中选者。

3. 云龙石雕

保和殿后阶陛中间设有一块云龙石雕,这是紫禁城中最大的一块石雕,长16.57米,宽3.07米,厚1.7米,重量超过200吨。原为明代雕刻,清代乾隆时期又重新雕刻。图案是9条口戏宝珠的游龙在山崖、海水和流云之中,它们的形象动态十足,生动活泼。

云龙石雕如图4-8所示。

(五)乾清宫

乾清宫是紫禁城内廷的主要建筑,九五开间,重檐庑殿顶,檐脊角兽9个,饰金龙和玺彩画。整个大殿飞金鎏彩,显得雍容华贵。

乾清宫内设宝座,座前为御案,座后为雕龙漆金大屏风,宝座上方悬挂顺治皇帝御笔书写的"正大光明"巨匾。东西有暖阁,设漆金毗卢帽垂花门。

图 4-8　云龙石雕

知识链接

"正大光明"匾背后的故事

乾清宫前丹陛上的陈设与太和殿相似,有日晷和嘉量(圆形)、铜龟、铜鹤,但体积稍小,体现出等级差异。丹陛台下两侧有两座文石台,石台上各设一座鎏金铜亭,称为江山社稷金殿,寓意江山社稷永固不替。

乾清宫是皇帝的寝宫,一直沿用到康熙朝。皇帝日常起居、读书、批阅奏章、处理日常政务均在此。明代宫廷的"壬寅宫变""红丸案""移宫案"都发生在这里。

清代雍正朝后,皇帝移居养心殿,这里成为召见大臣、接见外国使节、举行内廷典礼的场所。逢年过节,皇帝也曾在此举行家宴,历史上著名的"千叟宴"就是在这里举行的。

(六) 交泰殿

交泰殿位于乾清宫与坤宁宫之间,其规制与中和殿相似,平面为正方形,面阔、进深均为3间,单檐四角攒尖顶,大殿覆黄琉璃瓦,上有铜镀金宝顶。殿内外梁枋为龙凤和玺彩画。殿正中设宝座,座后屏风上有乾隆帝所书"交泰殿铭",其上为乾隆帝临摹康熙帝御笔"无为"匾。宝座前左右有皇帝御玺"二十五宝玺"。在交泰殿的两侧,东西两侧各摆放一个中国古代计时器。东为铜壶滴漏,西为大自鸣钟。

知识链接

二十五宝

皇后的生日为千秋节。凡遇到元旦、冬至、千秋节等重大的节日,皇后要在交泰殿接受众嫔妃的朝贺。每年春分,皇帝在亲自耕种之前要去中和殿验看种子和农具,与此同时皇后要在祭祀先蚕前到交泰殿来察阅采桑的工具,与皇帝呼应,体现男耕女织的思想。

(七) 坤宁宫

坤宁宫位于交泰殿后,始建于明永乐年间,重檐庑殿顶,小兽7个,面阔九间,进深三间。东西两侧设有暖阁。明代,坤宁宫是皇后的寝宫。清顺治十二年改建后,为萨满教祭神的主要场所。

第二节 皇家园林:宛自天开,京典御苑

皇家园林是专供皇家休息享乐的园林,也称为苑、园囿、苑囿、宫苑、御苑、御园等。作为中国古代园林艺术的杰出代表,皇家园林不仅承载了深厚的历史文化底蕴,更体现了独特的艺术魅力。它们以精湛的园艺技艺、巧妙的景观布局和丰富的文化内涵,成为中国传统园林艺术的瑰宝。在北京这座历史文化名城中,皇家园林更是占据了举足轻重的地位,成为城市文化的重要象征和特色。

一、北京皇家园林的历史沿革

皇家园林的历史可以追溯到数千年前,随着历史的发展,皇家园林的风格和特点

也不断演变。在北京,皇家园林的建设始于辽金时期,经历了元、明、清等朝代的发展和完善,形成了独特的园林风格和艺术特色。这些园林不仅为皇帝们提供了休闲娱乐的场所,更成为中国古代园林艺术的集中展示的场所。

北京的古典园林与城市发展紧密相连,已有2300多年的历史。古代园林主要以皇家宫苑建设为脉络不断发展,与之相伴的还有坛庙园林、陵园、宅院、寺观园林以及名胜风景区的涌现。金代的中都,是有史以来第一个在北京地区建立的国都,为北京地区园林发展奠定了基础。如香山、玉泉山、莲花池以及金中都皇城西部宫城内园林建设,以及金章宗对"燕京八景"的确定,一直流传至今,并对全国各地"八景"造成影响。元代大都城以大宁宫(今北海琼华岛)为中心,在皇城内形成宏大的园林景区。

明、清两代约500年时间,是北京古都按照宏大而周密的城市规划建设和完善的最后定型期。园林规划建设被成功地组合到城市总体规划中,形成了完整的体系,如今提到的"北京皇家园林"多是这一时期的遗存。其中的皇家园林体系,包括御苑、坛庙和陵寝。紫禁城内有宫廷园林四座;皇城内太庙和社稷坛位于紫禁城左右,景山居其后,北海、中海、南海和前海、后海、西海贯穿南北,形成大片园林水系,与严谨对称的宫殿建筑群互相借景,交相辉映。天、地、日、月四坛分布城市南北东西。城外西山一带规模宏大的"三山五园"风景名胜区、南苑等与北京城遥相呼应。更远一些的郊外有明十三陵和清东、西陵相环卫。本节主要结合皇家园林体系中的皇家御苑进行介绍。

二、北京皇家园林的艺术特色

北京皇家园林是中国古代皇家园林的代表,其特点是规模宏大、建筑华丽、景观丰富、文化底蕴深厚。它们不仅是皇家生活和文化的载体,也是中国古代园林艺术和建筑技术的杰出代表。北京皇家园林是中国古代文化和艺术的珍贵遗产,体现了中国古代的哲学思想、文化传统和艺术审美,具有极高的历史、艺术和文化价值。

(一)书写天下的布局手法——独具皇家气派

宏大的规模是皇家园林皇家气派的突出表现之一。皇家园林的建造都是利用天然山水进行"第二自然"的创造,因此为了突出皇家气派,营建者会对基址原貌进行精心设计,着力将大面积的天然山水纳入园中,将山、水景观的比例、配置、嵌合的关系进行适当的调整,保持并突出自然生态环境的特征,同时将全国的名胜景致融入其中,将自然景观之美、人文景观之胜的意趣再现到园林中。

例如,颐和园以宏大的建筑群和美丽的自然景观展现了皇家的尊贵和威严。园中的万寿山、昆明湖等景观,通过巧妙的布局和精心设计,彰显了皇家的权威和地位。同时,颐和园通过轴线对称、中心突出等手法,形成了一种庄重、大气、稳定的视觉效果。通过巧妙的布局,将山水、建筑、植物等元素融为一体,形成了一幅幅生动的画面,使得整个园林既有层次感,又有动态感,彰显了皇家园林的独特魅力和皇家气派。

颐和园石舫如图4-9所示。

知识链接

北海公园

图 4-9 颐和园石舫

（二）突出建筑的形式美——皇家"大式"与园林"小式"建筑造景

皇家园林的建筑风格往往体现了皇家的审美标准和建筑技艺。皇家"大式"建筑以其雄伟、壮观、气势磅礴而著称，如宫殿、庙宇、楼阁等，这些建筑形式既体现了皇家的权威，也展示了古代建筑艺术的高度成就。而园林"小式"建筑则以其精致、细腻、富有情趣而著称，如亭台、楼阁、小桥、流水等，这些建筑形式既为园林增添了浓厚的艺术氛围，也为游客提供了休息和欣赏美景的场所。皇家"大式"与园林"小式"的有机结合，形成了皇家园林独特的建筑风格和景观效果。例如，颐和园的建筑几乎包罗了中国古典建筑个体的全部形制，如殿、舫、楼、阁、亭、廊、牌楼等，可以说集清代官式建筑之大成，因此颐和园也被称作"皇家园林博物馆"。

颐和园廊如亭如图 4-10 所示。

图 4-10 颐和园廊如亭

（三）兼收并蓄——多元文化的融合

至明清两代，特别是康乾盛世时期，中国的皇家园林设计迎来了一个全新的高峰。皇家园林采用集锦式的园林体系，将国内外各类园林的精华，移植仿建于皇家园囿之中，形成荟萃名园、景象万千的园林景观。这一时期的皇家园林在深入研究中国传统园林文化的同时，也不忘吸收和融合其他文化元素，从而使皇家园林的艺术风格更加丰富多彩。西苑三海、圆明园、颐和园等皇家园林都有这样的特征，其中"万园之园"圆明园尤为突出。

皇家园林追求宏大的气派和"普天之下莫非王土"的意境，形成了"园中园"的格局。经过多次南巡，康乾两帝对江南园林的精湛技艺、诗情画意的景观以及细腻的艺术风格有了深刻的认识。他们将这些元素融入北京皇家园林的设计，如颐和园、圆明园等，都展现了江南园林的精致与韵味，同时都有仿建江南园林的园中之园，例如颐和园中的谐趣园、圆明园中的狮子林等。这种南北园林风格的融合，不仅丰富了北方园林的艺术内涵，也提高了其整体的艺术水平。

此外，北京皇家园林还积极吸纳了儒家文化、道教文化、佛教文化和少数民族文化的元素。这种文化融合使皇家园林在保持传统汉族古典园林特色的同时，也融入了其他民族的文化元素，形成了一种独特而丰富的园林风格。例如颐和园万寿山上的五方阁、众香界和智慧海等众多佛教建筑，圆明园中的方外观的建筑风格充分体现了伊斯兰的文化特色等。

值得一提的是，北京皇家园林也积极吸收和融合了欧洲园林艺术的元素。这种跨文化的交流与融合，为中国传统园林注入了新的活力，使其呈现出更加丰富多彩的艺术风貌。圆明园曾以其宏大的地域规模、杰出的营造技艺、精美的建筑景群、丰富的文化收藏和博大精深的民族文化内涵而享誉于世。该园继承了中国的优秀造园传统，既有宫廷建筑的雍容华贵，又有江南水乡园林的委婉多姿，同时又吸取了欧洲的园林建筑形式。例如，圆明园中的"大水法"和"远瀛观"等建筑，就是模仿了欧洲的喷泉和宫殿。这些建筑采用了欧洲的建筑形式和技术，如拱门、穹顶、雕塑等，形成了具有欧洲风格的园林景观，在整体布局上使人感到和谐完美。

（四）复杂多样的园林寓意——皇家艺术的审美观

园林的景致大多有着君权神授、皇权至尊等寓意，可以说，皇家园林的寓意往往与皇家的统治理念、文化内涵和审美标准紧密相关。一些传统的皇家园林格局在北京皇家园林布局中依然得到坚持，如"一池三山"；借助景观及命名表达某种政治目的的手法也广为运用，如圆明园内的"正大光明""九洲清晏"等。

皇家园林不仅是休闲娱乐的场所，更是文化的载体。园中的建筑、雕塑、碑刻等，都蕴含着深厚的文化内涵和寓意。在园林中，通过巧妙的布局和精心的设计，将各种元素巧妙地融合在一起，形成了一幅幅富有寓意的画面。这些画面不仅展示了皇家的权威和地位，还体现了皇家对自然、人生和社会的思考和追求。同时，皇家园林还通过植物、建筑、山石、碑刻等元素，表达了皇家对美、善、真的追求和向往。这种复杂多样的园林寓意体现了皇家艺术的审美观和价值观。

三、北京著名皇家园林简介

北京皇家园林大多建于明清时期，是当时皇帝们休闲娱乐、处理政务的地方。它们通常占地面积广阔，建筑精美，融合了中国传统文化、建筑、园艺等多种元素，展现出独特的艺术魅力。其中以颐和园、圆明园、景山公园等为代表，这些园林各具特色，有的以山水景观为主，有的以建筑布局见长，还有的以花卉植物闻名。

（一）颐和园：寓意福山寿海的人间仙境

清乾隆十五年（1750年），为庆贺生母的六十寿辰，乾隆皇帝在北京西郊的瓮山和西湖兴建皇家园林，将瓮山更名为"万寿山"，取"万寿无疆"之意；将西湖更名为"昆明湖"，并在园内仿建多处江南美景，由此建成清漪园，即颐和园的前身。

清光绪十二年（1886年），慈禧为造养老之所，决定重修在第二次鸦片战争中受到重创的清漪园。清光绪十四年（1888年），光绪皇帝下旨将清漪园更名为颐和园，作为太后"颐养冲和"之地。

颐和园位于北京城西北，圆明园之西，玉泉山之东，全园面积约3平方千米，万寿山、昆明湖构成其基本框架，水面约占四分之三，是一座山水结合、以水为主的自然山水园，乾隆十五年（1750年）开始建设，至二十九年（1764年）完工。北部万寿山山形呈一峰独耸之势，在山上集中建造了大量的点景建筑；南面为昆明湖，形成开阔的山前观赏范围。

颐和园集传统造园艺术之大成，借周围的山水之景，既有皇家园林恢宏富丽的气势，又充满了自然之趣，高度体现了"虽由人作，宛自天开"的造园准则。园中主要景点大致分为三个区域：以庄重威严的仁寿殿为代表的政治活动区，是清代末期慈禧与光绪从事内政、外交政治活动的主要场所；以乐寿堂、玉澜堂、宜芸馆等庭院为代表的生活区，是慈禧、光绪及后妃居住的地方；以长廊沿线、后山、西区组成的广大区域，是供帝后们澄怀散志、休闲娱乐的苑园游览区。

颐和园中的佛香阁见图4-11。

万寿山属燕山余脉，高58.59米。建筑群依山而筑，从山脚的"云辉玉宇"牌楼，经排云门、二宫门、排云殿、德辉殿、佛香阁，直至山顶的智慧海，形成了一条层层上升的中轴线。万寿山前山，以八面三层四重檐的佛香阁为中心，组成巨大的主体建筑群。后山有宏丽的四大部洲佛教建筑和屹立于树丛中的多宝琉璃塔。后山山脚下后湖和苏州河环绕，苏州河岸边是历史上鼎鼎有名的"皇家买卖街"——苏州街。这是一条仿江南水乡苏州而建的买卖街，是专供清代皇帝逛市游览的一条水街。昆明湖被西堤及其支堤划分为三个大小不等的水域，每个水域各有一个湖心岛，自东向西分别为南湖岛、藻鉴堂、治镜阁。南湖岛是最大的湖心岛，将之与堤岸相连的是十七孔桥。西堤上还有仿杭州西湖苏堤而建的六座桥，从北向南依次为界湖桥、豳风桥、玉带桥、镜桥、练桥和柳桥。六座桥形态各异，各有其美。

颐和园中以万寿山、昆明湖为主体的框架象征"福海寿山"。光绪十二年（1886年），光绪帝重修颐和园时，在大体承袭清漪园规划设计的基础上增加园居、理政和祝寿功能，进一步强化"福寿"的烙印，中华文明独有的福寿文化成为支撑这座古老园林文化的根脉。

作为皇家园林，颐和园构建了"一池三山"的人间仙境。昆明湖是清代皇家园林中最大的湖泊，碧波荡漾的昆明湖平铺在万寿山南麓，约占整个颐和园的四分之三。湖中蜿蜒曲折的西堤自西北向南，犹如一条翠绿的飘带，萦绕南北，横绝天汉，堤上六桥，婀娜多姿，形态各异。

图 4-11　颐和园中的佛香阁

知识链接

"一池三山"——历代皇家园林的营造艺术

（二）圆明园：一切造园艺术的典范

圆明园由圆明园、长春园和绮春园三园组成，三园统称为圆明园。圆明园始建于康熙末年，历经雍正、乾隆、嘉庆、道光、咸丰朝，每一朝皇帝都对其进行了修建、扩建、翻新，是几代人智慧和审美的集中体现。

在150余年的漫长历史中，圆明园经过历代帝王的修缮和建设，融汇江南、塞北和欧洲的园林艺术于一园，成为集中外园林建筑之经典大成的艺术瑰宝。在圆明园存世的时期，堪称是"一切造园艺术的典范"，故而圆明园又称"万园之园"。

绮春园也称万春园，位于圆明园和长春园以南，始建于康熙末年，曾是怡亲王允祥赐邸，后改赐大学士傅恒，易名"春和园"。乾隆三十五年（1770年）归入御园，定名"绮春园"。"绮"为绮丽、美丽之意。"绮春"，即像春天一样美丽。

正觉寺是圆明园中唯一一组保存至今的建筑，之所以能免于遭受庚申之劫、庚子之役，是因为其地理位置的特殊性——独处绮春园墙外。正觉寺属藏传佛教寺院，又被称为"喇嘛庙"。

圆明三园中的长春园最北部有一处欧式风格的园林，俗称"西洋楼"。西洋楼建筑群始建于清代乾隆十二年（1747年），乾隆二十五年（1760年）前后基本建成，包括西式建筑、大型喷泉、若干小喷泉以及园林小品等，沿着北墙呈带状分布。由谐奇趣、万花阵、养雀笼、方外观、五竹亭、海晏堂、远瀛观、大水法、观水法、线法山、方河等10余个景观组成，总面积约8万平方米。在长春园北部修建欧洲风格建筑，是中国建筑史上第一次成功尝试,将西方的建筑之美与东方的含蓄美相互交融,使长春园成为第一座中西合璧的皇家园林。

圆明园西洋楼遗址如图4-12所示。

图4-12 圆明园西洋楼遗址

圆明园以水为主题,以水景取胜,既有广阔平静的湖面,又有狭窄湍急的溪流。圆明园主要由两大区域构成:福海景区、后湖景区。福海是园中最大的水面,取"福如东海"之意,是当时皇家御园的水上游乐中心。整个湖区,湖光山色,优美如仙境。福海取材于神话传说中的仙境,按照徐福渡海求仙的寓意,取名福海。海的中央有三个以桥梁连在一起的大小不同的方形岛。现在的福海景区经过多次修缮已经成为一处山水园林佳境。在福海看晚霞落日是一种美妙的体验。福海四周有众多的小水面回环萦绕,配以叠石堆山、聚土成岗,形成近百处层层叠叠、山复水转的自然空间,宛若天成。后湖景区在福海西部,环绕后湖构筑有九个小岛,是全国疆域"九州"之象征,各岛的园景各有特色,又彼此相借成景。

(三)北海公园:中国最早的皇家园林

北海公园位于北京市的中心,景山西侧,故宫的西北,是我国现存较悠久、保存较完整的皇家园林之一。

从历史沿革看,北海公园肇建于金代大定年间,兴于元明,清乾隆朝又大规模扩建,从而奠定了北海的整体格局及建置规模。北海公园历经金、元、明、清几个朝代,一直是封建帝王及皇室成员游幸驻跸、处理政务及祭祀的独家御用宫室,直到中国最后一个封建王朝灭亡后,于1925年8月1日才开辟为对社会民众开放的公园。在800余年漫长的历史更迭中,北海公园有很多著名的园林古建及其山水格局,成为中国皇家园林的典范。

北海公园如图4-13所示。

图4-13 北海公园

北海公园的主要景点由三部分组成：南部以团城为主要景区；中部以琼华岛上的永安寺、白塔、悦心殿等为主要景点；北部则以五龙亭、小西天、静心斋为重点。

北海公园既是一座封建王朝的著名皇家园林，同时又是一座驰名中外的典型中国自然山水式园林。北海公园的每一个景区都不大，但非常精致，尽显儒释道寓意，人文含义深奥，是乾隆皇帝"每取其意而成景"的造景立意特点的体现。在造园体系上，北海同中海、南海一脉相连，遵循了中国古典园林"一池三山"的规制。北海公园占地面积68.2公顷，其中水面38.9公顷。全园以琼岛为中心，四面湖水环抱，周围陆地围绕，具有代表性的白塔居于山巅。园林布局巧妙，景致协调；殿宇威严，金碧辉煌；古树名木，枝繁叶茂；叠石岩洞，浑然精巧；文物精美，绝伦独到；名人轶事，世代流芳；文化荟萃，内涵深奥；虽由人做，宛自天开。正因为北海公园具有悠久的历史、极高的文物价值，以及丰富的文化底蕴，1961年被国务院公布为第一批全国重点文物保护单位，1992年又被北京市政府评定为北京旅游之最——"世界上建园最早的皇城御苑"。

（四）景山公园——京华览胜第一处

景山公园位于北京城南北中轴线中心点上，南依故宫，西靠北海，北与鼓楼遥遥相望。景山是元、明、清三代的皇宫后苑，历史上多次更名，曾被称为青山、万岁山、镇山、煤山等。它是我国历史较悠久、建筑等级较高的宫苑园林之一。"景山"之名出自清顺治十二年，"景"为高大之意。虽说仅四十多米的景山算不上高山，但它却是北京古老中轴线的最高处，是俯瞰故宫全景与北京中轴线的最佳观赏区，被中国古建筑学家罗哲文誉为"京华览胜第一处"。

景山上五亭横列，自东向西依次为周赏亭、观妙亭、万春亭、辑芳亭、富览亭。中峰万春亭坐落于北京城中轴线制高点，尽享天时地利，登临其上，可俯瞰故宫全景，一览京城轴线，领略整齐对称的布局神韵，品读气势恢宏的宫廷建筑。

景山如图4-14所示。

图4-14　景山

绮望楼位于公园前山脚下，坐北朝南，背负高山，分为上下两层，楼前建有三出陛月台，四周有汉白玉石栏杆。"崇祯自缢处"位于景山东坡。相传明朝最后一个皇帝——崇祯帝朱由检就是在这里自缢的，当年的老槐树已不复存在，目前景区内的槐树是1996年公园从东城区建国门内移植至此的，槐树旁矗立着"明思宗殉国处碑"与"明思宗殉国三百年纪念碑"。景山公园曾是清皇室祭祖追思的重要场所，公园北部区域保存着清乾隆时期的寿皇殿建筑群、观德殿建筑群及关帝庙（护国忠义庙）等文物古迹，这里曾是明清帝后祭祖追思、练习骑射、祭拜武圣的重要场所。

景山公园内古树参天，山峰独秀，殿宇巍峨，文化活动丰富。公园内种植着大量古树名木，公园后山东侧的虬龙柏、永思殿前的母子槐、关帝庙前的二将军柏是公园著名的人文景观。园内还种植着大量牡丹、芍药，牡丹种植历史最早可追溯至元代，现在园内汇集了名优牡丹500余种，春季牡丹盛开，松柏碧绿，交相辉映，成为京城著名景观。

第三节　皇家坛庙：祭天祈福，京祀盛典

在悠久而厚重的中国古代文明史中，坛庙祭祀作为传统礼制的关键组成部分，始终是一种极其重要的文化现象。坛庙文化是中国传统文化的重要组成部分，是指在中国古代，其载体包括人们为了祭祀天地、日月、山川、祖先、社稷等而建造的坛庙建筑和举行的祭祀活动。坛庙建筑是中国古代都城建设中极其重要的组成部分。台而不屋为坛，设屋而祭为庙。时至今日，包括西安、洛阳、开封、南京、杭州等古都在内，曾经辉

煌一时的坛庙建筑绝大多数都已消失殆尽,唯有北京还较为完好地保存着明清时期的恢宏坛庙。可以说,北京是世界上保存坛庙建筑数量最多、体系最完整的古都,坛庙建筑造就了北京城特有的文化内涵,为今日北京留下了丰厚的文化遗产和历史记忆。

一、北京皇家坛庙的历史沿革

纵观中国古代帝都坛庙的发展,其布局随都城位置的变化而变化,总体格局大致以周礼所确立的"左祖右社"和"四郊分祀"为原则。北京作为历经辽、金、元、明、清的五朝古都,坛庙布局也经历了不断的变迁。至明清两代,因都城位置得以固定,故其坛庙布局也就被基本完好地保留了下来。

北京坛庙的历史可以追溯到周初"召公封燕"、武王"封黄帝之后于蓟"时,北京地区就按礼制要求,修筑了各类用于祭祀的地方坛庙。明代是北京坛庙变化与成型的关键时期。明永乐年间,明成祖朱棣一方面在北京大建皇宫,同时仿照南京形制,修筑各种礼制建筑。《明实录》有记,"凡庙社、郊祀、坛场、宫殿、门阙,规制悉如南京,而高敞壮丽过之",奉祀天地、日月、山川、祖先、社稷的坛庙,逐渐在北京建成。

明代的坛庙建筑进一步得到完善,逐渐形成完整的国家祭祀体系,并一直沿用到嘉靖朝初年。此后,世宗以"大礼仪"之争,复古礼,又大兴土木,试图重塑京师坛庙,北京坛庙文化随之出现重大变化。嘉靖九年(1530年)正月,世宗接受给事中夏言的建议,决定恢复天地分祀之制。遂在城北新建方泽坛,南郊圜丘、东郊朝日、西郊夕月三坛亦同时开工。随后将南郊圜丘更名为天坛,北郊方泽坛改称地坛,闻名后世的天、地、日、月四郊坛由此形成。经过嘉靖朝的一系列改制,北京坛庙较永乐年间有了很大的变化,形成了左祖右社、四郊分祀、先农、祈谷并举的新格局,从而奠定了今日北京坛庙格局的基础。

清代沿用明制,仍将嘉靖朝的坛庙制度引为成法遵行。清初的顺治、康熙、雍正三朝基本上沿袭了明代的坛庙,只是在礼仪上更加严格、隆重。乾隆皇帝继位后,国库丰盈,政治安定,有能力再次大规模修建、扩建坛庙建筑,以及致力于各种礼制的建设。乾隆时期,各坛得以拓展、改建,以示进取图新之意。以天坛为例,其修缮工程规模之大、历时之久、耗资之巨、变化之繁,几与重建无异。其中包括改建圜丘、改建大享殿、重建皇穹宇等兴建工程。修缮后的天坛,整个建筑群焕然一新,蔚为壮观。其余各坛,除将安定门外的先蚕坛移建至西苑内,其他均进行全面整修,或拓展坛制,或更新瓦色,或修筑墙垣,并补植树木,或增其设施,使祭坛殿台愈加肃穆庄严。

清朝灭亡后,北京多数坛庙相继辟为公园,成为大众游览观瞻的场所。中华人民共和国成立以后,坛庙得以保护、修缮,并作为公共场所开放,供游人参观,使社会大众都能领略到昔日皇家坛庙的风采。

二、北京现存的皇家坛庙

（一）主要类型

1. 天地诸神坛庙

中国古代为了区分天地诸神，规定在天诸神称为"神"，在地诸神称为"祇"。天地诸神坛庙主要包括天、地、日、月、社稷、先农、先蚕、云、雨、风、雷、城隍、龙王、火神等。在北京，这些天地神祇坛庙都是由国家来建造并祭祀，尤其是其中的天坛、地坛、日坛、月坛、社稷坛、先农坛等是皇帝亲自祭祀，先蚕坛由皇后祭祀。这些坛庙基本上保存完整，而且都是皇家坛庙，占地广阔，建筑等级也很高。

2. 皇家祠庙

北京的皇家祠庙包括皇家供奉祖先的太庙、供奉历代帝王先圣的历代帝王庙、祭祀先师孔子的孔庙、供奉清代皇帝先祖神像的寿皇殿、皇帝家庙奉先殿、皇宫经筵典礼前祭祀之地传心殿、供奉满族神的堂子（已拆除）等。

（二）主要坛庙介绍

1. 天坛

北京天坛是世界上现存最大的古代祭天建筑群，是明清两代皇帝"祭天""祈谷"的场所，位于正阳门外东侧。天坛建成于明永乐十八年（1420年），又经明嘉靖、清乾隆等时期增建、改建，建筑宏伟壮丽，环境庄严肃穆。坛域北呈圆形，南为方形，寓意"天圆地方"。四周环筑坛墙两道，把全坛分为内坛、外坛两部分，总面积273公顷，主要建筑集中于内坛。

图 4-15　天坛祈年殿

天坛祈年殿如图4-15所示。

天坛的内坛分为南北两部。北为"祈谷坛"，用于孟春祈祷丰年，中心建筑是祈年殿。南为"圜丘坛"，专门用于"冬至"祭天，中心建筑是一巨大的圆形石台，名"圜丘"。两坛之间以一长360米、高出地面的甬道——丹陛桥相连，共同形成一条南北长1200米的天坛建筑轴线，两侧为大面积的古柏林。西天门内南侧建有"斋宫"，是祀前皇帝斋戒的居所。西部外坛设有"神乐署"，掌管祭祀乐舞的教习和演奏。坛内主要建筑有祈年殿、皇乾殿、圜丘、皇穹宇、无梁殿、长廊、双环万寿亭等。

天坛集明、清建筑技艺之大成，是中国古建筑珍品。1961年，国务院公布天坛为全国重点文物保护单位；1998年，天坛被联合国教科文组织确认为世界文化遗产。

2. 地坛（方泽坛）

地坛又称方泽坛，是古都北京五坛中的第二大坛，始建于明嘉靖九年（1530年），坐落于安定门外东侧，与天坛遥相对应，与雍和宫、孔庙、国子监隔河相望。地坛是一座庄严肃穆、古朴幽雅的皇家坛庙，是明清两朝帝王祭祀"皇地祇神"的场所，也是我国现存的最大的祭地之坛。坛内总面积37.4公顷，呈方形，整个建筑朴实端庄，别具一格，从整体到局部都是遵照我国古代"天圆地方""天青地黄""天南地北""龙凤""乾坤"等传统和象征传说构思设计的。地坛现存有方泽坛、皇祇室、宰牲亭、斋宫、神库等古建筑。

知识链接

祭天礼仪

3. 太庙

太庙始建于明永乐十八年（1420年），嘉靖二十三年（1544年）改建。此后于清顺治八年（1651年）、清乾隆四年（1739年）屡次修葺与扩建。太庙的位置是按照中国古代典籍中有关国都布局"左祖右社"的规矩而安排的。太庙在明代归内府神宫，清代归太常寺。明清两代每逢新皇帝登极，或有亲政、大婚、上尊号和徽号、万寿、册立、凯旋、献俘，奉安梓宫，每年四孟及岁暮等等，均需告祭太庙。中华人民共和国成立后改为劳动人民文化宫。

4. 社稷坛

社稷坛建于明永乐十八年（1420年），位于北京市天安门广场的西北侧，与天安门东北侧的太庙（今劳动人民文化宫）相对，一左一右，体现了"左祖右社"的帝王都城设计原则。社稷坛早期是分开设立的，称作太社坛、太稷坛，供奉社神和稷神（社即土地，稷即五谷），后来才逐渐合而为一，共同祭祀。社稷坛是呈正方形的三层高台，以汉白玉砌成，象征着"天圆地方"，坛上铺有中黄、东青、南红、西白、北黑的五色土（见图4-16），四周短墙也按方向覆盖四色琉璃瓦。五色土是由全国各地纳贡而来的，以表示"普天之下，莫非王土"，还象征着金、木、水、火、土五行为万物之本。

1914年，在北洋政府内务总长朱启钤的提议下，社稷坛辟为公园向社会开放，初称中央公园，是当时北京城内第一座公共园林。1925年孙中山先生逝世，在园内拜殿（今中山堂）停放灵柩，举行公祭。为纪念这位伟大的民主革命先驱，1928年社稷坛改名为中山公园。

图 4-16　社稷坛五色土

5. 孔庙

北京孔庙为国家性的祭孔建筑，规模仅次于山东曲阜孔庙，始建于元大德六年（1302年）。明清两代沿用，屡经重修。孔庙占地约22000平方米，有三进院落。中轴线上的建筑依次为先师门、大成门、大成殿、崇圣祠。前院东面有碑亭、神厨、省牲亭、井亭；西面有碑亭、致斋所，并有持敬门与国子监相通。两侧排列着198座元、明、清三代进士题名碑，刻有进士的姓名、籍贯、名次，是研究我国科举制度的珍贵实物资料。大成门外有乾隆石鼓和与之有关的两座清代石碑。中院的主要建筑为东西庑和13座御碑亭；后院崇圣祠独立成院，集合成北京孔庙完整的古建筑群体。

北京孔庙大成门如图4-17所示。

图 4-17　北京孔庙大成门

6. 历代帝王庙

北京历代帝王庙位于北京市西城区阜成门内大街,始建于明嘉靖年间,清雍正时期重修。它是我国现存唯一一座集中祭祀三皇五帝、历代帝王和文臣武将的皇家祭祀庙宇,是全国重点文物保护单位。

历代帝王庙坐北朝南,规模宏大,占地面积22000平方米,建筑面积约4000平方米。其建筑布局分为中东西三路,中轴线自南向北依次为琉璃影壁、木牌楼(已拆)、大门、钟楼、景德门、景德崇圣殿等建筑,两侧建有配殿。景德崇圣殿是历代帝王庙的主体建筑,其规格仅次于故宫太和殿。

历代帝王庙的政治地位与太庙和孔庙相齐,合称为明清北京三大皇家庙宇。庙宇以中华祖先三皇五帝为祭祀中心,供奉着中华祖先太昊伏羲氏、炎帝神农氏、黄帝轩辕氏的三皇神位和少昊、颛顼、帝喾、唐尧、虞舜的五帝神位,180位历代帝王的神位分列在他们的左右两侧,既突出了三皇五帝崇高的祖先地位,也体现了"中华统绪,炎黄一脉"。入祀帝王不重个人重系列,重历朝历代的连续性,祭祀的是自三皇五帝以来中华统绪的传承大系,颇具中华五千年一脉相传的标志性意义。

三、北京皇家坛庙的历史文化和艺术价值

皇家坛庙是设计来和各神对话的神圣场所,由于其地位的重要,所以从选位和规则设计都体现古人的社会观念、思想文化,不惜物力以最能代表当时最高的科学技术、艺术水平,最珍贵的建筑材料来营造。因此,皇家坛庙建筑是该历史时期最杰出的作品,具有极高的历史、科学和艺术价值。

(一)深厚的历史文化底蕴

1. 历史文化的见证

北京皇家坛庙作为明清两代皇家祭祀场所,见证了数百年的历史变迁,承载着丰富的文化内涵。它们不仅是皇帝个人信仰的体现,更是国家政治、经济、文化等方面的综合反映。这些坛庙的兴建、修缮和废弃都与当时的历史事件紧密相连,是研究明清历史的重要实物资料。例如,地坛是明清两朝帝王祭祀"皇地祇神"的场所,其历史沿革和建筑风格都反映了当时的政治、宗教和文化观念。这些坛庙不仅是历史的见证者,也是我们了解古代社会、政治、文化和宗教的重要窗口。

2. 宇宙观和哲学思想的体现

皇家坛庙建筑不仅是古代帝王举行祭祀仪式的场所,更是古人宇宙观的生动体现。这些建筑通过其布局、规模、装饰以及祭祀仪式,展现了古人对于天地、自然与神灵的尊崇和敬畏,同时也反映了他们追求天人合一、和谐共生的哲学思想。

1)天人合一的和谐追求

北京皇家坛庙建筑无论在整体布局还是单一建筑上,都反映出天地之间的关系,

并体现出帝王将相在其中所起的独特作用,而这一关系在中国古代宇宙观中占据核心位置。在古人的宇宙观中,天、地、人三者是紧密相连、相互依存的。皇家坛庙作为与天地神灵沟通的场所,其建筑布局往往体现了这种天人合一的思想。例如,天坛的圆形设计象征着天,地坛的方形设计象征着地,共同表达了天地之间的和谐与统一。天坛作为祭天的场所,其整体布局呈现北圆南方的特点,象征着天圆地方的宇宙观念。圜丘坛作为天坛的核心建筑,其层层向上的台阶和圆形的设计,都代表着古人对"天"的无限崇敬和追求。

2) 天地神灵的敬畏

古人认为天是宇宙的最高主宰,地是万物生长的基础。皇家坛庙建筑的规模宏大、装饰精美,体现了对天地神灵的极高尊崇。皇帝亲自祭祀天地、祖先和历代帝王,不仅是对神灵的敬畏,也是对国家统一、社会和谐的祈求。

3) 宇宙方位的表达

在方位选择上,皇家坛庙也充分体现了古人对宇宙方位的尊崇。天坛的主要建筑都位于南北中轴线上,这不仅体现了中国古代建筑对称的美学原则,也代表着古人对正南正北方位的尊重和认同。此外,不同的坛庙所对应的方位也与其祭祀对象紧密相关,如日坛位于城东,月坛位于城西,分别对应着太阳和月亮的升起和降落方位。

4) 宇宙秩序的象征

皇家坛庙建筑的布局之精巧、方位之考究以及装饰之细腻,无不蕴含着深邃的象征意义。这些建筑元素不仅映射出古人对宇宙秩序的精深理解,更彰显了他们对社会等级制度及尊卑有序的坚定认同与维系。以天坛的圜丘坛为例,其建筑尺度和构件数量巧妙融入"九"这一数字,寓意着"九重天"的崇高概念,从而强化了与"天"的神秘联系。同样,祈年殿那独特的蓝色琉璃瓦顶,也是对天穹的深刻象征。而殿内的支柱布局更是匠心独运:内圈4根贴金龙柱,寓意一年四季;中圈12根金柱,象征着一年的12个月份;外围的12根檐柱,代表着一天的12个时辰。这些金柱与檐柱合计24根,恰如一年中的24个节气。更妙的是,横梁上巧妙地架设着12根短柱,即所谓的"童柱",与前面的24根柱子相加,总数达到36根,象征三十六天罡。天坛作为皇家坛庙的杰出代表,其建筑设计之精妙、象征意义之丰富,无不承载着厚重的中国古代文化。

3. 礼仪制度的庄重展现

坛庙祭祀活动在古代礼仪制度中占有重要地位。这些祭祀活动不仅体现了皇帝对天地、祖先的崇敬之情,也展示了古代礼仪制度的严谨和庄重。北京皇家坛庙建筑在布局规划、祭祀礼仪、等级制度等方面充分体现了对古代礼仪制度的贯彻。

1) 严格的布局规划

北京的坛庙建筑通常按照严格的布局规划进行设计。例如,天坛、地坛、日坛、月坛等分别位于城市的不同方位,与天地日月等自然元素相对应,体现了中国古代对自然的敬畏和礼仪制度中的方位观念。同时,坛庙建筑的布局通常还要遵循一定的规则和礼仪要求。例如,在宫殿或庙宇中,主要的祭祀场所通常位于中心位置,其他建筑则按照一定的秩序环绕在周围。这种布局反映了等级和秩序的观念,体现了对神灵或祖先的尊崇。

2) 庄重的祭祀仪式

作为承载祭祀仪式的神圣场所,皇家坛庙建筑举行的每一项仪式都深受传统礼仪制度的规范与影响。由于每座坛庙所供奉和祭祀的对象各异,因此它们各自拥有一套独特而严谨的祭祀礼仪。坛庙的祭祀活动都被归入国家典礼之中,大型的祭坛,如天、地、先农、日、月、社稷等坛,太庙、孔庙、历代帝王庙等祠庙,都是皇帝定期亲自祭祀的地方,尤其是天、地的祭祀,其规模之宏大、场面之庄严,无不彰显着皇家的威严与对神灵的至高崇敬。

皇帝每次祭祀活动需要各级官员和礼仪人员的协同配合,往往有数千人甚至数万人之多。一些较小的坛庙也有专门的机构和人员定期进行祭拜。在祭祀过程中,皇帝或官员需要按照特定的程序和仪式进行祭祀活动,包括斋戒、上香、献牲、行礼、奏乐等,这些仪式体现了对神灵的敬重和礼仪制度的严谨性。

3) 森严的等级制度

北京的坛庙建筑也体现了等级制度。例如,天坛是明清两代皇帝祭天、祈谷和祈雨的场所,其规模宏大、建筑精美,彰显了皇权的至高无上。而其他坛庙则根据其祭祀的对象和功能,规模和形制有所差异。

4. 文化思想的传承

皇家坛庙建筑不仅是建筑景观设计的杰作,同时也简洁生动地表达了古人的宇宙观和古代的哲学观念。同时,北京皇家坛庙所承载的宗教信仰和思想观念也是中华民族传统文化的重要组成部分。这些坛庙体现了古人对天地自然的敬畏之情、对祖先的缅怀之意以及对农业社会的重视和依赖,承载了中华民族对和谐、敬天、尊祖、重农等思想观念的追求。这些思想观念在坛庙建筑中得到了充分的体现,对于我们理解古代社会和文化具有重要意义。

(二)卓越的艺术成就

1. 建筑美学的典范

北京皇家坛庙的建筑风格独特且极具美感,在布局、结构、材料等方面都经过精心设计,代表了明清时期建筑艺术的最高水平。坛庙建筑中对称、和谐以及与自然环境的融合的设计理念融合了阴阳五行、天人合一等中国传统哲学思想,体现了古人对和谐、秩序和美的追求。例如,天坛的祈年殿,其圆形三重檐攒尖顶的设计,象征着天圆地方的宇宙观,同时又不失庄重与优雅。这些建筑不仅是中国古代建筑的瑰宝,也为现代建筑设计提供了宝贵的灵感。

2. 意境营造的杰作

北京皇家坛庙作为皇帝祭祀祈福的场所，不仅在礼制上有着极高的地位，在建筑上也充分反映了这种神圣的意境。皇家坛庙在建筑意境的营造方面堪称中国传统建筑的高峰之作。其在构建意境时，充分运用了抑、扬、顿、挫、借等取景手法，结合建筑的高低错落与色彩的鲜明对比，为每一座古老的神坛、圣庙创造出了符合功能需求的静谧、浩远、肃穆的意境。例如，各个坛庙内外四周都种植着茂密的柏树，四季常青，成功地营造出了宁静的环境氛围。站在坛内高处向四周眺望，满目苍翠，仿佛置身于天宇之中，顿时感受到天高地迥、宇宙无穷，自然而然地从内心涌起对天地日月的崇敬之情。同样的，太庙通过巧妙地调整庭院空间与建筑的高度、体量，成功地营造出一种凝重而肃穆的氛围。这种氛围不仅与太庙的功能和地位完美契合，更是对中国古代皇家祭祀文化的深刻诠释。

3. 装饰艺术的瑰宝

坛庙建筑的装饰艺术也是其艺术价值的重要组成部分。这些建筑在内外檐装修、彩画、雕刻等方面都采用了当时最高等级的做法，使用了大量珍贵的材料和精湛的工艺。这些装饰不仅增加了建筑的美感和庄重感，也为我们展示了古代装饰艺术的独特魅力和精湛技艺。

第四节 皇家陵寝：帝王权势，京华永固

作为中国古代皇家文化的重要组成部分，皇家陵寝是历代帝王及其后妃、皇子公主等皇室成员的陵墓所在地。这些陵墓不仅代表着中国古代皇家建筑的风格和特色，更是中国历史文化的重要遗产，蕴含着丰富的历史、文化、艺术价值。

一、北京皇家陵寝概况

北京是一座文化古城，远在春秋战国时期，统治阶级就在这里建造方城。数千年来，这里聚集了一代又一代的王侯将相，他们选择将这里作为死后的安息之所。特别是辽、金、元、明、清五代，先后在这里建立陪都或国都，使北京成为全国的政治、经济和文化中心。由于政治地位的提升，北京出现了由帝王陵组成的特大型陵墓群。房山区的金陵和昌平区的明代十三陵，就是北京陵墓最高等级的代表作。本节将详细介绍明十三陵。

金陵位于北京房山区周口店镇车厂村北九龙山脚下，初建于金海陵王时期，陵区面积约60平方千米，有17座王陵及诸王兆域，是北京地区年代最早的帝王陵寝。

明十三陵以规模宏伟壮观、陵园体系完整、布局庄严和谐、景色优美静谧、风格典

雅古朴著称于世。此外,明代宗朱祁钰由于特殊的历史原因未能葬入明十三陵皇陵区,而是葬在北京西郊金山景泰陵。除此之外,京郊还广泛分布着明代各类墓葬,包括妃嫔墓、藩王墓、公主墓、外戚墓以及太监墓等。

清代的皇帝陵虽不在今天的北京境内,但诸王及公主的墓葬群大都位于京郊。据统计,北京共有清代诸王及公主园寝200余座,不过绝大多数已毁,现在尚存大量以诸王、公主墓园为名的地名,如"八王坟""公主坟"等。

二、明十三陵:陵寝制度的杰出代表

明十三陵又称十三陵,坐落于北京市昌平区天寿山麓,是明代迁都北京后13位皇帝陵墓的总称,是当今世界上保存较完整的陵墓建筑和埋葬皇帝最多的墓葬群。

知识链接

明十三陵博物馆

【教学互动】

明代一共有16位皇帝,为什么只有13位皇帝安葬于此呢?

十三陵的营建始于明永乐七年(1409年),止于清初,历时200余年。依陵寝营建时间的先后顺序依次为:长陵(永乐皇帝陵)、献陵(洪熙皇帝陵)、景陵(宣德皇帝陵)、裕陵(正统皇帝陵)、茂陵(成化皇帝陵)、泰陵(弘治皇帝陵)、康陵(正德皇帝陵)、永陵(嘉靖皇帝陵)、昭陵(隆庆皇帝陵)、定陵(万历皇帝陵)、庆陵(泰昌皇帝陵)、德陵(天启皇帝陵)、思陵(崇祯皇帝陵)。目前已开放的景点有长陵、定陵、昭陵、神路。

知识链接

清东陵和清西陵

明代帝王陵一览如表4-1所示。

表4-1 明代帝王陵一览

帝号及姓名	年号	陵名	埋葬地址
明太祖朱元璋	洪武	孝陵	江苏南京
明惠帝朱允炆	建文	—	—
明成祖朱棣	永乐	长陵	北京十三陵
明仁宗朱高炽	洪熙	献陵	北京十三陵
明宣宗朱瞻基	宣德	景陵	北京十三陵
明英宗朱祁镇	正统、天顺	裕陵	北京十三陵
明代宗朱祁钰	景泰	景泰陵	北京西郊金山
明宪宗朱见深	成化	茂陵	北京十三陵
明孝宗朱祐樘	弘治	泰陵	北京十三陵
明武宗朱厚照	正德	康陵	北京十三陵
明世宗朱厚熜	嘉靖	永陵	北京十三陵

续表

帝号及姓名	年号	陵名	埋葬地址
明穆宗朱载垕	隆庆	昭陵	北京十三陵
明神宗朱翊钧	万历	定陵	北京十三陵
明光宗朱常洛	泰昌	庆陵	北京十三陵
明熹宗朱由校	天启	德陵	北京十三陵
明思宗朱由检	崇祯	思陵	北京十三陵

（一）总体格局

明成祖朱棣称帝后，即有从南京迁都北京的打算。定都北京后，出于政治和战略两方面的考虑，开始在北京卜选陵址。这项极具战略意图的举措，对巩固政权和彻底消除元朝残余势力起到了至关重要的作用。明永乐六年（1408年），朱棣命令礼部尚书赵羾带领江西术士廖均卿等人来到北京附近踏勘陵地，经过一年多的时间，终于在昌平境内的黄土山找到了"万年吉壤"。朱棣遂封黄土山为天寿山，降旨圈地方圆80里作为陵区禁地。

明十三陵的总体格局十分独特且讲究，整个陵区占地面积广阔，周围群山环抱，中部为平原，陵前有小河曲折蜿蜒，形成了一个相对封闭且环境优美的区域。陵区的建筑布局充分体现了中国古代的阴阳五行和风水学说，以及皇权至上的思想。

从整体环境来看，明十三陵位于山麓地带，北、东、西三面被群山环抱，这些山峦不仅构成了陵区的自然屏障，也为其营造了一个静谧、庄严的环境。各陵根据山势地形分布，面向中心——长陵，形成了众星拱月般的布局。环抱的地形营造出一种内敛而完整的氛围，陵区建筑群掩映于群山之中，依山就势，疏密相间。从选址、规划设计到整体布局，都十分注重陵寝建筑与大自然山川、水流和植被的和谐统一，追求形同"天造地设"的完美境界，用以体现"天人合一"的哲学观点。

从建筑布局来看，十三陵的总体布局气势磅礴，形成波澜壮阔的空间序列。长陵神道位居陵区中央，是各陵共用的"总神道"，其他各陵神道均从此分出，每座帝陵各自独立，各陵总和又成为一个整体。总神道上主要建筑依次为石牌坊、大红门、神功圣德碑亭、石像生及龙凤门等，与各陵相连层次分明、尊卑有序、肃穆整齐。这种布局方式不仅突出了皇家的威严和尊贵，也体现了中国古代建筑艺术的美学特点。各陵虽然规模不同，但地面建筑布局和形式基本一致，特别是主要建筑几乎完全相同，这体现了皇家陵寝的规范性和统一性。

此外，明十三陵还注重整体景观效果。例如，神道的设置不仅增强了陵墓建筑群的威严神圣感，也丰富了总体布局的空间层次。同时，神道与周围山峦的距离也经过精心规划，使左右山峦在视觉上达到大致均衡的效果。这种对空间及形象直观效果的重视，是中国古代建筑艺术的宝贵经验之一。

延伸阅读
▼

明代皇陵的营建

最后,陵园布局前方后圆。十三陵各陵均完全继承前方后圆的陵园布局形制,中轴线上依次排列陵门、祾恩门、祾恩殿、石五供、方城明楼以及宝城宝顶等建筑及设施。宝城下方为帝陵地宫。地宫是帝后棺椁的放置区域。

(二)陵寝制度

中国古代帝王陵寝制度创始于战国,形成于秦汉时期,沿用至清代消亡。其中,"陵"专指帝王的陵墓,"寝"专指帝王墓葬上的宫殿建筑。明十三陵的陵寝制度是中国古代皇家陵寝制度的杰出代表,它体现了明代皇帝对于生死观念的独特理解,以及皇家对于权力、等级和尊卑的严格划分。

1. 严格遵循了"事死如事生"的文化传统

"事死如事生"是中国古代的一种生死观。这种观念认为,人死后仍然需要像生前一样享受各种待遇,因此帝王在陵墓的建造和随葬品的配置上,都会力求仿照生前的宫殿和日常生活用品,以保证在另一个世界也能过上与生前相同的生活,以体现帝王的尊贵地位和君临天下的气势。地宫的建制模仿宫殿,帝陵神道两侧的石像生象征着朝中位列两侧的文武大臣,意为"普天之下,莫非王土,率土之滨,莫非王臣"。

同时,"事死如事生"的观念也体现了古人重视孝道和尊卑有序的价值观。在古代社会,孝道被视为一种重要的道德规范,而尊重死者和祖先则是孝道的重要体现。因此,帝王在陵墓建造和随葬品配置上的"事死如事生",也体现了他们对于孝道的重视和对于祖先的尊重。此外,由于古代社会等级制度森严,不同身份地位的人在死后享受的待遇也有很大的差别。帝王作为社会的最高统治者,他们的陵墓建造和随葬品配置自然也要体现出其尊贵地位和无上权威。

2. 体现了严格鲜明的等级制度

每一位皇帝的陵墓虽有各自的享殿、明楼、宝城,但整个陵区之内,长陵神道成为一条贯穿各陵的"总神道"。共用的石牌坊、石像生,加上各陵尊卑有序的布葬方式,使陵区的建筑紧密相连、体系完备,主次关系明显,形成了一个严谨有序的整体。明十三陵陵寝布局不是按照《周礼》左昭右穆的方式,而是以尊者居于主脉,卑者居于从脉(余脉)的布局排列的。长陵是十三陵的首陵,位于天寿山主峰中部,其他各陵分列其左右。十三陵中,长陵最大,永陵、定陵次之,思陵最小。陵寝建造方式可分为三种:一是皇帝生前所建陵,规模大且装饰华丽(如长陵、永陵、定陵);二是由嗣帝所建陵,因有先皇"从俭建陵"的遗诏或受葬期、国力的影响,规模小且比较简朴(如献陵、景陵);三是皇帝生前未来得及建陵,改朝换代后由下一朝代营建(如思陵)。十三陵的整体布局方式不仅体现了皇家的威严和尊贵,也体现了中国古代建筑艺术的美学特点。

3. 深受风水学影响

在陵墓选择中,风水学起着至关重要的作用。风水学强调人与自然环境之间的和谐关系,认为通过合理的布局和选择,可以影响后代的命运和福祉。陵墓的位置、地形地貌、朝向等对风水都有重要影响,因此明十三陵的各帝陵在选址时都费尽周折,反复堪舆,千方百计寻找既符合风水、礼制又有优美环境的吉壤以修建陵墓。

4. 厚葬之风与建筑艺术的完美融合

在古代中国,礼仪制度被严格遵守,其中守孝与祭祖是儒家文化中的核心礼仪。这种对祖先的崇敬与纪念,体现在一种持久且深远的社会风俗——厚葬中。作为明代皇家陵寝的杰出代表,明十三陵不仅是对逝去帝王的尊崇与纪念,更是体现出建筑艺术与厚葬文化的完美结合。

明十三陵中的陵区建筑不仅规模宏大,而且工艺精湛,充分展示了明代建筑艺术的高超水平。例如,长陵的祾恩殿的大殿构件全部都是楠木的,石雕艺术也达到了极高的水平。此外,主神道上的石牌坊、大红门、神功圣德碑亭、石像生等主要建筑都保持了原来的风貌,建筑规格等级高,建造技术精湛,并将绘画、雕刻等多种装饰技艺融为一体,形成了艺术水平高超的建筑群,为后人留下了宝贵的历史文化遗产。尤为引人注目的是地宫的奢华与宏伟。采用"前朝后寝"的布局方式,规模宏大,并有着极为丰富的殉葬品,这些不仅体现了古代皇家建筑的尊贵与威严,也展示了厚葬文化中对死者的极高尊崇。

(三)神道

明十三陵神道,是由明陵石牌坊通向明成祖朱棣长陵的主要祭祀之路。明十三陵只有一条主神道,通往其他12座帝王陵寝的均为次级神道。神道全长7.3千米,由南向北依次建有石牌坊、下马碑、大红门、神功圣德碑亭、华表、石望柱、石像生、棂星门等建筑。这些建筑错落有致,气势恢宏,展示了皇家陵寝的威严和庄重。特别是石像生,包括文臣、武将、狮子、獬豸等石像,形象生动,栩栩如生,是中国古代石雕艺术的瑰宝。

(四)长陵

长陵是明十三陵中的首陵,也是明代第三位皇帝永乐皇帝朱棣和仁孝皇后徐氏的合葬陵墓。它位于北京市昌平区天寿山主峰南麓,建于永乐七年(1409年)。长陵是明十三陵中规模最大、营建时间最早、地面建筑保存最为完好的一座陵寝。

长陵的平面布局遵循"前方后圆"的原则。"前方"为前面的方形院落,主要包括长陵的地面建筑,由前后相连的三进院落组成。具体包括祾恩门、祾恩殿、明楼、宝城等部分。其中,祾恩殿是长陵的主要建筑之一,也是嗣皇帝祭祀永乐帝后的场所。祾恩殿面阔九间,进深五间,象征着皇帝"九五"之尊的地位。殿内的金砖铺地、汉白玉雕刻的台基以及精美的彩绘都体现了明代建筑艺术的精湛水平。

"后圆"部分为后面的地下宫殿,即宝城宝顶部分,呈圆形。宝城是陵墓的主体部分,前面是方形城台,后面是圆形宝顶。城台上建有明楼,明楼内立有永乐皇帝的墓碑。宝顶下是地宫,地宫内安葬着永乐皇帝和皇后徐氏的棺椁。整个宝城气势磅礴,体现了皇家陵寝的肃穆和庄严。

石像生

明成祖朱棣

长陵祾恩殿

陵墓封土

（五）定陵

明定陵是明代第十三位皇帝明神宗万历皇帝（朱翊钧）和明神宗孝端显皇后、孝靖皇后王氏的合葬陵墓，位于北京昌平天寿山陵域大峪山东麓。定陵建于万历十二年（1584年），历时6年完成，占地约18万平方米。值得一提的是，定陵是十三陵中唯一被发掘的皇家陵寝，定陵地宫可供游人参观。定陵于1956年开始试掘，1959年原址建立定陵博物馆并对外开放。

1. 总体布局

定陵的总体布局"前方后圆"。其最前面的是外罗城，外罗城只有前部正当中轴线位置设有一座宫门，是陵寝的第一道门。《帝陵图说》记载，定陵第一道门（即外罗城墙门）原有朱门三道，重檐黄瓦，两侧还建有神厨、神库各5间。现今外罗城、朱门、神厨、神库均已不存。定陵第二道门即现在的陵门，三洞，单檐歇山式，保存完好。门两侧各有一掖门，现已封砌。进入陵门为第一进院落，迎面为祾恩门，面阔5间，进深2间。清初毁，乾隆年间重修，改为面阔3间，进深2间。后又毁，现仅存遗址。其左右各设有随墙式掖门一道，至今尚存。过祾恩门进入第二进院落，正中为祾恩殿，面阔7间，进深5间。清初毁，乾隆年间重修，改为面阔5间，进深3间。后又毁，现仅存遗址。其左右亦各设随墙式掖门一道，至今尚存。祾恩殿后为第三进院落，建有棂星门、石五供，至今尚存。其后是方城、明楼及圆形宝顶。

定陵的建造具有两个特点，一是建筑规模宏大，其建筑规制本应仿万历皇帝的父亲朱载垕的昭陵，但实际上是仿其祖父朱厚熜的永陵而建，其中一些建筑的精美甚至超越了永陵。万历皇帝超父效祖的目的是想通过宏伟的陵墓建筑展示自己作为皇帝至高无上的尊严，体现皇权的崇高。二是建筑用材十分考究，不仅有金丝楠木、汉白玉石和花斑石，而且还有专为定陵烧造的城砖——寿工砖，以及地宫的铺地金砖。

2. 地下宫殿

定陵地下宫殿，又称玄宫，由前、中、后、左、右五座高大的殿室组成，全部用石砌成，总面积为1195平方米。石料绝大部分为青石。前、中、后三殿的殿门是用汉白玉雕琢成的。前室没有任何陈设。中殿内陈设有万历皇帝和孝端、孝靖2位皇后的3座汉白玉石精雕的宝座，座前各有一套黄色琉璃五供及青花云龙纹大瓷缸。后室是地宫中最大的一室。后殿的棺床上停放着神宗和两皇后的棺椁，并陈放26只随葬木箱。左右配室的平面作横向长方形，室内无任何陈设。现在定陵的两个展览室内，展示了地下宫殿的发掘经过和部分出土文物。

1956年5月，经国务院批准，定陵的地下宫殿开始试掘，历时一年，试掘成功。地下宫殿五座殿室之间有石门相隔，其中，前、中、后三室石门由汉白玉制成。门扇的正面雕刻铺首衔环和乳状门钉，纵横九排，共81颗，与皇宫的重要建筑一样，取其阳数最大者，这反映了寿宫规制并不低于皇宫。石门设计符合力学原理，门轴一端较厚（约40厘

知识链接

定陵

米),门边较薄(约20厘米),加之半球形的轴端与门枕石的轴槽呈点状接触,减小了摩擦力,使石门开关起来更为轻便省力。为了固定石门,在门扇的上部还设有青铜管扇,管扇两端插在门券上部的石壁中。左右配殿及甬道共有四道石门。甬道石门较小,青石雕刻,门扇上无门钉,上端亦设青铜管扇。所有的石门背面与门铺首相对的地方均有凸起部分,用以承托顶门用的"自来石",其中前室石门的自来石上有墨笔楷书:"玄宫七座门自来石俱未验"。

经整理,定陵地宫出土文物3000余件,种类繁多,制作精美,其中的金冠、凤冠、冕、衮服、百子衣、大碌带、玉带、金酒注、金爵杯、玉爵、三彩瓷炉及瓷瓿、青花梅瓶、镶猫睛石金带饰等都是珍贵的文物精品。1959年,定陵博物馆在原址上建立,并正式对外开放。

金冠

第五节　清代王府:宗室风范,京城尊荣

王府,就是诸王居住的府第。诸王,俗称王爷,是皇帝亲封其兄及子孙的爵位。王府是封建社会等级最高的贵族府第,是形制介于普通民居四合院与皇宫紫禁城之间的古代建筑形式,是一项珍贵的文化遗产。就王府形制、数量而言,北京均为全国之最。北京现存的王府大多数都是清代的遗存。虽然文献里有关于元代和明代王府的记载,但这些王府现在已经无迹可考。大量王府出现在京城,主要是在清代。清代的王府建筑规模宏大且豪华精美,不仅体现了清代等级森严的社会秩序,同时也成为北京一道独特的建筑景观。现在,这些王府大多数已经成为文物保护单位或旅游景点。

【教学互动】

王府井大街名称的来历和王府有关系吗?

一、清代王府概况

清代王府的产生与清代的封爵制度密不可分。在清代的封爵制度下,有宗室王爷、觉罗王爷、蒙古王爷、回部王爷、藏族王爷,以及少数非爱新觉罗的满族王爷。除入关初期的少数异姓王爷和部分蒙古王爷的王府外,清代王府主要是指宗室王爷的王府(所谓宗室是指努尔哈赤的子孙及其兄弟的子孙)。清代封爵制度是封诸王,不设郡国,王爷只享有封爵号及其对应的府第、俸禄。王府大部分分布在内城,内城成为清代八旗王公贵族及旗人集中居住之地,共建有王府四十余座。一是给各位王爷以地位殊荣之感,二是朝廷便于管理。王府的产权属于朝廷,诸王爷只有使用权,而没有所有权和继承权。清代的王爷大多是皇子。诸皇子在未成年之前都住在紫禁城内,待长大成年后则移居王府。

北京的王府

二、清代宗室爵位

在清代,宗室爵位分12等。《清史稿》记载,清代宗室爵位有和硕亲王、多罗郡王、多罗贝勒、固山贝子、奉恩镇国公、奉恩辅国公、不入八分镇国公、不入八分辅国公、镇国将军、辅国将军、奉国将军、奉恩将军。若从封袭情况看,宗室爵位可分为世袭罔替和世袭递降两种。

世降一等意为袭爵者的爵位比父辈的爵位要低一等,例如始封如果是亲王,其子就袭封郡王,再袭则袭封贝勒。如果最初封为亲王,则递降至镇国公后便不再递降。最初要是封为郡王,则递降至辅国公后便不再递降。而世袭罔替是指始封无论是亲王还是郡王,其后代总有一人袭封最初的爵位。如果袭爵之人犯了罪,其爵位仍然可由家族中的其他人员袭封,故而民间俗称为"铁帽子王"。

"铁帽子王"最初是指清初战功卓著的皇室宗亲,分别是睿亲王多尔衮、礼亲王代善、郑亲王济尔哈朗、豫亲王多铎、肃亲王豪格、庄亲王硕塞、克勤郡王岳托和顺承郡王勒克德浑。这8位王爷均是大清开国元勋,能征善战,为清朝开国立下了赫赫战功。到了清雍正朝以后,怡亲王允祥、恭亲王奕䜣、醇亲王奕譞,相继被封为世袭罔替的爵位。至光绪末年,庆亲王奕劻也被封为"铁帽子王",使有清一代的"铁帽子王"共增至12家。

三、清代王府建筑规制

王府是封建社会等级最高的贵族府邸,是仅次于皇宫的华美建筑群落。王府的建筑规模、样式、布局都是严格按照封建礼制建筑的,等级差别十分明显。关于王府规格等级,于关外崇德朝便有规定,后经顺治直至光绪各朝,均有损益。其中尤以顺治与乾隆两朝之府制规定最为详赡。

《大清会典》记载,王府基本格局为东、中、西三路并列。中轴线上为主建筑,乃是体现府邸等级差别之所在。要依制布置前殿后寝,南北排列,以正殿为中心,其他建筑为依傍。亲王、郡王府共五重殿宇,门前有门罩,门道明显高出地面,须沿石阶逐级而上。此外,府门东西两边,各有角门一间。角门之设,乃由于大门平日关闭,只是视时视事而开启。而平常出入,均走角门。而东、西两路住房及花园之限制不甚严格,可相对自由,自行配置。

以亲王府为例,《清会典事例》规定:"亲王府,基高十尺,外周围墙,正门广五间,启门三。正殿广七间,前墀周围石栏,左右翼楼各广九间,后殿广五间,寝室二重,各广五间,后楼一重,上下各广七间。自后殿至楼左右均列广庑。正门、殿寝均绿色琉璃瓦,后楼、翼楼、旁庑均本色筒瓦。正殿上安螭吻,压脊仙人以次凡七种,余屋用五种。凡有正屋、正楼门柱,均红青油饰。每门金钉六十有三。梁栋贴金,绘画五爪云龙及各色花草。正殿中设座,高八尺,广十有一尺,修九尺,座基高尺有五寸。朱髹彩绘五色云龙,座后屏三开,上绘金云龙均五爪,雕刻龙首有禁。凡旁庑楼屋,均丹楹朱户。其府

延伸阅读

清代住宅称谓

库仓廪厨厩及祇候各执事房屋,随宜建置于左右。门柱黑油,屋均板瓦。世子府制,基高八尺,正门一重,正屋四重,正楼一重,其间数修广及正门金钉,正屋压脊,均减亲王七分之二。梁栋贴金,绘画四爪云蟒、各色花卉。正屋不设座。余与亲王府同。郡王府制与世子府同。"

同时,对王府大门之装饰、色彩等亦有规定。府门外有石狮、灯柱、拴马桩等设施。隔门前横路,须在与府门相对处建一影壁。府门前,有石狮一对,分踞门之左右。如果两座侧门东西相对,允人通行,其中必有一四方大院,一对石狮不临街而置于院内,故又称之为"狮子院"。凡此格局者,其府门对面则非影壁,而是平房一排,旧为兵丁所住,或回事处之所在。清代的郑王府、礼王府等,均属此类。

就使用颜色而言,王府琉璃瓦为绿色,每门金钉六十有三,世子府及郡王府,则减亲王九分之二。就建筑规格而论,王府大门屋顶用筒瓦、大脊、设吻兽,垂脊上设仙人走兽,山墙上有排水沟滴,大门漆红色,梁枋施彩画。

四、北京现存清代王府遗址

关于北京清代王府数量,《康熙会典》工部王府项下列有王府12座;《雍正会典》工部王府项下列有王府17座;《乾隆京城全图》中标示王府19座;《钦定八旗通志》营建志下列有王府24座;昭梿的《啸亭杂录》提到不同称谓王府有45座左右;民国年间陈宗蕃的《燕都丛考》提到北京不同称谓王府55座左右。考虑到有些王府是一府多王、一府多址和焚毁重建,统计下来,清代在北京建有王府47座左右,而今尚存有王府20座。北京现存清代王府及其完整和开放情况如表4-2所示。

表4-2 北京现存清代王府及其完整和开放情况[①]

完好情况	数量	名称及开放情况
保存比较好	8座	恭亲王府(开放)、醇亲王府(部分开放)、老醇亲王府、孚郡王府、雍亲王府(今雍和宫,开放)、礼亲王府、庆亲王府、淳亲王府
仍保留王府主要格局的	7座	克勤郡王府、宁郡王府、惠亲王府、郑亲王府、和亲王府、敬谨亲王府、循郡王府
残存少量建筑的	4座	仪亲王府、定亲王府、恒亲王府、老睿亲王府
移建保存	1座	顺承郡王府(移建至朝阳公园,现为餐饮服务场所)

这些王府大部分已另作他用,如改建成学校、机关、医院、仓库、宿舍、工厂等。在北京市各界人士的努力下,王府的修复和利用正在得到有关部门的重视。现已有10多座王府被列为国家级、市级、区级文物保护单位而得到修复和利用,使其在史地研究、古代建筑研究、现代旅游中发挥应有的作用。其中,以恭亲王府、雍和宫、宋庆龄故居

---

① 北京市旅游业培训考试中心.北京旅游导览(上)[M].北京:旅游教育出版社,2013.

（原醇亲王府北府花园）等的开放最为引人注目，每年接待了众多海内外游人。另外，顺承郡王府已移建至朝阳公园，现为餐饮服务场所。

五、已辟为旅游景点的王府

（一）恭王府

恭王府位于北京市西城区前海西街17号，是中国保存最完整的清代王府。曾先后作为清乾隆时期权臣和珅、清嘉庆时期庆僖亲王永璘的宅邸，1851年清廷赐封此宅邸于恭亲王奕訢，恭王府的名称也因此得来。恭王府规模宏大，由府邸、花园两部分组成，总占地面积6万平方米，其中府邸占地约3.2万平方米，花园占地约2.8万平方米。恭王府拥有各式建筑群落30多处，历经了清王朝由鼎盛而至衰亡，承载了极其丰富的历史文化信息，蕴含着清代王府文化的精深与浩瀚。"一座恭王府，半部清朝史"，便是其真实写照。恭王府因而享誉为京城历史、文化、旅游皇冠上一颗璀璨明珠。1982年，恭王府被列为全国重点文物保护单位。

恭王府的府邸为三路五进院落，建筑规模精湛而宏伟。中路建筑屋顶饰以绿色琉璃瓦，以明示仅次于皇宫的亲王府建筑规制。又曾因是和珅宅的缘故多有逾制，在诸多建筑和装饰上，如今看来堪称精美绝伦。

恭王府的花园又名萃锦园，意为集众芳之荟萃，锦绣之精美，成一代之名园。花园的整体布局是三面环山，内有50余处景观与景点，分属于东中西三路。园中花繁林茂，庭深廊绕；山水亭台，交相辉映；"三绝一宝"，"福"贯其中。

【教学互动】

在恭王府的建筑和景观中，哪些体现了恭王府的"福"文化呢？

1. 主要建筑

1）银安殿

银安殿俗称银銮殿，是恭王府中最主要的建筑。作为王府的正殿，只有逢重大事件、重要节日时方打开，起到礼仪的作用。最初的银安殿连同东西配殿在内的整个院落于1921年正月十五元宵节夜因烧香失火被毁，现银安殿院落为复建。

银安殿的形制，《大清会典》中有规定，亲王府邸面阔7间，郡王府邸5间，亲王的有前墀（月台），郡王的则没有。贝勒以下正殿称堂，不设前墀。前墀环以石栏，台基高七尺二寸，郡王府基高五寸，但现存王府建筑中还未见到有栏杆的实例。

银安殿东西有配楼，各广九间，覆灰瓦。历史上，只有裕亲王府（今已不存）如此，其他王府最多面阔七间，还有更多是单层建筑，面阔五间。郡王配楼五间。

银安殿檐角上的垂脊兽为七个，郡王五个。正脊两端用螭吻，正殿中设座，高八尺,广十有一尺,修九尺,基高尺有五寸,朱裸彩绘五色云龙,座后屏三开,上绘金云龙,均五爪。郡王绘画四爪云蟒,各色花卉。正殿不设座,余与亲王府同。

银安殿继续往北是嘉乐堂,也称为神殿。银安殿往东是王府东路上的重要建筑多福轩与乐道堂。

【教学互动】

银安殿与金銮殿在建筑规制方面有哪些不同?

2) 多福轩

多福轩是恭王府东路中重要的建筑物,院落俗称"藤萝院",恭亲王时期称为"多福轩",是王府的穿堂客厅,主要用于主人日常接待来客、亲友或前来回禀公事的下属,兼用作存放皇帝送来的礼物。

"多福轩"一匾为咸丰皇帝所题,意为幸福很多的殿堂。殿内正中悬挂"同德延禧"匾额,意在告诫主人:你与皇帝同德才能延禧(禧:吉祥如意、福寿绵长)。殿内四壁靠近天花板的地方皆悬挂福寿字匾,这些福寿字均写于红色方纸之上(即"斗方")呈梭形摆放,一福一寿成对制成匾额。清代自康熙以后,每年入冬,皇帝都要亲自书写"福""寿"字,颁赐给王、公、大臣、后妃。逢重大生日庆典,还会加赐"寿"字。按惯例,旧年的福寿字斗方不能揭去,而是将新赐的福寿字斗方直接贴在旧的上面,取"增福添寿"之意。屋梁上保留下来的乾隆时期的凤和玺彩画,虽然仅残留局部的凤尾图案,却有特殊的价值,它的存在证实了府邸东路曾为公主府。

3) 锡晋斋

天香庭院是府邸西路的最后一进院落,因"天香庭院"的匾额而得名。"天香庭院"一匾为慎郡王所题,慎郡王名允禧,是康熙帝的第二十一个儿子,雍正时封贝勒,乾隆朝晋升为郡王,是清代皇族中书画造诣最高者。院内正房锡晋斋,原名庆宜堂,不仅是恭王府建筑中的精品之作,其精美程度在整个京城的清代居室建筑中也是数一数二的。正厅的东、西、北三面都是二层的仙楼,均以楠木隔断分隔空间,隔断上方窗格的镂空部位覆以极薄的蓝色丝绸,裙板上镶嵌工艺精湛的雕饰。在当时,这种高档内檐装饰只有皇家才有。这是和珅为自己建造的最重要的建筑,曾是和珅的住所。其中,"僭侈逾制"的楠木殿至今依然存留了主要部分。金丝楠木的室内装潢,用料考究,耗资巨大。名贵的金丝楠木千年不腐,高超木作工艺精美绝伦,这样的奢华装饰与故宫宁寿宫类似。地面金砖是一种名贵的火山岩,经过打磨,呈现出金黄色花纹,配合金丝楠木的精雕细琢,显得十分华丽。

锡晋斋的名称来源于其内存的晋代大文人陆机手书的《平复帖》珍品。光绪六年,奕䜣从成亲王府得到了我国现存年代最早的名家书法作品,晋代大文人陆机手书的《平复帖》,珍视非常,收藏于此,后来此殿就更名为锡晋斋。锡,通"赐";晋,指晋代珍品《平复帖》。锡晋斋后为恭亲王的书房。庭院中的东配殿存放古董,因名乐古斋;西配殿存放字画碑帖,名尔尔斋,意指此处所藏若与《平复帖》相比,不过尔尔。

2. 三绝一宝

1) 后罩楼

后罩楼位于府邸和花园的衔接处,111间房屋连成一排,达180多米长。后罩楼规模宏大,是国内王府类建筑中第一长楼,被形容为"99间半房子",为恭王府三绝之一。后罩楼东部为瞻霁楼,西部为宝约楼。西端的5间房俗称"小迷宫",这里有国内唯一的室内园林景观,两个楼层之间去除楼板,将亭台楼阁和假山溪流等搬进屋里。这几间室内花园将楼上楼下通连在一起,山石叠砌,可上可下,瀑布飞泻,亭台楼阁和小桥流水都非常精致。

此楼前檐出廊,后檐墙上每间上各开一窗,上层为形式各异的什锦窗,窗口砖雕精细,楼梯原为木假山形。楼中间偏西一间的下层有过道门,通向府后的花园。

2) 西洋门

西洋门位于花园中路最南端,是花园的正门,称"静含太古",为奕䜣所建。门由汉白玉石雕砌,西洋拱式风格,十分气派。西洋门也是园内唯一的西式建筑,可以体现出主人希望通过学习西方文化和技术来挽救清朝统治之意。门额外刻"静含太古",内刻"秀挹恒春",其中的静和秀是园主人希望达到的两个境界。

3) 大戏楼

恭王府大戏楼建于同治年间,是恭亲王及其亲友看戏的场所。这座戏楼是我国现存独一无二的全封闭式大戏楼。在清廷档案中,戏楼均称为大戏房。建筑面积685平方米,其建筑形式采用三卷勾连搭全封闭式结构,据说整个大戏楼虽为砖木结构建筑却没有用一根铁钉。尤其值得一提的是大戏楼的声音效果。大戏楼为了保证声音逼真,将戏台底下掏空后放置了若干口大缸,巧妙特殊的构造增大了共鸣混响空间,使观众身处戏楼里的任何位置,都能清晰地听到不借助任何传声工具的演员的演唱。有一次,一位著名演唱家来此演唱后,兴奋地称赞大戏楼比音乐厅的音色效果还要好。

在牡丹院里看戏楼的外景一般,但里面却金碧辉煌。戏台两侧的两根大柱、四壁与顶皆绘满了缠枝藤萝,一片绿叶森森、紫花盛开的景象,使人有在藤萝架下看戏的感觉。据说,当时连慈禧太后看戏都是坐在院子里。棚顶悬大宫灯20盏,地下青砖铺就,20张八仙桌配上太师椅,井然有序地放置着。戏楼后壁都是浅棕色的木槿,用暗蓝色丝布做底衬罩饰。厅内南边是高约一米的戏台,戏台上方,一块金字黑匾高悬,上书"赏心乐事"四个篆体字。南部后台为演员化妆室,前为舞台,北部为贵宾及女眷看戏和休息的地方。奕䜣生日在农历十月下旬,办生日堂会时需要生火,故大戏楼也被府中人称为"暖楼"。这里除了演戏之外,还是当年恭王府中举办红白喜事的地方。每逢府中重要人物寿终正寝,戏楼就会布满挽联、挽幛,香烟缭绕,长幅高悬,各寺僧尼念经超度亡灵。

4）福字碑

福字碑位于秘云洞内，是由清圣祖康熙皇帝的御笔刻成。这块碑石长7.9米，贯穿整座假山。碑前的地上有一副用碎石子摆成的中国象棋棋盘，方方正正，清晰可见。

康熙帝书法造诣颇深，但很少题字，所以此"福"字极其珍贵。而且此福字苍劲有力、颇具气势，暗含"子、田、才、寿、福"五种字形，寓意"多田、多子、多才、多寿"，构思巧妙，堪称天下第一"福"。

图4-18　福字碑

福字碑如图4-18所示。

此碑为大清国宝，珍藏于皇家。乾隆时期，此碑神秘失踪。乾隆皇帝一生最为叹服的人就是祖父康熙。因此，乾隆对"康熙御福"的失踪始终无法释怀。可是，当嘉庆即位后，向乾隆询问"康熙御福"之事时，乾隆沉默良久后只说了八个字："布衣之相，福泽万民"。另外一种说法是乾隆将福字碑赐给自己的宠臣和珅，和珅命人运来几千块太湖石，在后花园砌成京城一条巨龙，这条龙的位置正好在北京的龙脉上，他将福字碑藏在龙穴悉心供奉，称之为"洞天福地"。和珅从此洪福齐天，官运亨通，而且财源广进，一时富可敌国。

相传，和珅把龙脉设计在滴翠岩下的山洞里，而龙脉的正中央即为福字碑。当年嘉庆抄家时，本欲拿走福字碑，但害怕断了龙脉，折了福气，于是就命人用石头把福字碑全部封起来，不许外人看见，以免沾走了福气。1962年，周恩来总理来考察重修恭王府之事，考古人员意外在王府后花园的秘云洞内发现了这珍贵的福字碑。总理欣然将其命名为"中华第一福"，又称"天下第一福"。

恭王府内的建筑、园林设计、文物收藏都十分讲究，展现了清代后期的政治、文化、艺术和生活风貌。院内众多佳景，汇聚了我国南北园林之精华，具有极高的艺术价值。它是北京历史文化的重要组成部分，也是了解清朝历史和王府文化的重要窗口。

（二）雍和宫

雍和宫坐落于北京市区东北安定门内，北临二环路，西邻孔庙与国子监，占地面积6.6万平方米。雍和宫是全国除西藏地区以外，保存最完整、规模最大的一处藏传佛教寺庙。1961年，雍和宫被国务院公布为第一批全国重点文物保护单位。

雍和宫不仅是一座宗教建筑，还是一座文化艺术的宝库。其中，讲经殿、密宗殿、数学殿和药师殿"四大扎仓"的设立，标志着雍和宫是座藏传佛教的完整学府，具有深厚的文化内涵和历史价值。同时，雍和宫内的壁画、佛像、唐卡等艺术品也是精美绝伦，展现了中华民族传统艺术的精湛技艺和无限魅力。

1. 历史沿革

历史上,雍和宫经历过三个阶段:最早为清世宗胤禛作贝勒和亲王时期的府邸、清高宗弘历降生和成长之地,是雍正、乾隆两代帝王的"在潜之居";中段升格为清帝行宫;最终改为皇家寺院。王府始建于康熙三十三年(1694年),"府晋为宫"时在雍正三年(1725年),"改宫为寺"正值大清定都北京百年的乾隆九年(1744年)。

雍和宫旧址原为明代内官监官房。清康熙三十三年(1694年),康熙皇帝在此地建造了府邸,并将其赐予他的四子胤禛,这就是后来的雍亲王府。雍正三年(1725年),胤禛即位为雍正皇帝后,将雍亲王府改为行宫,并命名为雍和宫。乾隆登基后,将雍和宫的主要殿堂的屋顶琉璃瓦由原本的绿色改为了黄色,雍和宫曾用于停雍正梓宫。乾隆九年(1744年),雍和宫进行了重大变革,它被改为藏传佛教寺庙,成为清政府管理全国藏传佛教事务的中心。乾隆皇帝诞生于此,且雍和宫已经出过两位皇帝,因此其规格与紫禁城皇宫相同,殿宇都采用了黄瓦红墙。

2. 雍和宫改为藏传佛教寺庙的原因

雍和宫改为藏传佛教寺庙是有一定的原因的。一是根据历朝惯例,先帝原王府,即潜龙邸一般不再做他用,而是改为宗庙;二是对藏传佛教的尊崇,乾隆皇帝曾秘密皈依藏传佛教;三是为了民族团结,以宗教为纽带,加强朝廷与蒙藏人民的沟通,安定边疆,以维护国家统一。

乾隆皇帝也对他将雍和宫改为藏传佛教寺庙感慨万端,咏叹雍和宫是"跃龙真福地,俸佛永潜宫",他把康乾时期"六街三市皆珠玉"的盛景归结为"兴庆当年选佛场"。照乾隆的逻辑,真龙天子即是佛,祭奠先祖即是敬佛。祭祖、敬佛必然福荫子孙万代,因此他曾由衷感叹:"频繁未敢忘神御。"尤其是在他晚年,乾隆经常光顾雍和宫,这里成了他思亲怀旧之地。

3. 建筑格局

雍和宫仍保持着王府的建制,故与传统的佛教建筑不同。整体坐北朝南,分东、中、西三路。东路内的如意室,为乾隆皇帝出生地。西路原为关帝庙(已无存)。雍和宫建筑布局完整,规制合乎梵宇伽蓝。寺院前端矗立牌坊,昭泰门前铺设辇道,显尽皇家敕建气势。前部的七座建筑:昭泰门、钟楼、鼓楼、雍和门、雍和宫、讲经殿、密宗殿,呈现中国佛教寺院"七堂伽蓝"式标准布局。后部各殿逐级升高,象征佛陀世界的庄严吉祥。而大经堂法轮殿顶的"一大四小"五座藏式天窗,有着佛教"须弥山"被四大部洲簇拥环绕的寓意。讲经殿、密宗殿、时轮殿和药师殿"四大扎仓"的设立,标志着雍和宫是一座藏传佛教的完整学府。最高建筑万佛阁及楼内耸立着的巨大"迈达拉佛",寓意"当来下生佛"与"兜率天宫"的圣境景象。寺院中路最重要的御制碑文《喇嘛说》,则将政府参与宗教事务管理的基本国策昭示天下,也奠定了雍和宫京都"首位皇家御用寺院"以及清政府"管理藏传佛教事务中心"的地位。

中路建筑群为寺院的主体,主要建筑物是五进大殿,一进为天王殿,二进为雍和宫正殿,三进为永佑殿,四进为法轮殿,五进为万福阁。下面就这五组建筑作简要介绍。

1) 天王殿

原为雍亲王府的大门,后改为雍和宫天王殿,称雍和门殿。殿前有铜狮、碑亭、钟鼓楼。殿内正中央供奉的大肚弥勒佛,东西相对而立的是四大天王。

2) 雍和宫正殿

殿内供奉竖三世佛,即现在、过去、未来三世佛。

正中的释迦牟尼为现在佛,作触地印(印就是手的摆法),为成道相,结跏趺坐(盘腿打坐),左手横放在左脚上,名为"定印",表禅定之意,右手直伸下垂。

西边的燃灯佛为过去佛,持法伦印,结跏而坐,两手食指屈指,与拇指相触成环形,右手在上,左手在下,两手相接,表示讲经说法教化众生。

东边弥勒佛为未来佛,持说法印,拇指微曲抵食指第一指节处,余指自然舒展,表示说法传教。此三世佛表示过去、现在和未来的三个时间流程,说明佛是无时无刻不存在的。

3) 永佑殿

永佑殿为单檐歇山顶,为"明五暗十"构造,即外面看是五间房,实际上是两个五间房合并在一起改建而成的。永佑殿在王府时代,是雍亲王的书房和寝殿。雍正驾崩后,曾在此停灵,改名为"神御殿",乾隆九年(1744年),改名为永佑殿,寓为永远保佑先帝亡灵之意。后成为清朝供先帝的影堂。

殿内正中莲花宝座上,是三尊高2.35米的佛像,系檀木雕制。中为无量寿佛(即阿弥陀佛),是西方极乐世界的教主。左为药师佛,是东方净琉璃世界的教主。

4) 法轮殿

法轮殿是汉藏文化交融的结晶。平面为十字形,殿顶有藏式风格天窗五座和镏金宝塔五座,代表"五明"和"五方五佛"。殿内正中巨大的莲花台上端坐一尊高6.1米的铜制佛像,面带微笑,是藏传佛教黄教的创始人宗喀巴大师。这尊铜像塑于1924年,耗资20万银元,历时两年才完成。宗喀巴像背后,是被誉为雍和宫木雕三绝之一的五百罗汉山,高近5米,长3.5米,厚30厘米,全部由紫檀木精细雕镂而成。五百罗汉山前有一金丝楠木雕成的木盆,据说当年乾隆帝呱呱坠地后三天,曾用此盆洗澡,俗名"洗三盆"。

5) 万福阁

出法轮殿,便是高25米、飞檐三重的万福阁。其两旁是永康阁和延绥阁。两座楼阁有飞廊连接,峥嵘崔嵬,宛如仙宫楼阙,具有辽金时代的建筑风格。万福阁内巍然矗立一尊迈达拉佛(弥勒佛),高18米,地下埋入8米。佛身宽8米,是由七世达赖喇嘛的进贡礼品,用整棵名贵的白檀香木雕成。据说,乾隆帝为雕刻大佛,用银达8万余两,这尊大佛也是雍和宫木雕三绝之一,还有一尊木雕三绝在万佛阁前东配殿照佛楼内,名金丝楠木佛龛,采用透雕手法,共有99条云龙,条条栩栩如生。

第六节　长城：蜿蜒巨龙，京畿屏障

长城是我国古代的军事防御工程,于1987年列入世界遗产名录。它是我国古代各族劳动人民创造的伟大奇迹,是中华民族勤劳、智慧和坚强不屈精神的象征。长城依据山川地形,因险而设,依山而建,随山盘旋,宛如巨龙,其构筑精巧,形制多样,数量众多,分布广泛,历史悠久。中国现存的长城主要修建于明代,东起鸭绿江,西止嘉峪关,经辽宁、河北、天津、北京、内蒙古、山西、陕西、宁夏、甘肃、青海等10个省(自治区、直辖市),东西绵延近万里。

人们常说"万里长城,幽燕独秀"。万里长城北京段是中国有长城分布的省、自治区和直辖市中保存最完好、价值最突出、工程最复杂、文化最丰富的段落,长城在北京自东向西经平谷区、密云区、怀柔区、昌平区、延庆区、门头沟区6个区,墙体全长520.77千米。万里长城北京段,作为中华文明的瑰宝,是中华民族智慧和力量的结晶,也是世界文化遗产中的璀璨明珠,在全球范围内享有极高的声誉。近年来,随着国家文化公园建设的推进,万里长城北京段的保护和传承也迎来了新的发展机遇。

一、万里长城北京段的修建

万里长城北京段的修建历史可以追溯到春秋战国时期。为了抵御北方游牧民族的侵扰,各诸侯国纷纷在自己的领土上修筑城墙。史书记载,最先在燕山地区修筑长城的便是燕国。随着历史的发展,长城的修建不断得到加强和完善。秦始皇统一六国后,将这些城墙连接起来,形成了万里长城的雏形。明代,北京地区长城的修建达到了巅峰。为了防御北方民族的侵扰,明朝对长城进行了大规模的修缮和加固,使其成为一道坚不可摧的防线,形成了现今所见的主体部分。在这一时期,长城的修建不仅注重军事防御功能,还体现了高超的建筑艺术和工程技术。明长城全长8851.8千米,北京段的长城主要以明长城为主,其中尤以八达岭、慕田峪等段最为著名。

二、北京的代表性长城

北京段是万里长城的重要组成部分。北京的长城从东北的燕山山脉开始,自东向西蜿蜒经过平谷、密云、怀柔、延庆、昌平和门头沟各区,一直延伸到西北的军都山脉。整个长城线路曲折蜿蜒,犹如一条巨龙横卧在北京的大地上。万里长城北京段的布局充分考虑了地形地貌和军事防御的需要,形成了"因地形,用险制塞"的特点。现存的长城大多保存完好,部分段落因自然因素和人为破坏而损毁,但整体风貌依然可见。

延伸阅读

中国历史上修筑长城的三次高峰

近年来,政府和社会各界对长城保护工作给予了高度重视,投入大量资源进行修缮和维护。

北京的长城有许多具有代表性的段落,如八达岭长城、慕田峪长城、司马台长城等。这些长城段落不仅具有极高的历史和文化价值,也是游客们争相前往的热门景点。

(一)八达岭长城

八达岭长城,位于北京市延庆区军都山关沟古道北口,是中国古代伟大的防御工程——万里长城的重要组成部分,也是明长城的一个隘口。这里地势险峻,居高临下,自古以来就是兵家必争之地,是明代重要的军事关隘和首都北京的重要屏障。八达岭长城为居庸关的重要前哨,古称"居庸之险不在关而在八达岭"。

八达岭长城的建筑雄伟壮观,不仅是护卫京城的重要门户,也是古代建筑工程的杰出代表。八达岭长城的关城为东窄西宽的梯形,建于明弘治年间,嘉靖、万历年间曾修葺。关城有东西二门,东门额题"居庸外镇",刻于嘉靖十八年(1539年);西门额题"北门锁钥",刻于万历十年(1582年)。两门均为砖石结构,券洞上为平台,台之南北各有通道,连接关城城墙,台上四周砌垛口。墙体用长方形大条石砌筑,上面垒砌特制的大城砖,使得墙身高大坚固,平均高度近8米。墙顶用方砖铺砌,宽约5.8米,可容5马并驰,10人并行。墙顶内侧设置宇墙,外侧筑有垛口,垛口上有瞭望孔和射口。在长城沿线的险要处和交通要道上,还筑有碉堡、烽火台等防御设施。这些设施与周围的山峦、悬崖相结合,形成了一道坚不可摧的防线。

八达岭长城雪景如图4-19所示。

图4-19 八达岭长城雪景

八达岭地理环境优越,自古以来就是通往山西、张家口的交通要道。2001年,八达岭高速公路全线建成通车,交通十分便利。同时,八达岭的夏季平均气温比北京城区低,成为"夏都"延庆的旅游龙头。爱国工程师詹天佑先生主持修建的中国第一条干线铁路——京张铁路就经过此地,并在此处设立车站。

八达岭长城的历史悠久,见证了多个朝代的兴衰。同时,这里也留下了许多珍贵的历史典故和回忆。自20世纪50年代对公众开放以来,截至2023年12月,八达岭长城已经累计接待了超过2亿人次的中外游客,其中包括众多外国首脑和社会名流。他们在这里留下了足迹和赞誉,也为八达岭长城增添了更多的魅力和文化内涵。

八达岭长城不仅具有极高的历史和文化价值,也是一处风景秀丽的旅游胜地。作为北京的屏障,这里山峦重叠,形势险要。八达岭长城表现了万里长城雄伟险峻的典型风貌。气势磅礴的城墙南北盘旋,延伸于群峦峻岭之中,视野所及,不见尽头。依山势向两侧展开的长城旁是陡壁悬崖,刻有古人所书的"天险"二字,确切地概括了八达岭的军事重要性。站在长城的峰顶上,可以极目远眺,看到群峦耸立、连绵不断的山脉和蜿蜒曲折的长城。这里的景色随着季节和天气的变化而变化,无论是春天的桃花盛开、夏天的绿树成荫,还是秋天的红叶满山、冬天的白雪皑皑,都让人流连忘返。

(二)慕田峪长城

慕田峪长城位于怀柔区,是明长城的精华段落之一。这里群山环抱,风景秀丽,植被覆盖率达96%以上,素有"万里长城,慕田峪独秀"的美誉,具有空气清新、双面垛口、关台奇特、敌楼密集、立体感强、内外支城并存等特点。

慕田峪长城东连古北口,西接居庸关,自古以来就是拱卫京畿的军事要冲。其由三座敌台组成的正关台以及大角楼、双边垛口、马道排水槽等建筑设计,在长城中绝无仅有。慕田峪长城的立体感与内外支城并存等建筑特点,也体现了明代长城修建的最高艺术成就。慕田峪长城以其险峻著称,牛角边、鹰飞倒仰、箭扣等奇绝险峻之景,更属当世雄观。

慕田峪长城的历史可以追溯到明代,于1368年由朱元璋手下大将徐达在北齐长城遗址上督建而成。慕田峪长城全长约5.4千米,共有22座敌楼,是北京长城中保存较完好的一段。慕田峪长城因其独特的风格、敌楼的密集、关隘的险要、城两侧垛口的设计,以及保存完好的长城古韵而闻名。这段长城的墙体保持得非常完整,展现了深厚的历史价值和文化底蕴。慕田峪长城由关城、营堡、城墙、敌台、烽火台及壕沟等共同构筑成一个完整、严密的军事防御体系。今关城、营堡、烽火台等仅有遗迹可寻,城墙和敌台仍保存完整。慕田峪长城的构筑有着独特的风格,特别是正关台的三座敌楼并矗一台,是长城中罕见的景观。"因险制塞"的建筑原则在慕田峪长城的砌筑中表现得淋漓尽致。为了充分利用自然天险,加强防守,慕田峪长城的砌筑尽可能地采取一切技术手段,抢占制高点,控制局势。"正北楼"西侧山势极其险峻,沿建在刃脊型的悬崖陡壁上"单边"长城而下,长城为了通过因山脊断裂形成的崖口绝壁,控制陡崖外侧的制高点,修筑长城的军事家和工匠用两根铸铁梁担搭建在两侧口陡壁之间,在铁梁上修筑长城,这种凌跨悬崖而过的修筑方式在万里长城中甚为罕见,是慕田峪长城风景名胜区中独有的景观。此外,长城的西北面有建在海拔1000多米的山上的"牛角边"和"箭扣"等景观,其势险峻峥嵘,整段长城依山就势,起伏连绵,如巨龙飞腾。

(三)司马台长城

司马台长城位于北京市密云区北部的古北口镇司马台村北,紧邻古北水镇,属燕山山脉。司马台长城依险峻山势而筑,并以险、密、齐、巧、全五大特点著称于世。其东起望京楼,西至后川口,全长5.7千米,其中鸳鸯湖水库将该长城分为东西两段。东段有敌楼16座,西段有敌楼19座,共计35座(包括已毁的水中一座),是万里长城中敌楼比较稠密的一段,两敌楼距离最近的只有60米,最远的不过350米,一般都在100米至200米之间。1987年,司马台长城被列入世界遗产名录,是我国唯一保留明代原貌的古建筑遗址,被联合国教科文组织确定为"原始长城"。

司马台长城始建于明洪武初年,是在北齐长城的基础上修筑的,属明代"九镇"中蓟镇古北路所辖。明万历年间,蓟镇总兵戚继光和总督谭纶率兵进行了重点整修,极大地完善了防御体系。司马台长城山势陡峭,地势险峻,工程浩大,虎踞龙盘,气势非凡。而且整段长城构思精巧,设计奇特,结构新颖,造型各异,堪称万里长城中的精华。著名古建筑专家罗哲文教授经多次带队考察论证后指出:"中国长城是世界之最,而司马台长城又堪称中国长城之最。"

三、长城的历史文化价值

长城作为世界文化遗产,不仅具有极高的历史和文化价值,还体现了中华民族坚韧不拔、自强不息的精神。传承2000多年的万里长城,已经不仅仅是一座军事防御工程,还在历史、艺术、科学、社会等诸多方面具有广泛价值,并成为中华民族的伟大精神支柱与国家象征。长城所蕴含的坚韧不屈、自强不息的民族精神以及博大精深、灿烂辉煌的文化内涵将永远激励着中华儿女不断奋发向前。

(一)体现了中华民族坚韧不屈、自强不息的民族精神

长城作为古代军事防御工程,见证了中华民族团结统一、共同抵御外敌入侵的历史。历经数千年的风雨沧桑,长城依然屹立不倒,这本身就是中华民族坚韧不屈精神的最好体现。同时,在长城的修建过程中,古代劳动人民克服重重困难,以血肉之躯在崇山峻岭、荒漠戈壁上建起了这座人类奇迹,古代工匠们充分发挥他们的聪明才智和创造力,克服了无数技术难题,展现了他们的创新精神和实践能力,这也展示了中华民族吃苦耐劳、顽强坚毅的民族骨骼以及勤劳智慧、追求卓越的创造精神。

(二)积淀着中华民族博大精深、灿烂辉煌的文化内涵

长城的修建历史悠久,它见证了多个朝代的兴衰更替和战争烽火,同时也承载了中华民族的智慧和文化传承。长城是中国古代历史的重要见证,它记录了中华民族在防御外来侵略、保卫家园的过程中所付出的巨大努力和牺牲。长城的修建始于春秋战国时期,历经多个朝代的修建和加固,形成了现今所见的雄伟景观。长城的存在,不仅是中国古代军事防御体系的实物证据,也是中华民族团结统一、共同抵御外敌入侵的象征。同时在长城沿线,农耕文明和游牧文明不断碰撞与融合交流,形成了独具魅力的长城文化。这种文化不仅推动了多民族共同奋斗、共同发展的历史进程,也为中华民族的文化多样性增添了独特的色彩。

(三)建筑艺术的杰作

长城的建筑艺术堪称中国古代建筑的杰作之一。长城的建筑风格独特,融合了中华传统建筑艺术和军事防御需求,展现了中华民族的智慧、勇气和高超技艺。长城的杰出建筑艺术成就体现在其巧妙的结构设计、丰富的建筑元素以及精湛的建筑工艺等方面。长城的建筑结构设计巧妙,充分考虑了地形、地貌和军事防御需求。"因地形,用险制塞"是长城的修建法则,长城上的敌楼、关堡等建筑根据地形和防御需要进行了精心设计,其地理分布、空间布局、建筑形制与自然环境完美结合。长城的墙体、敌楼、关堡、烽火台等建筑元素各具特色,相互映衬,形成了长城独特的建筑风格,展现了古代工匠们的智慧、创造力以及精湛的建筑工艺。

(四)具有极高的军事科学研究价值

作为中华民族古老的军事防御工程,长城不仅见证了数千年的历史变迁,更在军事科学研究领域具有不可替代的价值。其绵延万里的墙体、敌楼、关隘和烽火台等防御设施,构成了一个完整的、多层次的防御体系,充分体现了古代中国对军事防御体系的深入研究和科学规划;同时在修建中融合了古代中国众多的军事工程技术,如地形利用、建筑结构、材料选择等。整个防御体系层次结构清晰、管理制度分明、运行机制畅通,具有极高的军事科学研究价值。同时,各段边墙、建筑单体与聚落的选址布局、建筑结构、建造技艺、材料运用、施工工艺等都反映了当时最高的建筑思想与构筑水平,具有重要的科学与研究价值,对于研究中国古代建筑技术、军事防御技术等领域具有重要意义。

(五)人与自然环境和谐共处的典范

长城的修建充分考虑了与自然环境的和谐共处。长城穿越山川河流,顺应自然地势而建,与周围环境融为一体。这种融合不仅增强了长城的防御效果,减少了对自然环境的破坏,也赋予了长城独特的自然景观。长城的修建过程中,古代工匠们充分利用了自然资源,如山石、木材等,体现了人与自然和谐相处的理念。在长城沿线,人们

可以欣赏到壮丽的自然风光和雄伟的长城建筑相互映衬的美景,这种美景也成为长城建筑艺术的重要组成部分。

四、长城国家文化公园(北京段)的建设

2019年,中共中央办公厅、国务院办公厅印发《长城、大运河、长征国家文化公园建设方案》,将长城、大运河、长征相关文化遗产保护提高到了国家战略层面。建设国家文化公园,是党中央作出的重大战略部署,是"十四五"时期国家推进实施的重大文化工程。长城是我国现存体量最大、年代跨度最久的巨型文化遗产,在促进长城沿线经济发展、文化交流和民族融合方面具有重要作用。建设长城国家文化公园,对于北京市推进全国文化中心建设意义重大,有利于实现北京长城保护利用及文旅融合高质量发展。

《长城国家文化公园(北京段)建设保护规划》指出,长城国家文化公园(北京段)的形象定位为"中国长城国家文化公园建设保护的先行区"和"服务首都及国家对外开放的文化金名片"。此外,规划还明确了"漫步长城史卷的历史文化景观示范区"和"文化、生态、生活共融发展的典范区"的建设保护目标。明确提出建设国家文化公园保护第一、传承优先的样板区,通过改造提升,形成中国长城博物馆为引领的长城展示陈列馆、长城乡村记忆馆、研学基地系列,结合"京畿长城"国家风景道,形成特色突出、互为补充的长城文化综合展示传播系统。在长城文化弘扬方面,持续开展北京长城文化系列节庆活动,举办国际长城学术论坛、长城设计周、长城非遗表演,形成长城文化传播的品牌影响力。力求通过推进长城国家文化公园(北京段)的建设,加强长城的保护与传承,推动文旅融合与产业发展,促进地区经济发展,维护生态平衡,传承和弘扬中华民族优秀传统文化,增强文化自信。

第七节　大运河:文化动脉,润泽京师

大运河包括横贯中国中东部地区的隋唐大运河、京杭大运河和浙东运河。其中,京杭大运河北起北京,南至杭州,经天津、河北、山东、江苏,贯穿海河、黄河、淮河、长江、钱塘江五大水系,全长约1800千米,是纵贯南北的水上交通要道,是中国古代伟大的水利工程之一,是世界上里程最长、工程最大的古代运河。京杭大运河是中国古代劳动人民的伟大创造,凝结着中国古代卓越的水利技术成就,与长城、坎儿井并称为中国古代三大工程,在促进南北经济文化交流融合、推动沿线城市兴起与繁荣发展、维护国家统一和政治稳定方面发挥了巨大作用,在中国历史和文化中占有重要地位。大运

河作为北京的文化动脉,其润泽作用体现在经济、文化、历史和生态等多个方面。它不仅是北京历史和文化的重要组成部分,更是这座城市生命力和活力的源泉。

知识链接

中国大运河

一、大运河北京段的历史沿革

大运河北京段,作为京杭大运河的北端起点,承载了丰富的历史与文化底蕴。它流经北京多个区域,与这座城市的历史、文化、经济紧密相连。

(一)隋唐时期

中国运河的开凿历史可以追溯到春秋战国时期,秦统一全国后,开始全国的通航水运大连通。至隋代时期,沟通南北、横贯东西的京杭大运河建成。京杭大运河从南到北大体分为四段:余杭(杭州)到镇江的江南运河;扬州至淮阴的淮扬运河;淮安到洛阳的通济渠(汴渠);洛阳到涿郡(北京)的永济渠。最初开凿的是通济渠,随后几年里面又分别开凿了永济渠、邗沟、江南运河,终于将大运河全线贯通,南至杭州,北达北京。永济渠是京杭大运河的最北段,自洛阳浚泌水、复挖清河至天津、辟潞水至武清,辟平房渠等河道北达涿郡。永济渠开通后,"舳舻相次千余里",大大增加了北京漕运的规模和运力,开启了从水道运粮至北京的历史,这是大运河与北京关系的起点。

(二)辽金时期

在辽金时期,北京成为漕运中心,人工运河得以开凿,进一步推动了大运河在北京段的发展。

《辽史》中就有记载:"延芳淀方数百里,春时鹅鹜所聚,夏秋多菱芡。"为向京城运送物资,萧太后曾指挥修建了从张家湾到迎春门(约在今南横街东段附近)的人工运河,即人们常说的萧太后河,这也是北京建都历史上关于漕运的最早的一条记录。为发展漕运,辽代统治者在北京开凿了多条"萧太后运粮河",这在一定程度上推动了幽燕地区的经济社会发展。

而到了金代,统治者又将永定河的河水引入运河,来发展京师的漕运。为了控制河流水量,人们还沿河设置了闸坝,同时又引高粱河上游支流的河水,经人工开凿的引水渠,注入中都城的北护城河,然后再把北护城河的范围向东扩展与闸河相接。这样,通州的粮船便可以直接进入京城,缩短了粮草运输的周期。但由于闸河水量有限,每到枯水期,漕船常常会因闸河水量不足而出现搁浅的情况,因此,为满足京师对粮食的需求,当时的漕运还不得不兼用车辆陆运。金代,张家湾作为连接通州与北京城的重要漕运码头,接收了大量通过大运河运来的粮食物资。这些物资部分被迅速转用马车运往北京城,部分则暂时存放在通州的各个仓储货场,由此,通州也便成了"水陆要会"和"百货所聚"之地。在今天的通州,我们仍然可以看到许许多多的货栈遗迹,如粮仓、皇木厂、盐场、竹木场等。

(三)元代

为保证元大都的物资供应,元朝统治者对隋唐大运河进行了大规模改造,形成了今天我们见到的京杭大运河。为了保证京城的物资需求,元朝统治者在大运河的基础上进行了重要的改造和开凿。其中最著名的工程是由著名水利专家郭守敬领导的,他通过逢弯取直的方法,将隋唐大运河的部分河段进行了改造,从而形成了今天我们所看到的京杭大运河的基本格局。

元世祖忽必烈采纳了郭守敬的建议,开凿了由大都城至通州的通惠河。这条运河将通州运粮河(从通州南入大沽河,西接御河)、御河(从直沽南至临清)、会通河(临清至东平)、济州河(由山东东平至济宁,接泗水)相连接,并与南方原有的运河相接,这样不仅为大都城开辟了丰富的水源,更使从杭州到北京的南北大运河得以全线贯通,大运河成了南北经济交通的大动脉。这条运河的开凿,使南方的船只可以通过大运河直接抵达北京城内的积水潭码头,极大地提高了物资运输的效率。江南的漕船通过北运河、潮白河,在张家湾分别由文明河、通惠河西运:一路由温榆河继续北上,由东、西坝河转漕,因此东、西坝河也是元大都初建时重要的漕船水道之一;另一路则由通惠河至积水潭,由此在元大都的积水潭开始成为通惠河最大的终点码头,皇城边也开始形成了"舳舻蔽水"的壮观场面,浩浩荡荡的船队络绎不绝地沿通惠河穿行城中。元世祖忽必烈对此非常满意,因此将这条运河命名为通惠河。

京杭运河积水潭港碑见图4-20。

图4-20　京杭运河积水潭港碑

延伸阅读

北京郭守敬纪念馆

京杭大运河在元代时期迈向了最为繁荣兴盛的巅峰，不仅成为连接南北的重要水上通道，更在经济文化交流中发挥着举足轻重的作用。随后的明清两代，基本沿用了元代精心规划的运河漕运线路，进一步巩固了大运河作为经济命脉的地位。直至清末，随着现代交通工具的崛起和时代变迁的冲击，漕运逐渐退出了历史舞台。尽管如此，大运河的历史地位和文化价值并未因此消失。作为中国古代水利工程的瑰宝，它见证了中华民族悠久的历史与文明；作为一条横贯南北的文化纽带，它至今仍在灌溉、航运、旅游等领域发挥着重要作用，继续书写着新的辉煌篇章。

二、京杭大运河北京段的历史遗迹

2014年6月，在第38届世界遗产大会上，中国大运河项目（隋唐大运河，京杭大运河和浙东大运河的总称）成功入选世界文化遗产名录，成为中国第46个世界遗产项目，也是与北京相关的第七个世界遗产项目。京杭大运河北京段，地处北京市昌平区、海淀区、西城区、东城区、朝阳区、通州区，包括高粱闸、什刹海、玉河故道（含澄清上闸、澄清中闸）、白浮泉遗址、广源闸、平津闸、永通桥及石道碑、张家湾城墙及通运桥、南新仓、通惠河通州段。其中，京杭大运河北京段入围世界文化遗产的总共是两段河道和两处遗址。这两段河道包括通惠河北京旧城段（包括什刹海和玉河故道）和通惠河通州段。这些河道是大运河历史文化遗产的重要载体，见证了北京的繁荣与发展，也承载着丰富的历史文化内涵。两处遗产点分别是坐落在玉河两端的万宁桥和东不压桥，即西城区澄清上闸（万宁桥）和东城区澄清中闸（东不压桥）。两处遗产点是大运河水利工程设施的重要代表，展现了古代水利工程的智慧和技艺。

（一）什刹海

"不到什刹海，怎知北京的美。"什刹海是北京历史风貌保存完整的一片古老街区，水域开阔。《帝京景物略》曾用"西湖春，秦淮夏，洞庭秋"来赞美什刹海的神韵。什刹海位于北海公园北门附近。什刹海原为高粱河道，金代开凿、拓宽为湖泊，初名白莲潭，又称积水潭。其北端早期曾被开凿利用，坝河水即由其北端引出。元代郭守敬在什刹海西端凿渠东下，修建通惠河，使京杭大运河漕粮自通州白河、经通惠河，直抵京师大都城，什刹海包括前海、后海、西海，现有面积34公顷，是自西北向东南连续排列的三个弓形湖泊。前海的弓背处（即最西端）为通惠河入水口。什刹海是元代京杭大运河的终点，是北京运河的水源、水柜与码头，在运河体系中发挥了重要作用。

什刹海风光如图4-21所示。

延伸阅读

"运河之舟"扬帆启航！北京大运河博物馆开放

图 4-21　什刹海风光

(二) 玉河故道

玉河故道位于后海附近,包括澄清上闸(含万宁桥)、澄清中闸(含东不压桥),始建于元代,是元代连通海子与通惠河的主要河段。明宣德七年(1432年),元时的通惠河被皇城北墙从东不压桥附近截开,东不压桥以南部分被圈入皇城内,玉河成为皇城内河道,漕运功能随即丧失,玉河水从此只供排水用。清代,由于水源的逐渐萎缩和水量减少,玉河在宽度和堤岸质量上大不如明代。民国玉河自南向东逐段改为暗沟。南河沿至正义路一线在民国时被填。20世纪50年代,玉河河道改为暗沟,玉河北段流经的东不压桥被拆除,但留下引桥,埋入地下。玉河河道对北京城的漕运、供排水都起着重要作用。2007年,此地进行了考古挖掘,河道遗存保存较完好,以石质为主,河道遗迹宽度为13.5米—22.0米,深度为1.8米—3.0米,目前进行了护坡加固工程、东不压桥遗址修复、河底及展示面清理工程并对玉河庵进行了修复。皇城根遗址公园沿线至正义路南口段,为地下暗沟,掩埋于城市绿地和道路之下。

(三) 澄清上闸(含万宁桥)

澄清上闸位于北京市西城区地安门外大街中段,什刹海前海与玉河故道相接之处,是元通惠河二十四闸之一,闸与桥合为一体,具有水利和交通功能。闸桥所保存的历史构件及建筑形态反映了元代的建筑特征和人文特征。现万宁桥西存有四只镇水兽(上、下各两只),桥东存两只,其中桥东北护岸上的为元代石雕,颔下刻有"至元四年九月",桥西设澄清上闸。现桥西恢复河道宽约20米、深约2.5米、长约60米,与什刹海前海水域相通。桥东恢复通惠河河道长约1000米。现存石桥完整,闸槽尚存,一直作为交通干道使用。

(四)澄清中闸(含东不压桥)

澄清中闸位于东城区东不压桥(地安门东大街与玉河交会处),是元通惠河二十四闸之一,闸与桥合为一体,具有水利和交通功能。这里曾经是漕船行至运河终点码头什刹海的必经之路,也是通惠河北段河道上的重要水工设施。东不压桥桥北为澄清中闸,东西两侧闸槽和引桥桥面石尚存。引桥由花岗岩石块铺成,东高西低,呈东窄西宽扇面形。东部有呈散落状的少量东引桥花岗岩石。在如今的东不压桥下,我们还能看到古代留下来的水闸遗迹,虽然它们再也无法使用,但这些沉睡的大石块,却为我们讲述着几百年前这里的繁华景象。

(五)白浮泉遗址

白浮泉遗址位于北京城北昌平区龙山,又名龙泉,历史上曾作为大运河北端上游的水源,是元代著名的水利工程和历史文化遗址。

在北京的建都史上,白浮泉是个值得大书特书的所在。元大都初建时,科学家郭守敬曾踏遍京郊,为都城寻找稳定水源,解决大都城的漕运问题,最终在昌平龙山脚下觅得了出水大而稳定的白浮泉。至元二十九年(1292年),白浮堰建成。引白浮泉水入京,将稳定充沛的水源与大运河相连,为大运河注入了新的活力。这一工程不仅解决了当时大都城的粮食运输问题,也为后来的明清两代提供重要的水利保障。白浮泉遗址主要包括九龙池、都龙王庙以及周边的一些历史遗迹,是大运河文化带上的重要节点,也是北京历史文化名城的重要组成部分。都龙王庙位于龙山顶,坐北朝南,由照壁、山门、钟鼓楼、正殿及配殿等建筑组成。

(六)南新仓

南新仓是明清两代数百年间的"皇家粮仓",有着深厚的历史文化底蕴。作为京城现存规模较大、现状保存较完好的皇家仓廒,南新仓是古代仓储制度的重要见证,也是运河文化、漕运文化的重要载体。

南新仓位于北京市东城区东四街道东四十条22号,是明清两代储存皇粮、俸米的皇家官仓,在元代北太仓基址之上于明永乐七年(1409年)建成。仓房砖砌,悬山顶,多为五开间。现保留古仓廒9座,每廒面阔约23.8米,进深为17.6米,高约7.5米,前后出檐。围墙厚达1.3米至1.5米,廒架结构基本采用独棵圆木的传统木结构。

如今,南新仓已经成为一个具有独特魅力的文化空间。它不仅承载着厚重的历史和文化底蕴,还融入了现代元素和创意理念。在这里,人们可以感受到古老仓储文化的魅力,也可以欣赏到现代艺术的创新表达。同时,南新仓也成为北京市重要的文化地标之一,吸引着越来越多的游客前来参观和体验。

延伸阅读

万宁桥

延伸阅读

大运河源头遗址公园建成开放

(七)张家湾城墙及通运桥

张家湾作为京杭大运河北端的漕运码头,已有700多年的历史。它的名字源于元代,与首次由海路将江南漕粮运到大都的张瑄有关。在明清时期,张家湾成为京杭大运河上重要的水陆交通枢纽和物流集散中心,被誉为"大运河第一码头"。

张家湾城墙与通运桥位于北京市通州区张家湾镇,张家湾是大运河最北边码头,经辽、金、元三代,成为京东重镇,现存城墙为明代修建,所存城墙为张家湾城南门东段城垣遗址,总长120米。通运桥横跨南护城河上,因护城河利用萧太后河,故又称"萧太后桥"。桥南北走向,全长约40米,宽约10米,为三孔石券洞结构。桥面有不同程度损坏,桥结构仍完整。桥东有万历皇帝赐名"宝德"庙宇1座,桥北端原立有两通螭首方字碑。

大运河文化在张家湾留下了厚重的印记。辽代的萧太后运粮河、元代的通惠河河口闸遗址,还有张家湾城的古城墙、通运桥、清真寺等,都是张家湾与大运河紧密关系的见证。这些历史遗迹和文化遗产不仅见证了张家湾的繁荣与发展,也为我们提供了了解和感受大运河文化的重要窗口。

(八)通惠河通州段

通惠河通州段是中国大运河最北方的河段——通惠河的端点段落,是通惠河在北京通州境内的一段河道,是通惠河与北运河交接的重要河段。通惠河通州段始建于13世纪末(元初),河段西起永通桥,向东至通州北关闸汇入北运河,长约5千米。从元代至明初,通惠河通州段是漕船经由通州向北京漕运的主要通道。15世纪至19世纪末,受到北京皇城用水增多的影响,此段运河水量不足,大部分南来的漕船将漕粮运输至通州,再由通州陆路转运至北京城内,仅有少量漕船通过此段运河,将漕粮水运至北京城东侧的东便门。19世纪末,漕运废弃后,此段河道主要用作北京城市排水行洪的水道。现部分河道已改为北京城市景观河道,驳岸已完全硬化,河道宽30米—40米。

通州是大运河文化带建设的核心区,这里保存有大量的运河文化遗产,如燃灯塔、大光楼、漕运码头等。这些遗迹见证了北京作为古都的繁荣与辉煌,也展示了大运河在古代漕运、商贸、文化交流等方面的重要作用。此外,通惠河通州段还承载着丰富的非物质文化遗产如通州运河龙灯、运河船工号子、通州运河风筝等,这些传统技艺和民俗活动都与大运河息息相关,成为北京文化的重要组成部分。

三、大运河与北京文化的关系

大运河作为北京历史上的重要水路交通干线,对北京的经济发展、文化交流和城市格局的形成都产生了深远的影响。

一枝塔影认通州

（一）促进了北京的繁荣与发展

北京运河文化的形成与大运河的开通和治理密不可分。自隋唐时期开始，大运河就成为连接南北的重要商贸通道，对于促进南北经济、文化交流起到了至关重要的作用。尤其在元代，北京成为全国统一王朝的首都后，大运河更是成为京城物资供应的生命线，在巩固北京的政治、经济、文化中心地位方面发挥了举足轻重的作用。京杭大运河的全线通航，因运河而来的商旅互相交织，南方的粮食、丝绸、茶叶等物资通过运河源源不断地运往北京，商业活动频繁，北京的商品也通过运河销往南方各地，推动了北京作为经济贸易枢纽的发展，也促进了北京与各地的经济往来和文化交流，为北京的繁荣与发展奠定了坚实的基础。

（二）丰富了北京的文化内涵

大运河不仅是一条商贸通道，更是一条承载着文化交流与融合的重要纽带。随着大运河的繁荣，沿岸地区逐渐形成了丰富多彩、独具特色的运河文化。这种文化不仅是大运河与社会发展的产物，更是运河流域社会历史、政治经济、民族风情、行为规范、思维方式、价值观念等诸多因素的积淀。大运河在促进南北方文化交融方面发挥了不可替代的作用。南方的灿烂文化、精湛艺术、先进科技等宝贵成果通过这条黄金水道源源不断地传入北京，与北京的本土文化相互碰撞、融合，共同铸就了独具魅力的京城文化。

因为大运河的存在，南北物资的融汇给北京带来了经济繁荣，同时期的文化交流还衍生出丰厚且独具地域特色的文化与民俗。大运河给北京城注入的物质文化与非物质文化数不胜数，内涵深厚。在北京城内，大运河沿岸的河道、码头、闸坝及其附属建筑等设施，与周边的古城街区、特色民居、道观庙宇、地方会馆、皇家园林、名人胜迹等共同勾勒出一幅绚丽多姿的运河文化画卷。这些独具特色的建筑群落和文物名胜，不仅展现了运河文化的物质形态，更是北京城文化风貌的重要组成部分。此外，那些流传久远的运河传说、歌舞表演、皮影戏、剪纸艺术、绘画作品以及丰富多彩的民俗活动等非物质文化遗产，也是北京文化生态中不可或缺的一部分。它们蕴藏着中华民族深邃的文化基因，为北京的文化底蕴增添了厚重的历史感和民族特色。

（三）塑造了北京的城市格局

大运河的开凿与治理，对北京的城市格局产生了深远而重大的影响。它不仅是一条商贸通道和文化交流的纽带，更是一条塑造和影响北京城市发展的生命线。元明清三代，随着大运河的治理与发展，都城的规划与建设始终与其紧密相连。京城的选址、城墙的走向、城市规划、水道格局、街巷布局、市场设立、园林湖泊等方方面面，都充分考虑了大运河的走向与布局，形成了独特的城市景观和空间形态。这种紧密的联系使北京成为一个水陆交通便捷、经济繁荣、文化昌盛的城市。

大运河与北京文化之间存在着密不可分的关系。大运河的开通和治理促进了北京的经济发展和文化交流,也为北京留下了丰富的历史文化遗产和人文景观。这些宝贵的文化财富不仅是我们了解历史、传承文化的重要载体,也是北京作为一座历史文化名城的重要支撑和象征。

四、北京运河文化遗产的保护与利用

时至今日,尽管大运河沟通南北的交通作用已逐渐弱化,它所蕴含的重要历史文化价值却历久弥新。作为世界上最长的人工河流,大运河承载着丰富的历史和文化内涵,而北京段作为其重要组成部分,更是拥有着独特的文化遗产价值。习近平总书记指出:"大运河是祖先留给我们的宝贵遗产,是流动的文化,要统筹保护好、传承好、利用好。"近年来,北京市政府高度重视北京运河文化遗产保护工作,并采取了一系列措施加以推进。

首先,政府加大了对大运河文化遗产保护的投入力度,增加了专项经费,用于文化遗产的修缮、保护和展示工作。同时,还加强了对大运河沿线文化遗产的普查和认定工作,确保每一处文化遗产都得到有效的保护和利用。

其次,北京市政府积极推动大运河文化遗产与旅游、文化等产业的融合发展,通过打造大运河文化带、建设大运河国家文化公园等方式,充分运用大运河元素,以文塑旅、以旅彰文,依托大运河源头文化内涵,将大运河文化遗产与周边景观、文化设施等相结合,丰富旅游内容,提升服务品质,形成了独具特色的文化旅游线路和产品,推出大运河旅游研学品牌,提高大运河文化旅游的影响力,为大运河文化遗产的保护和传承注入了新的活力。

此外,北京市政府还加强了对大运河文化遗产的监管和执法力度,严厉打击破坏文化遗产的违法行为,确保了大运河文化遗产的安全和完整。同时,还积极开展针对大运河文化遗产保护的宣传和教育工作,提高了公众的文化遗产保护意识和参与度。

第八节 时代新篇:文化交融,"京"彩纷呈

一、红色旅游:重温红色历史、弘扬革命精神

红色旅游因其独特的历史背景、鲜明的时代特色和丰富的精神内涵,不仅是社会广泛关注、政府着力发展的朝阳产业,还是人民群众接受爱国主义教育和革命精神洗礼的重要渠道。作为首都,北京是红色文化资源重要的聚集地和传承地,拥有弥足珍贵的革命史料和红色印记以及丰富的红色旅游资源,在发展红色旅游方面具有得天独厚的优势。

目前,北京已经形成了一批具有代表性的红色旅游景区和路线。这些景区和旅游路线通过讲解历史事件和英雄人物的故事,增强了游客对中国革命历史和伟人精神的认同感和自豪感。

(一) 天安门广场红色游

天安门广场红色游是一条充满历史与文化底蕴的旅游线路,它引领游客走进中国近代革命的圣地,感受那段波澜壮阔的历史岁月。这条线路主要包含天安门广场、天安门城楼、人民英雄纪念碑、毛主席纪念堂、人民大会堂、中国国家博物馆和中山公园来今雨轩。

1. 天安门城楼

天安门是中华人民共和国的象征性建筑物,是全国爱国主义教育基地、全国重点文物保护单位。作为中国红色旅游的重要地标,天安门城楼承载着丰富的革命历史和文化内涵。这座古老而庄严的建筑,见证了中国从屈辱走向振兴的历程,也见证了中国共产党领导人民走向辉煌的时刻。

天安门城楼见图 4-22。

图 4-22　天安门城楼

天安门城楼始建于明永乐年间,原名为承天门,寓意着"奉天承运,受命于天"。清顺治八年(1651 年),顺治皇帝按照明代建筑规制重建承天门后,改其为"天安门",取"受命于天,安邦定国"之意。在漫长的历史长河中,天安门城楼一直是中国政治活动的中心。1949 年 10 月 1 日,毛泽东主席在天安门城楼上宣布了中华人民共和国的成立,揭开了中国历史的新篇章。从此,天安门城楼成为中华人民共和国的象征性建筑之一。从 1988 年 1 月 1 日开始,这座昔日的皇家城楼正式向公众开放。中外游客能登上天安门城楼,手扶栏杆,放眼南望,人民大会堂、人民英雄纪念碑、毛主席纪念堂、中国国家博物馆,这些气势轩昂的现代建筑尽收眼底。

天安门城楼不仅是一个旅游景点,更是历史见证。它见证了中国人民从被压迫、被剥削的境地中奋起反抗,最终赢得民族独立和人民解放的艰辛历程。它也见证了中国共产党领导人民进行社会主义革命和建设的伟大实践。如今,它继续见证着中国特色社会主义事业的蓬勃发展。在这里,游客们可以深入了解中国的革命历史和文化传统,感受中国人民在追求自由、民主、幸福的过程中所展现出的坚定信念和英勇精神。

2. 天安门广场

《天安门城楼》

天安门广场是北京的中心广场,是国家重大节日庆典活动的重要场所。天安门广场地处北京市东城区东长安街,北起天安门,南至正阳门,东起中国国家博物馆,西至人民大会堂,南北长880米,东西宽500米,面积达44万平方米,可容纳100万人举行盛大集会,是世界上最大的城市广场。在中国现代史上,天安门广场曾经发生过多次具有深远影响的重大事件:1919年的五四运动,1935年的一二·九运动,1947年的"三反"运动,1949年的开国大典等。

3. 人民英雄纪念碑

《天安门广场》

人民英雄纪念碑位于天安门广场中央。1952年正式动工兴建,1958年5月1日举行了揭幕仪式,是中国历史上最大的纪念碑。

人民英雄纪念碑是为了纪念在人民解放战争和人民革命中牺牲的英雄们而建的。1961年,人民英雄纪念碑被中华人民共和国国务院公布为第一批全国重点文物保护单位。人民英雄纪念碑的碑文分两部分。碑身正面(北面)的"人民英雄永垂不朽"八个大字为毛泽东主席题写。背面碑文由毛泽东主席撰文,周恩来总理亲笔书写,内容如下:"三年以来,在人民解放战争和人民革命中牺牲的人民英雄们永垂不朽!三十年以来,在人民解放战争和人民革命中牺牲的人民英雄们永垂不朽!由此上溯到一千八百四十年,从那时起,为了反对内外敌人,争取民族独立和人民自由幸福,在历次斗争中牺牲的人民英雄们永垂不朽!"碑文以紫铜为胎,用传统工艺鎏金,共用黄金130两,镶嵌在花岗岩碑心。碑身两侧由五角星、松柏、旗帜组成的花环浮雕装饰而成。

碑座由两层月台和两层须弥座构成,下层须弥座四周镶嵌着8幅汉白玉浮雕。内容按历史顺序依次为"虎门销烟""金田起义""武昌起义""五四运动""五卅运动""南昌起义""抗日战争""胜利渡江"。在"胜利渡江"两旁另有两块装饰性浮雕,内容为"支援前线""欢迎人民解放军"。人民英雄纪念碑浮雕囊括了中国100多年的革命战争史。浮雕上层是小须弥座,四周雕刻有由牡丹、荷花、菊花、百合花等组成的8个花圈。

人民英雄纪念碑通高约38米,整座建筑共使用花岗岩、汉白玉等各种大小石料1.7万多块。

4. 毛主席纪念堂

毛主席纪念堂位于天安门广场,始建于1976年11月,1977年9月举行落成典礼并对外开放。毛主席纪念堂是党和国家的最高纪念堂,是以毛泽东同志为核心的党的第一代革命领袖集体的纪念堂,是全国爱国主义教育基地。

毛主席纪念堂占地面积5.72公顷,总建筑面积33867平方米。纪念堂主体建筑为柱廊型正方体,44根花岗岩石柱环抱四周,重檐屋顶,雄伟壮丽。

按照功能划分,毛主席纪念堂一层由北大厅、瞻仰厅和南大厅组成,二层由毛泽东、周恩来、刘少奇、朱德、邓小平、陈云同志革命业绩纪念室及宣教厅、藏品陈列室组成。

北大厅是举行纪念仪式的地方,大厅正中是一尊汉白玉毛主席坐像,坐像背后是巨幅绒绣壁毯《祖国大地》,寓意毛泽东同志与祖国锦绣山河永远同在。瞻仰厅是纪念堂的核心,毛泽东同志身着灰色中山装,安卧在晶莹剔透的水晶棺里,身上覆盖着鲜红的中国共产党党旗。水晶棺的黑色花岗岩基座上镶嵌着党徽、国徽和军徽。从瞻仰厅出来是南大厅,南大厅北侧汉白玉墙面上镶嵌着毛泽东同志手迹《满江红·和郭沫若同志》,银胎镏金、气势磅礴,抒发了中国人民进行社会主义建设、反对霸权主义的坚定豪迈。

二层各纪念室按照时间顺序和分专题的方式,以大量珍贵的照片、文献、文物完整展现了6位老一辈革命家的丰功伟绩和崇高风范。宣教厅用以开展主题宣讲,放映文献纪录片《千秋伟业》,生动展现中华民族从站起来、富起来到强起来的伟大飞跃,教育引导广大党员群众深刻领悟"两个确立"的决定性意义,不断增强"四个意识"、坚定"四个自信"、做到"两个维护"。藏品陈列室陈列着全国人民敬献的珍贵物品,表达了人民群众对党、对党中央、对党的领袖的深厚感情。

5. 人民大会堂

人民大会堂位于天安门广场西侧,是为庆祝中华人民共和国成立10周年而建造的。从1958年10月动工到1959年9月建成,只用了10个多月的时间,是中国建筑史上的一大创举。人民大会堂是全国人民共商国是、国家举行国事外事活动的重要场所,是最高国家权力机关——全国人民代表大会举行会议的地方,是全国人民代表大会常务委员会办公地点。

整座建筑平面呈"山"字形,中央最高处46.5米,长336米,宽206米,建筑面积17.18万平方米,四周共有廊柱134根。

人民大会堂主要分为以下三个部分。

南部为全国人大常委会办公区,其中包括以我国34个省、自治区、直辖市、特别行政区命名的厅室。

中部为万人大礼堂。大礼堂分上、中、下三层,可容纳万人举行会议。万人大礼堂顶部为穹隆顶,中央有巨型红色五角星灯,周围点缀着70道光芒线、40片葵花瓣、500个满天星及三环水波式暗灯槽等各种灯饰,寓意"万众一心团结在党中央周围"。

北部为宴会厅,是党和国家领导人举行盛大国宴和招待会的地方,可供5000人的座席宴会或1万人的酒会,是我国最大的宴会厅。

6. 中国国家博物馆

中国国家博物馆位于天安门广场东侧,与人民大会堂遥相呼应。2003年2月在原中国历史博物馆和中国革命博物馆两馆合并的基础上组建成立，是以历史与艺术并重，集收藏、展览、研究、考古、公共教育、文化交流于一体的综合性国家博物馆。1959年8月，位于北京天安门广场东侧的两馆大楼竣工，为中华人民共和国建国十周年十大建筑之一，同年10月1日开始对外开放。中国国家博物馆在保护国家文化遗产、展示祖国悠久历史、弘扬中华文明，进行爱国主义教育，开展对外文化交流，体现中华文化软实力等方面发挥积极而重要的作用。

中国国家博物馆拥有藏品143万余件（套），涵盖古代文物、近现当代文物、艺术品等多种门类，藏品系统完整，历史跨度巨大，材质形态多样，具有高度的历史价值、科学价值和艺术价值，全面系统完整地展现了中华优秀传统文化、革命文化、社会主义先进文化，是中华文明发展史的典藏宝库。国家博物馆展览包含基本陈列、专题展览和临时展览三个部分。基本陈列包括"古代中国""复兴之路""复兴之路·新时代部分"。专题展览包括古代瓷器、玉器、书画、钱币、佛造像、铜镜、服饰、饮食及古今科技等。遵循"不求所藏、但求所展、开放合作、互利共赢"的原则，临时展览逐步形成主题展览、精品文物展、历史文化展、考古发现展、科技创新展、地域文化展、经典美术展、国际交流展等展览系列。

7. 中山公园来今雨轩

来今雨轩始建于1915年，位于中山公园内坛东南角。20世纪20年代前后，以李大钊、毛泽东、邓中夏为代表的一大批先进知识分子常聚来今雨轩，参与少年中国学会、文学研究会活动，编辑刊物，研讨交流，传播马克思主义，使来今雨轩成为中国共产党早期北京革命活动的重要场所之一。2021年6月，来今雨轩作为中国共产党早期北京革命活动旧址之一对外开放，内设"少年中国学会专题展""文学研究会专题展"。

（二）"觉醒年代"主题线路

"觉醒年代"主题线路是北京红色旅游线路中的一条重要线路，它主要沿着中国共产党早期革命活动的历史轨迹，带领游客参观一系列与"觉醒年代"相关的历史遗迹和纪念馆，让游客能亲身感受从新文化运动、五四运动到中国共产党建立这段波澜壮阔的历史画卷和革命先烈的英勇事迹。这条线路不仅展示了中国共产党早期领导人的革命风范，也体现了那个时代先进知识分子和青年学生的觉醒与奋斗。通过这条线路的游览，游客可以重温那段波澜壮阔的革命岁月，并深入了解中国的近代史和革命历程。

该线路主要包括以下几个主要景区。

1. 中国共产党早期北京革命活动纪念馆（北大红楼）

中国共产党早期北京革命活动纪念馆（北大红楼）承载了那段觉醒年代的革命精神，始建于1916年，位于五四大街29号，原为北京大学校部、文科和图书馆所在地。全楼通体以红砖砌成，红瓦铺顶，故称北大红楼。北大红楼是李大钊、陈独秀、毛泽东等

知识链接

明清时期的天安门广场

人开展革命活动的重要场所,是新文化运动的中心和五四运动的策源地,是马克思主义传播的主阵地和中国共产党的主要孕育地之一。

2.《新青年》编辑部旧址(陈独秀旧居)

《新青年》编辑部旧址(陈独秀旧居)位于东城区北池子大街箭杆胡同。1917年,陈独秀由上海赴北京大学任教时就居住在这里,《新青年》编辑部也随之迁于此。电视剧《觉醒年代》中有不少故事都发生在陈独秀旧居中,电视剧中的部分场景和陈列也都来源于此。这里是新文化运动的重要发源地,许多重要的革命思想和理论在这里诞生,对当时的青年学生和知识分子产生了深远的影响。2020年3月,北京市将《新青年》编辑部旧址(陈独秀旧居)列为"北大红楼与中国共产党早期北京革命活动旧址"的一部分,并进行保护修缮。2021年6月1日,《新青年》编辑部旧址(陈独秀旧居)对外开放,内设"历史上的《新青年》专题展""陈独秀在北京专题展"。现场还设置了油印体验,观众可以亲手印制《新青年》封面并加盖当日纪念章带走留念。

3. 李大钊故居

李大钊故居位于西城区文华胡同24号。从1916年至1927年,李大钊在北京工作、生活十年,先后居住过八个地方。这里是李大钊在故乡之外与家人生活时间最长的一处居所。故居是一个小三合院,有北房3间,东、西耳房各2间,东、西厢房各3间。西厢房为李大钊的书房,早期党组织的重要会议以及许多文章都是在书房中完成的。这里是李大钊传播马克思主义、创建中国共产党、领导北方工人运动、促成第一次国共合作等一系列革命实践活动具有代表性的历史见证。

(三)"进京赶考之路(北京段)"

"进京赶考之路(北京段)"中包括清华园车站旧址、颐和园益寿堂、中共中央香山驻地旧址和香山革命纪念馆这几处热门红色文化打卡地。

1949年3月23日,毛泽东率领中共中央机关和中国人民解放军总部离开西柏坡,向北平进发。出发前,毛泽东曾对周恩来说:"今天是进京的日子,进京'赶考'去!"

1949年3月25日早6点,毛泽东、周恩来等中央领导人到达北平,在清华园车站走下火车;中午到达颐和园益寿堂休息,下午在西苑机场阅兵,傍晚在颐和园益寿堂宴请民主人士,午夜入驻香山。这段线路,记录了中共中央移驻北平的第一天,也是中华人民共和国建设发展之路的第一段,是中国共产党人从农村向城市转折、开始建立建设中华人民共和国的重要里程碑,在中国共产党历史、中华人民共和国历史上具有非常重要的地位。

1. 清华园车站旧址

清华园车站旧址位于海淀区成府路路口附近。这里是中共中央"进京赶考之路(北京段)"中的重要一站。1949年早春,毛泽东等老一辈无产阶级革命家率领中共中央机关在清华园车站下车,开启了"进京赶考之路"在北平的重要篇章。现展厅中设有分为两个部分,第一部分为"步伐坚定的赶考之路:中共中央赴北平";第二部分为"坚持党的领导:永葆'赶考'的清醒和坚定"。通过认真观看珍贵的文物展品、翔实的史料文字和生动的历史照片,参观者得以感受一次精神洗礼,重温共产党人的使命初心。

2. 颐和园益寿堂

作为中共中央"进京赶考"的一个重要落脚点,颐和园益寿堂"古都春晓——中共中央'进京赶考之路'颐和园专题展览"向参观者展示了当年"益寿堂晚宴"的细节。根据益寿堂西殿、正殿、东殿的布局形式,展览中60余张历史图片、60余件(套)文物,按照"古园新生""宴集群贤""肝胆相照"三个部分依次展开,着重展示了北平和平解放后颐和园成为人民的公园、益寿堂晚宴中共与民主人士欢聚一堂共商国是、新政协筹备、召开中国人民政治协商会议第一届全体会议等诸多亮点内容。展览在综合运用文物文献、历史照片、场景复原手段的同时,还展示了丰富的多媒体视频资料,创新设置了多媒体互动体验区,将一段段珍贵历史瞬间定格,带领观众穿越时空,追寻先辈革命足迹。

3. 香山革命纪念地

香山是中国革命胜利前夕党中央所在地。中共中央在香山期间,指挥了举世闻名的渡江战役,吹响了"打过长江去,解放全中国"的进军号角,并筹备新政协会议,筹建中华人民共和国,指挥人民解放战争走向全国胜利。

香山公园为了全面展现中共中央在香山时期的革命历史,对双清别墅、来青轩等香山公园内存留的中共中央在香山的8处革命旧址依据历史照片、史料档案、当事人回忆录等资料,参照历史同期营造技法,进行了全面修缮复原,恢复了中共中央进驻香山时的历史风貌。在这里,游客还可以参观香山革命纪念馆,追溯革命历史,重温"赶考"初心。

延伸阅读

双清别墅

(四)经典红色歌曲唱响之旅

这条线路将带领游客走进平西抗日战争纪念馆和《没有共产党就没有新中国》纪念馆,探访革命旧址,追寻红色记忆。在这里,游客可以重温中国共产党领导人民顽强抗战的烽火岁月,感受红色歌曲所蕴含的深厚情感和革命精神。行程包括参观平西抗日战争纪念馆,这里翔实地记录了抗日战争期间,中国共产党领导下的英勇抗争历程;前往红色马安,感受当地深厚的革命文化氛围;最后,在《没有共产党就没有新中国》纪念馆,通过丰富的展品和史料,了解中国共产党如何领导中国人民走向胜利,建立中华人民共和国的历史过程。

1. 平西抗日战争纪念馆

平西抗日战争纪念馆位于房山区十渡镇十渡村,是享誉全国的红色爱国主义教育基地。建馆以来,平西抗日战争纪念馆利用珍贵的史料遗迹向社会各界宣传了平西抗战史。平西抗战馆展览主题为"平西抗日根据地斗争展",展馆共分八个单元,总计展出图片490张,文物332件,油画9幅,复原场景12处。展馆还引入了三维全息、实景体验等多媒体艺术呈现手段,进一步多角度、全方位反映了抗战时期平西军民在中国共产党的领导下不屈不挠、英勇顽强斗争的伟大精神和众志成城、前仆后继的革命英雄气概,向世人展示着一幅幅血与火的历史画卷。

2. 红色马安

马安村位于房山区十渡镇马安村,是平西红色第一村。平西抗日战争中,村民英勇抗战,没有出过一个叛徒。1951年8月,中央人民政府北方老革命根据地访问团慰问革命老区平西人民,将毛主席对革命老区亲笔题词的"发扬革命传统,争取更大光荣"锦旗授予马安村,同时还赠送了中央人民政府的慰问信、纪念章。

3.《没有共产党就没有新中国》纪念馆

《没有共产党就没有新中国》纪念馆坐落在房山区霞云岭乡堂上村,在抗日战争时期,该村为平西根据地的前沿地带,至今还完整地保存着曹火星当年创作词曲旧址。2019年9月,被中宣部命名为"全国爱国主义教育示范基地"。

纪念馆举办大型主题展览分为"历史回响 人民心声""深山里飞出不朽的歌""让心中的歌代代传唱"三个部分,共展出800幅历史图片,运用文字、摄影、绘画、浮雕、蜡像、幻影成像等艺术手段,展示了只有共产党才能团结带领人民前进这一历史事实和客观真理。

作为首都,北京拥有丰富的红色旅游资源,在发展红色旅游方面具有得天独厚的优势。这些北京红色旅游的重要地标,承载着厚重的红色历史,蕴含着数不清的红色故事,是红色基因代代相传的重要载体,也是市民和游客体验北京红色文化、学习红色历史、弘扬红色精神的重要媒介。

二、高校研学旅游:知行合一的文化浸润之旅

研学旅游是一种寓教于游的教学新业态,它结合了研究性学习和旅行体验,旨在通过实地考察和实践学习,让学生在集体生活中开阔视野、增长见识、探讨学习。这种校外实践活动强调学生的实践能力和创新精神,同时涵盖了多个学科领域,促进学生进行全面分析,从而提高其综合素质。

北京作为首都,具备诸多独特的优势,使其在发展研学旅游方面极具潜力。北京不仅拥有丰富的历史文化资源,如众多的名胜古迹和博物馆;还拥有顶尖的教育资源,众多知名高校和科研机构林立于此;同时,北京还拥有多元的科技资源,科技馆、创新园区等为学生提供了近距离感受科技魅力的机会;其便利的交通条件,让研学活动的开展更加顺畅;国际大都市的影响力,吸引着来自世界各地的学生,拓宽了他们的研学视野;此外,完善的配套设施,包括餐饮、住宿等,为研学活动的顺利进行提供了有力保障。

在北京开展的研学旅游活动中,涵盖了多种类型,如自然生态研学、历史文化研

知识链接

北京市经典红色旅游景区名录

学、科技研学、艺术研学、劳动教育研学、红色研学和综合实践研学等。这里主要介绍北京高校研学旅游。这些路线可以让学生深入了解高校的历史文化、学术氛围和校园环境。在研学过程中，学生可以参观校园内的著名景点，如图书馆、教学楼、实验室等，还可以听取讲座、与学生交流，体验高校的课程和活动。

（一）北京大学

北京大学，前身是清末维新变法中设立的"京师大学堂"。作为中国近代第一所国立综合性大学，北京大学始终与国家民族的命运紧密相连，影响了中国百年来的历史进程。

1. 历史沿革

北京大学创办于1898年，是戊戌变法的产物，也是中华民族救亡图存、兴学图强的结果，初名京师大学堂，辛亥革命后，于1912年改为现名，标志着中国高等教育的崭新篇章。从此，这里成了新文化运动的中心和五四运动的策源地，也是中国最早传播马克思主义和民主科学思想的发祥地，更是中国共产党最早的活动基地，北京大学为民族的振兴和解放、国家的建设和发展、社会的文明和进步作出了不可替代的贡献，在中国走向现代化的进程中起到了重要的先锋作用。爱国、进步、民主、科学的传统精神和勤奋、严谨、求实、创新的学风在这里生生不息、代代相传。

1917年，著名教育家蔡元培出任北京大学校长，他"循思想自由原则，取兼容并主义"，对北京大学进行了卓有成效的改革，倡导思想解放和学术繁荣。陈独秀、李大钊、毛泽东以及鲁迅、胡适等一批杰出人才都曾在北京大学任教或任职。

1937年卢沟桥事变后，北京大学与清华大学、南开大学向南迁往长沙，共同组成长沙临时大学。不久，临时大学又迁到昆明，改称国立西南联合大学。抗日战争胜利后，北京大学于1946年10月在北平复学。

中华人民共和国成立后，全国高校于1952年进行院系调整，北京大学成为一所以文理基础教学和研究为主、兼有前沿应用学科的综合性大学，为社会主义建设事业培养了大批杰出人才，在23位"两弹一星"元勋中有12位北大校友。

改革开放以来，北京大学进入了稳步快速发展的新时期，于1994年成为国家"211工程"首批重点建设大学。1998年5月4日，在庆祝北京大学建校一百周年大会上，党中央发出了"为了实现现代化，我国要有若干所具有世界先进水平的一流大学"的号召，之后启动了建设世界一流大学的"985工程"。在这一国家战略的支持和推动下，北京大学的发展翻开了新的一页。

2000年4月3日，北京大学与原北京医科大学合并，组建了新的北京大学。原北京医科大学的前身是创建于1912年10月26日的国立北京医学专门学校，1903年京师大学堂设立的医学实业馆为这所国立西医学校的诞生奠定了基础。20世纪30年代到40年代，学校一度名为北平大学医学院，并于1946年7月并入北京大学。1952年在全国高校院系调整中，北京大学医学院脱离北京大学，独立为北京医学院。1985年更名为北京医科大学,1996年成为国家首批"211工程"重点支持的医科大学。两校合并进一步拓宽了北京大学的学科结构,为促进医学与理科、工科以及人文社会科学的交叉融合,改革创新医学教育奠定了基础。

党的十八大以来,在以习近平同志为核心的党中央坚强领导下,北大加快推进高质量内涵式发展,在建设中国特色世界一流大学的新征程上取得新突破。北京大学进入了一个新的历史发展阶段,在学科建设、人才培养、师资队伍建设、教学科研等各方面都取得了显著成绩,北大正一步步迈向世界一流大学。今天的北京大学已经成为培养高素质拔尖创新人才的摇篮、创造前沿科技和先进思想文化的重要阵地、服务国家高质量发展的枢纽平台、推动高水平对外开放的桥梁纽带,在新征程上不断谱写建设中国特色世界一流大学的崭新篇章。

2. 特色建筑

1) 西校门

(1) 历史溯源。

西校门在燕京大学时期是燕园唯一的正门,当时门正中悬挂着由蔡元培先生手书写的"燕京大学"四字匾额。1952年,北京大学迁入燕园以后,门正中换上了北京大学四字匾额。"北京大学"四字是毛泽东主席在1950年应北大学生会请求的亲笔题字放大而成,与红色的校门浑然一体。

(2) 文物特色。

西校门为北京大学的正门,坐西朝东,为古典三开朱漆宫门建筑,高不超过八米。风格古朴,庄严典雅,与颐和园东宫门相似,具有浓郁的民族风格。西校门处于北京大学的主轴线起点位置,是进入北大领略风光的最佳入口。西校门内是一座精心雕镂的石桥,由校友所捐。正对西门的是校园的主要建筑,即现在的办公楼,其间空地上还耸立着从圆明园迁来的两只华表。西校门向西而行,是清代名园鸣鹤园的遗迹,往南的一片绿地和荷塘,是明末画家米万种勺园故址。

西校门作为燕园的标志性建筑之一,已成为北大形象的重要代表,也是人们认识北大的重要窗口。经过岁月的洗礼,西校门已演变为北大的象征,蕴含着丰富的精神文化内涵。

2) 华表

西门有两座华表,由汉白玉雕成,柱身刻有云彩和姿态各异的蟠龙,通高约8米。柱头饰以有连瓣的圆形承露盘,盘中央立着传说中的神兽望天犼。下方的八方形、须弥座高为1.24米。华表原放于圆明园安佑宫琉璃坊前。有关资料推断,这两座华表至迟建于乾隆七年(1742年)。《燕京大学校刊》对华表如何从圆明园移至燕园有详细的记载。

华表一粗一细,大小不一,并非一对。1925年,燕京大学建校舍时,只从圆明园运来了三根华表,第四根却被运到城里,1931年曾横卧在天安门前。当北京图书馆文津街新馆落成时，欲将燕京大学多余的一根华表搬走与天安门前的另一根合成一对，不料搬运时阴错阳差，结果燕大和北图的华表皆不成对。

如今，北大华表不仅是校内引人注目的景观，更成为北大精神与思想的象征，联结一代又一代的燕缘情长。

图4-22　北大华表

北大华表如图4-22所示。

3）未名湖

未名湖的历史可以追溯到明清时期。明代，这里是明代书画家米万钟的勺园旧址，亦称"风烟里"，多有水乡景物，"才辞帝里入风烟，处处亭台镜里天"。到了清乾隆时期，和珅在此处建了"淑春园"，仿照"御园"凿湖建岛。这里丘陵起伏，涓涓细流环绕，景色宜人。然而，随着历史的变迁，未名湖也经历了多次的变迁和易主。在20世纪20年代，它成为燕京大学的一部分，并由钱穆命名为"未名湖"。有一首诗曾一度在北大流行："未名湖是个海洋，诗人都藏在水底，灵魂们若是一条鱼，也会从水面跃起。"

1952年，燕京大学被行政撤销，北京大学从市中心迁至燕京大学旧址，从此未名湖成为北京大学校园的一部分，与博雅塔组成北京大学的标志性景观，美丽的湖光塔影伴随着大师的背影，构成燕园中最美的图画。著名的"一塔湖图"指的就是未名湖湖畔的景色。

未名湖和博雅塔如图4-23所示。

图4-23　未名湖和博雅塔

未名湖南部有翻尾石鱼雕塑,中央有湖心岛,由桥与北岸相通。湖心岛的南端有一个石舫。湖南岸上有钟亭、临湖轩、花神庙和埃德加·斯诺墓,东岸有博雅塔。未名无名,却因为大师与先哲们自由、深邃、悠远的思想而闻名,更展现了这片湖水独特的灵气与魅力。

4)博雅塔

博雅塔位于未名湖东南隅山地上,于1924—1925年间建成,由当时燕京大学哲学系教授博晨光的叔父投资兴建。博雅塔采用辽代密檐砖塔外形,是使用功能、艺术造型、环境协调三方面高度统一的建筑杰作。博雅塔所处的位置看似平常,但却是设计者经过精心推敲后的选择,它那高高的塔身,可以让校园内外时时出现不同角度的影子。

博雅塔的设计参照了通州的燃灯塔,燃灯塔十三级,"高二百八十尺,围百四尺,中空",博雅塔也是十三级,只不过比燃灯塔小,高仅三十七米,也是中空,有螺旋梯直通塔顶,除基座外全是钢筋水泥文物,设计精良。顺螺旋梯向上直达塔顶,可将西山景色尽收眼底;朝下看又能看见倒映在未名湖水中的塔影,充满的诗意画面被北大人称为"湖光塔影"。

博雅塔在建成之初是一座水塔。早在1921年,未名湖一带成为燕大新校址,但北京自来水厂尚无力供水到海淀,校方为了解决全校师生的生活用水问题,于1924年7月在现在的水塔附近打了口深井,掘成后水源丰沛,喷水高出地面几米。为向全校供水,急需建一座水塔。

而今,其水塔这一功能早已弃而不用,反倒是其典雅、古朴的造型,成就了博雅塔独特的文化功能,与未名湖、图书馆一起,成为燕园最著名的文物,位列"一塔湖图"(谐音一塌糊涂)之首。

5)北京大学图书馆

挥别博雅塔,一路向南,在一片古朴的歇山式屋顶中,最端庄典雅的一座建筑就是和博雅塔、未名湖并称为"一塔湖图"三景中的"图"——北京大学图书馆。

北京大学图书馆是一座资源丰富、现代化、综合性、开放式的研究型图书馆,中国最早的现代新型图书馆之一。它的前身为建立于1898年的京师大学堂藏书楼,馆藏古籍规模宏大、种类齐全,被国务院批准为首批国家重点古籍保护单位。

北京大学图书馆至今已有百余年的历史,历经诸多变迁,从1898年的京师大学堂藏书楼到1918年辛亥革命后,红楼初建,更名为"北京大学图书馆",再到1952年迁至西郊燕园、新馆一一落成。今天的北大图书馆已经成为占地面积超过5.1万平方米,纸质藏书多达800万册的亚洲第一大高校图书馆。不仅如此,北大图书馆同时拥有大量引进和自建的国内外数字资源,包括各类数据库、电子期刊、电子图书和多媒体资源,已发展成为资源丰富、现代化、综合性、开放式的研究型图书馆。

步入馆中,在圆形的玻璃穹顶下,跨越时空的思维桥梁每一秒都在搭建,将古今中

石舫

博雅塔

外的智慧结晶通过书页和数据快速传输。北京大学图书馆涵养了北大的学术精神,也传承了中华民族的文脉品格。1978年初,邓小平同志为北大新图书馆亲笔题写馆名,1992年11月,江泽民同志为北大图书馆90周年馆庆题词:"几代英烈,百年书城,发扬传统,继往开来"。

【教学互动】

北大校园的标志景色可以概括为"一塔湖图",指的是哪些校园景观?

6)蔡元培铜像

蔡元培先生的雕像是北大1977级、1978级毕业生在毕业前夕集资铸建的。铜像基座上有许德珩亲笔书写的"蔡元培先生"五个镀金字。1982年10月5日,蔡元培铜像的落成仪式在未名湖畔举行。当时的党和国家领导人乌兰夫、胡乔木、许德珩、胡愈之、周培源等参加了当天的落成典礼。该铜像是由我国著名雕塑家、中央美术学院曾竹韶教授创作,由北京钢铁学院、首都钢铁公司协助铸成。

(二)清华大学

1. 历史沿革

清华大学的前身清华学堂始建于1911年,1912年更名为清华学校。1928年更名为国立清华大学。1937年抗日战争全面爆发后南迁长沙,与北京大学、南开大学组建国立长沙临时大学,1938年迁至昆明改名为国立西南联合大学。1946年迁回清华园,设有文、法、理、工、农等5个学院、26个系。

1952年全国高等学校院系调整后,清华大学成为一所多科性工业大学,重点为国家培养工程技术人才,被誉为"红色工程师的摇篮"。改革开放以来,清华大学逐步确立了建设世界一流大学的长远目标,进入了蓬勃发展的新时期。学校先后恢复或新建了理科、文科、医学学科和经济管理学科,并成立了研究生院和继续教育学院。1999年,中央工艺美术学院并入,成立清华大学美术学院。2012年,中国人民银行研究生部并入,成为清华大学五道口金融学院。在国家和社会的大力支持下,通过实施"211工程""985工程",开展"双一流"建设,清华大学在人才培养、科学研究、社会服务、文化传承创新、国际合作交流等方面都取得了长足进展。目前,清华大学共设22个学院、59个系,已成为一所设有理学、工学、文学、艺术学、历史学、哲学、经济学、管理学、法学、教育学、医学和交叉学科12个学科门类的综合性、研究型、开放式大学。

2. 校训

1914年,梁启超先生到清华以"君子"为题做演讲,以《周易》"乾""坤"二卦"天行健、君子以自强不息""地势坤、君子以厚德载物"为中心内容激励清华学子发愤图强。此后,学校即以此八字尊为校训,制定校徽。1917年,修建好的大礼堂即以巨徽嵌于正

蔡元培

额，以壮观瞻。

早在1911年，清华学堂初创时就提出"以进德修业、自强不息为教育之方针"(《清华学堂章程》)。1914年，著名学者梁启超莅校作《君子》为题的讲演，以"自强不息""厚德载物"勉励学生，后被铸入校徽，高悬于大礼堂的上方，成为清华师生共同遵守的校训。

在中国历史文化的发展过程中，"自强不息，厚德载物"的精神一直是读书人的至高理想。八字的含义就是作为一个高尚的人，在气节、操守、品德、治学等方面都应不屈不挠，战胜自我，永远向上，力争在事业与品行两个方面都达到最高境界。在做人做事方面应该顺应自然，胸怀博大，宽以待人，承担起宏伟的历史任务。

"自强不息，厚德载物"精辟地概括了中国文化对人与自然、人与社会、人与人的关系的深刻认识与辩证的处理方法。中华民族历经几千年几度繁荣和衰败的考验，却一直能像一股绳似的凝聚在一起，并依然保持着一个伟大民族的生机与活力，是同这种哲学认识是分不开的。事实上，"自强不息，厚德载物"体现了中华民族的民族精神与民族性格。

3. 主要景观

1) 水木清华

"水木清华"是清华园内最引人入胜的一处胜景，位于工字厅北侧，常被与颐和园中的谐趣园相比，被称为清华园的"园中之园"。"水木清华"一带的景色设计别具匠心，四时变幻的林山，环拢着一泓秀水，山林之间掩映着两座玲珑典雅的古亭。水木清华的荷花池是清华园水系两湖一河之一（水木清华荷花池、近春园荷塘和万泉河）。夏季荷花盛开，一片葱郁之色；冬季白雪落于池面，周围琼枝环绕，别有一番景致。荷塘南侧之畔垂杨掩映着的秀雅古建筑本为工字厅的后厦，为"水木清华"正廊，正额"水木清华"四字，庄美挺秀，有记载说是康熙皇帝的御笔。"水木清华"四字，出自晋人谢混诗："惠风荡繁囿，白云屯曾阿，景昃鸣禽集，水木湛清华。"正中朱柱上悬有清道光进士，咸、同、光三代礼部侍郎殷兆镛撰书的名联："槛外山光历春夏秋冬万千变幻都非凡境，窗中云影任东西南北去来澹荡洵是仙居。"荷塘西侧可见一瀑布，四季流水不断，远远可闻水声，令人心旷神怡。因其幽雅的环境，水木清华常被清华学子选为读书学习和小憩之地。

2) 近春园

近春园原为清咸丰皇帝的旧居，原为康熙皇帝熙春园的中心地带。清道光年间，熙春园分为东西两园，工字厅以西部分称近春园。近春园园志上写着："水木清华，为一时之繁囿胜地。"

近春园景点的核心景观是被朱自清笔下的"荷塘月色"及其包围着的一座岛，岛上有高低的山丘和树林掩映，岛西南侧有一古式长廊，此岛通过一座汉白玉拱桥与岸边相连。每到夏天，便有很多慕名而来的游客前来寻找"荷塘月色"的胜景。"曲曲折折的荷塘上面,弥望的是田田的叶子。叶子出水很高,像亭亭的舞女的裙""月光如流水一般,静静地泻在这一片叶子和花上。薄薄的青雾浮起在荷塘里。叶子和花仿佛在牛乳中洗过一样;又像笼着轻纱的梦。"在默念着朱自清的名句时,游客们还可以在近春园东山上看到为纪念朱自清先生在此写下的名篇《荷塘月色》而建的"荷塘月色亭"。

3) 二校门

二校门位于清华主干道之一的清华路,是清华园内具有代表性的标志性建筑之一,被认为是清华大学的象征。二校门为一座古典优雅的青砖白柱三拱"牌坊"式建筑,门楣上刻有清末大学士那桐的手迹"清华园"三个大字。站在清华路,北望二校门,可遥看清华大礼堂、日晷和清华学堂等景观。

二校门为清华最早的主校门,始建于1909年。1933年,校园扩建,园墙外移,有了新的大门(今日的西校门)。此后,这座最早的校门就被称为"二校门"。春夏秋冬,年年岁岁,时光荏苒,矗立在校园主干道上的二校门,在风雨中,默默见证着清华大学的历史与发展。它不仅仅是清华园的鲜明标志,更是长期以来清华人勤奋求实、荣辱不惊之品格的象征。

4) 清华大礼堂

清华大礼堂始建于1917年,与老图书馆、西体育馆和科学馆,并称"四大建筑",是清华建校以来第一批大规模建筑。大礼堂建成时是国内高校中最大的礼堂。大礼堂的建筑具有意大利文艺复兴时期的古罗马和古希腊艺术风格,罗马风格的穹隆主体,开敞的大跨结构,汉白玉的爱奥尼克柱式门廊。整个建筑下方上圆,庄严雄伟,象征清华人"坚定朴实、不屈不挠"。大礼堂是清华"有光荣历史的建筑物之一",在20世纪30年代是支持中国共产党坚决主张抗日的"大礼堂派"学生集会之地。现在校内的会议、讲座及娱乐演出,仍经常在此进行。

清华大礼堂

三、主题乐园游:探秘奇幻世界

主题乐园在休闲产业中是指有特定游憩主题的、可供人们游乐、休闲、享受的特定空间范围的园区。主题乐园是现代旅游业的一个重要组成部分,为游客提供集休闲、娱乐、文化、科技等多种元素于一体的综合性旅游体验,主要包括以大型游乐设施为主体的游乐园,大型微缩景观公园,以及提供情景模拟、环境体验为主要内容的各类影视城、动漫城等园区。随着经济的发展和人们对旅游体验需求的不断升级,主题乐园的规模和影响力也在逐年扩大。

北京拥有众多不同主题和风格的主题乐园,以其独特的魅力,为游客们打造了一个充满奇幻、刺激与浪漫的世界,为游客们带来了丰富多彩的娱乐体验。

(一)北京环球度假区

北京环球度假区位于北京市通州区文化旅游区内,于2021年9月20日正式开园。作为亚洲的第三座、全球的第五座环球影城主题乐园,北京环球度假区是一个广受欢迎的主题公园旅游目的地,以全新精选景区为主打,网罗全世界环球主题公园人气最高的娱乐设施和景点。北京环球度假区糅合中国文化元素精心打造独特体验,拥有七大主题景区,37个骑乘娱乐设施及地标景点,24个表演演出,80个餐饮门店以及30个零售门店。这里不仅有哈利·波特的魔法世界、变形金刚基地等经典电影主题的沉浸式体验,还有小黄人乐园、功夫熊猫盖世之地等充满童趣的亲子互动区。游客们可以在这里尽情享受刺激的过山车、逼真的特效表演和丰富的购物餐饮选择。

(二)北京欢乐谷

北京欢乐谷以其时尚、动感、欢乐、梦幻的游乐设施而著称,是北京体验旅游的重要标志。北京欢乐谷由峡湾森林、爱琴港、失落玛雅、香格里拉、甜品王国、远古文明·亚特兰蒂斯、欢乐时光七大主题区组成,通过主题文化包装及故事演绎,以建筑、雕塑、园林、壁画、表演、游乐等多种形式,向游客展示了一个多姿多彩的地球生态环境与地域文化,园区内精选世界经典文明和创意智慧,精心设置了40多台套主题游乐设施、100余处人文景观,营造了一个神秘、梦幻的世界。这里有国内惊险刺激的过山车"水晶神翼"、亚洲最高的"太阳神车"等刺激项目,也有适合家庭游玩的"飞越牛奶河""欢乐世界"等温馨项目。此外,欢乐谷的夜景更是美不胜收,为游客们带来别样的体验。

文化演艺是北京欢乐谷的核心体验。北京欢乐谷拥有由200多位演员组成的专业表演团队,以不同形态的艺术表演形式,常年为游客提供每天数十场的表演。北京欢乐谷·华侨城大剧院演出的大型东方神话秀《金面王朝》,自2007年登陆北京文化演艺市场以来,经过16年培育、四次改版升级,用当代美学诠释与创新传统神话,尽显中国特色、中国风格、中国气派,已成为北京文化旅游产业中的一颗闪耀之星,观众覆盖东亚、东南亚、欧美等近30个国家和地区,成为北京旅游演出市场不可多得的文化产品。

(三)北京世界公园

北京世界公园位于丰台区花乡大葆台,于1993年开园。园内包括亚太景区、非洲景区、欧洲景区、美洲景区,是集世界各国名胜古迹于一园,承载世界各民族文化背景的主题公园。公园由露天艺术剧场、亚太大舞台、非洲小舞台、大门区迎宾广场、泰国村大象馆以及五洲花车盛装巡游表演六大演出板块组成,点缀世界著名建筑景观近100座。景点的建筑材料尽可能仿照原物,采用铜雕、铜铸、鎏金、镀金、木雕等,保持了原作风貌。北京世界公园以开放式、露天型的演出、零距离的互动参与,以及异国风情的歌舞表演为特色,是国家4A级旅游景区、北京市精品公园。

2023年,北京世界公园引入了"欢乐动物城""尼卡帐篷营地""海底小纵队珊瑚岛冒险乐园""戏趣世界"等多个体验项目。当前,世界公园正从以微缩景观游览为主体的景观公园转型为以亲子休闲娱乐为主体的综合性公园。

(四)水立方嬉水乐园

作为奥运场馆的转型之作,水立方嬉水乐园为游客们带来了一个清凉的水上世界。水立方透明的泡泡膜已经让乐园内部空间充满了"水"的元素,再加上所有的滑道和游乐设备均采用了半透明的材料来制造,以及仿佛浮动在水中的珊瑚、水母、海草、鱼群和梦幻般的灯光和音乐,当游客置身其中,就仿佛来到了一个梦幻般的动感海底世界。这里有各种水上游乐设施,如漂流河、冲浪池、滑水道等,让游客们在炎炎夏日中尽享清凉。同时,乐园还融入了奥运元素,让游客们在游玩中感受奥运精神。

四、体育旅游:双奥之城的独特魅力

体育旅游是指游客以参与或观赏体育运动项目为主要目的,有组织的旅游活动。具体来说,它是体育产业与旅游产业深度融合的新兴产业形态,以体育运动为核心,以现场观赛、参与体验及参观游览为主要形式,以满足健康娱乐、旅游休闲为目的,向大众提供相关产品和服务的一系列经济活动。

北京作为举世闻名的"双奥之城",拥有众多的体育旅游资源,散发着独特的体育旅游魅力。浓厚的体育氛围弥漫在城市的每一个角落,激发着人们对体育运动的无限热情。体育与文化在这里相互交融,为游客带来丰富多彩的体验。这里拥有丰富的奥运遗产,鸟巢、水立方等标志性场馆见证了辉煌的奥运时刻,吸引着无数游客前来探寻。多样的体育赛事在此频繁举办,让人们能够近距离感受体育的激情与魅力。先进的体育设施为游客提供了优质的运动条件,更彰显了这座城市的实力。其国际影响力也使得全球游客对北京充满向往,共同领略这座"双奥之城"的无限魅力。

(一)奥运场馆游

1. 国家体育场(鸟巢)

国家体育场,又名"鸟巢",是2008年北京奥运会主场馆、2022年北京冬奥会和冬残奥会开闭幕式场馆,也是全球首个"双奥开闭幕式场馆"。国家体育场(鸟巢)位于北京奥林匹克公园中心区,占地20.4公顷,建筑面积25.8万平方米,可容纳观众9.1万人。南北长333米、东西宽296米,最高处高69米。国家体育场于2003年12月24日开工建设,2008年6月28日落成。作为代表国家形象的标志性建筑,鸟巢超越了纯粹的体育或建筑概念,承载着深远的社会意义,已经成为国际交往的平台和展示中国形象的重要窗口。

国家体育馆(鸟巢)如图4-24所示。

国家体育场坐落在由地面缓缓坡起的基座平台上,观众可由奥林匹克公园沿基座平台到达体育场。主体建筑是由一系列钢桁架围绕碗状坐席区编制而成的椭圆鸟巢外形。基座北侧为下沉式的热身场地,通过运动员通道与主场内的比赛场地连通。体

延伸阅读
国家体育场

育场基座以上部分共七层,设有观众服务设施、媒体工作区、贵宾接待区以及商业区等。基座以下部分共三层,设有零层内部环路、停车场和大量功能用房。碗形看台分为上、中、下三层,并在上、中层看台之间设置包厢及其座位区。

图4-24　国家体育馆(鸟巢)

国家体育场在建设中采用了先进的节能设计和环保措施,比如良好的自然通风和自然采光、雨水的全面回收、可再生地热能源的利用、太阳能光伏发电技术的应用等,是名副其实的大型"绿色建筑"。

2. 国家游泳中心(水立方/冰立方)

国家游泳中心(水立方/冰立方)是2008年北京奥运会的精品场馆和2022年北京冬奥会的经典改造场馆,也是唯一一座由港澳台同胞、海外华侨华人捐资建设的奥运场馆,曾被评为"中国十大新建筑奇迹",是北京的新名片。经过冬奥改造,国家游泳中心(水立方/冰立方)已实现运营能力全面升级,成为世界上首个实现"水冰转换"的场馆。游客可以参观这一独特的场馆,了解冰水转换的技术和原理,感受体育科技的魅力。赛后运营以来的国家游泳中心(水立方/冰立方),持续拓展体育赛事、旅游参观、游泳健身、大型活动、市场开发、特许经营、嬉水乐园、冰场运营等业务内容。

整个国家游泳中心分为4层,其中负一层是比赛工作区,一层和二层分别是游览区和观众席,三层为场馆预留经营场地。赛后,室内重新划分为比赛大厅、热身大厅、南小楼、北小楼、多功能厅、步行街与嬉水大厅等7个板块。

国家游泳中心的建筑结构来自肥皂泡堆积的概念,因为要造出水分子的感觉,每个气枕都是不规则的多面体,所以气枕依托的钢架构也要求是多维空间的12面体或者14面体,搭建这样的钢架构在国内乃至世界上都是第一次。

构成国家游泳中心"皮肤"的是3000多个由ETFE膜制成的不规则的气枕泡泡,在场馆四周设有一圈高2米的护栏,并在护栏内开凿了一道宽6米、深0.5米的护城河。

延伸阅读

国家游泳中心

由于气枕是半透明的,鸟不会在上面停留,屋顶的气枕框架边缘还装有极细的钢丝线,防止鸟对气枕造成破坏。在场馆内部,观众也只能在170平方米的泡泡吧里近距离接触气枕,其他区域都无法触摸。

3. 国家速滑馆(冰丝带)

国家速滑馆,又名"冰丝带",位于北京奥林匹克公园中心区,是2022北京冬奥会新建的冰上竞赛场馆,与"鸟巢""水立方/冰立方"共同组成"双奥之城"的标志性建筑群。"冰丝带"是冬奥历史上第一个使用二氧化碳作为制冷剂的速滑场馆,承担2022北京冬奥会速度滑冰项目的比赛,共产生14块金牌,是冬奥会产生金牌数量最多的单个场馆。"冰丝带"拥有亚洲最大的全冰面设计,可以同时容纳多项冰上运动比赛。国家速滑馆"冰丝带"2022年7月起对外开放,作为北京冬奥会标志性场馆、唯一新建冰上运动场馆,公众可近距离接触北京冬奥会"最快的冰"。游客可以在此参观场馆,了解冰上运动的发展历程和技术特点,同时还可以参与冰上运动的体验活动,感受冰上运动的乐趣。

4. 奥林匹克森林公园

延伸阅读
"仰山"和"奥海"

作为奥林匹克中心区的重要组成部分,奥林匹克森林公园是市民开展体育运动和休闲娱乐的重要场所。奥林匹克森林公园位于北京中轴延长线的最北端,是亚洲最大的城市绿化景观,占地约680公顷,是一个比圆明园和颐和园加在一起都要大的公园,是北京城区当之无愧的"绿肺"。公园于2003年开始建设,2008年7月3日正式落成。这里拥有优美的自然环境和丰富的体育设施,如奥林匹克森林公园南园、北园等区域,为游客提供了广阔的户外运动空间。游客可以在此进行跑步、骑行、徒步等运动,享受大自然的美好。作为北京城市中轴线的北端终点,奥林匹克森林公园提出"通向自然的轴线"的概念,轴线逐渐融入自然,并消失在森林中。北五环路穿公园而过,将公园分为南北两园,南园以人工景观、休闲娱乐为主,北园则以生态园林、自然野趣为主,两园通过中轴线上跨越五环路的一条生态廊道相连。

这些双奥场馆体育旅游资源共同构成了北京独特的体育旅游景观,为游客提供了丰富多彩的体育旅游体验。无论是参观奥运场馆、了解奥运历史和文化,还是参与体育运动的体验活动,都能让游客在旅行中感受到体育的魅力和乐趣。

(二)冰雪旅游

北京冰雪旅游具有丰富的历史背景和群众基础,近年来更是展现出新的活力和魅力。作为"双奥之城",北京的冰雪旅游产业热度持续攀升,冰雪旅游产业的打造也更加成熟多样。

首先,北京拥有多家知名的滑雪场,如延庆石京龙滑雪场和军都山滑雪场。这些滑雪场不仅提供多样化的滑雪道,满足各级别滑雪爱好者的需求,还有专业教练提供指导。此外,它们还具备独特的雪场特色,如延庆石京龙滑雪场分阶段向大众开放冬奥赛道,军都山滑雪场则拥有昌平区唯一的高级雪道。

其次,北京市属公园如颐和园、北海公园、陶然亭等也相继开放冰雪嬉戏体验场地,为市民游客提供40余种冰雪活动项目。这些场地不仅丰富了市民的冬季生活,也推动了冰雪运动的普及。

颐和园昆明湖冰场如图4-25所示。

图4-25　颐和园昆明湖冰场

再者,北京还充分利用冬奥场馆等资源,举办高水平赛事和大众冰雪活动。例如,国家高山滑雪中心"雪飞燕"在雪季期间吸引了大量游客,冬奥冠军高亭宇和苏翊鸣等也在北京各大场馆参赛,为冰雪运动注入了新的活力。

此外,北京还结合特色文旅资源,推出形式多样、内容丰富的大众冰雪活动,如虎峪自然风景区的冰瀑观赏等,为游客提供了独特的冬季旅游体验。

五、艺术旅游:漫步北京的艺术殿堂

北京不仅拥有悠久的历史和深厚的文化底蕴,同时也是一个充满艺术气息的城市。艺术旅游在这里得到了充分的展现,游客们可以在这里领略到古今中外的艺术魅力。

(一)丰富多样的艺术场馆

北京的艺术场馆丰富多样,包括各种博物馆、美术馆、艺术馆等。例如,故宫博物院是中国最大的古代文化艺术博物馆,收藏了大量的文物和艺术品,游客们可以在这里欣赏到中国古代宫廷艺术的瑰宝。此外,中国国家博物馆、中国美术馆等也是艺术爱好者们不可错过的地方。

1. 中国美术馆

中国美术馆于1958年开始兴建,1963年由毛主席题写"中国美术馆"馆额并正式开放,是国家文化标志性建筑。主体大楼为仿古阁楼式,黄色琉璃瓦大屋顶,四周廊榭围绕,具有鲜明的民族建筑风格。主楼建筑面积18000多平方米,一至六层楼共有21个展厅,展览总面积6660平方米;建筑周边有3000平方米的雕塑园;1995年建现代化藏品库,面积4100平方米。

作为国家级美术殿堂、国家重要公共文化服务平台和国际美术交流窗口,中国美术馆肩负着"弘扬优秀传统文化、典藏大家艺术精品、加强国际国内交流、促进当代艺术创作、打造美术高原高峰、惠及公共文化服务"的文化职责。

中国美术馆现收藏古今中外各类美术作品13万余件,藏品中有苏轼、倪瓒、唐寅、徐渭、任伯年、吴昌硕、黄宾虹、齐白石、徐悲鸿、林风眠、刘海粟、潘天寿、蒋兆和、吴作人、李可染、董希文、吴冠中等中国艺术大家的作品,于右任、高二适、沙孟海、启功等书法家的作品,刘开渠、滑田友、王临乙等雕塑家的作品,也包括珂勒惠支、毕加索、达利、安塞尔·亚当斯、让·卡尔多等外国艺术家作品。

中国美术馆已举办5500余场各类美术展览,反映了中国美术繁荣发展的态势。改革开放以来,中国美术馆推出了"美在新时代"系列展、"弘扬中国精神"系列展、"典藏活化"系列展、学术邀请系列展、捐赠与收藏系列展、国际交流系列展等新型展览模式,产生广泛而持久的社会影响。

2. 今日美术馆

今日美术馆位于北京市朝阳区东三环CBD中心百子湾路苹果社区,毗邻国贸中心、中央电视台新址和北京电视台新址,交通便捷。它是中国第一家民营非企业公益性美术馆,其一直致力于积极参与并推动中国当代艺术的前进和发展,以其现代性视野、国际化平台、规范化运营,力求探索一条适合中国民营美术馆的生存发展之路。

美术馆的建筑新颖奇特,入口处有一个梯形金属框架的"之"字形坡道,走近才能发现上去的楼梯。整个内部设计全部为白色,旨在突出内部展示的作品,让作品在其间能够达到最佳展示效果。

今日美术馆收藏了各类重要当代艺术作品近1000件,主要由三部分组成:今日美术馆馆藏作品、今日美术馆虚拟馆藏作品和捐赠作品,几乎囊括了所有当代著名艺术家的作品。此外,美术馆不定期还会举行各种展览,涵盖了影像艺术、声场艺术、雕塑、绘画等不同形式的艺术。每个周末,今日美术馆还会安排丰富的活动,包括专题讲座、主题沙龙、艺术创作、亲子互动、小型演出等等。这些活动从文化、艺术入手,通过多种方式,为公众提供了丰富的艺术体验和学习机会,让公众亲近艺术,享受文化,放松身心。

（二）艺术创意区的集聚

北京的艺术区如798艺术区和宋庄艺术区，集聚了众多艺术家和艺术机构，展现了当代艺术的多样性和创新性。这些艺术区不仅是艺术家的创作和交流平台，也吸引了大量游客前来参观。

1. 798艺术区

798艺术区位于北京市朝阳区酒仙桥大山子地区，是北京的文化创意产业集聚区，也是中国具有影响力和国际化的艺术区之一。

798艺术区的前身是国营798厂等电子工业的老厂区所在地。随着时代的变迁和工厂的衰落，798厂逐渐废弃。自1997年起，一些艺术界人士开始在这里聚集，至2003年，这里逐步成为集画廊、设计室、艺术展示空间、艺术家工作室、时尚店铺、餐饮酒吧以及动漫、影视传媒、出版、设计咨询等各类文化机构于一体的文化艺术展览和展示中心。

798艺术区的建筑格局具有典型生产性规划布局的特点，路网清晰，厂、院空间清晰。一部分厂区建筑作为工业遗产完整地保留下来，根据其内部车间的大尺度空间，改造成现当代艺术展示空间。此外，天然的采光为艺术家的绘画、雕塑等创作工作提供了良好的物理条件。

798艺术区将当代艺术、建筑空间、文化产业与城市生活环境进行有机结合，演化成为一个文化概念，对城市文化观念产生了很大影响。798艺术区经常举办重要的国际艺术展览、艺术活动和时尚活动，吸引了社会公众前来参观、学习和购买艺术品，成为北京乃至中国文化艺术领域的具有国际影响力的重要地标之一。2003年，798艺术区被美国《时代》周刊评为全球最有文化标志性的22个城市艺术中心之一。

2. 宋庄艺术区

宋庄艺术区位于北京通州区的宋庄镇，是一个充满艺术气息和创意活力的地方，是我国的原创艺术家集聚地。宋庄艺术区起源于20世纪90年代初，当时一批艺术家从全国各地聚集到北京，寻求创作和生活的空间。他们最初在圆明园一带聚居，但随着圆明园画家村的解散，这些艺术家集体搬迁到宋庄镇小堡村，逐渐形成了今天的宋庄艺术区。原来单纯的艺术家居住性聚集形式，也逐步发展为原创艺术家、画廊、批评家和经纪人等共同组成的艺术集聚区。

宋庄艺术区拥有众多的美术馆、艺术展馆、画廊和艺术工作室，如宋庄美术馆、树美术馆、上上国际美术馆等。这些场馆不仅为艺术家提供了展示作品的空间，也为游客提供了欣赏和了解艺术的机会。同时，宋庄艺术区的一街一景都弥漫着浓厚的艺术气息，艺术氛围浓厚。这里经常举办各种艺术展览、讲座、研讨会和文化活动等，为艺术家和游客提供了更多交流和学习的机会。这些活动不仅丰富了艺术区的文化内涵，也提升了其知名度和影响力。

（三）丰富多彩的艺术表演

北京拥有国家大剧院、北京天桥艺术中心等国内外著名的艺术表演场所，经常举办各种音乐会、歌剧、舞剧等艺术表演。同时，小剧场和民间艺术团体也为游客提供了更多元化的艺术体验。

1. 国家大剧院

国家大剧院是新"北京十六景"之一的地标性建筑，也是国家兴建的重要文化设施，也是一处别具特色的景观胜地。国家大剧院位于人民大会堂西侧，由主体建筑及南北两侧的水下长廊、地下停车场、人工湖、绿地组成。国家大剧院由法国建筑师保罗·安德鲁主持设计，外观呈半椭球形，设有歌剧院、音乐厅、戏剧场以及艺术展厅等配套设施。国家大剧院造型独特的主体结构，一池清澈见底的湖水，以及外围大面积的绿地、树木和花卉，不仅极大改善了周围地区的生态环境，更体现了人与人、人与艺术、人与自然和谐共融、相得益彰的理念。

国家大剧院内部设施一流，设有歌剧院、音乐厅、戏剧场、小剧场以及艺术展厅、餐厅、音像商店等配套设施。其中，歌剧院是国家大剧院内最宏伟的建筑，以华丽辉煌的金色为主色调。歌剧院拥有世界顶级的舞台设施和音响设备，可容纳2000余名观众，主要上演歌剧、舞剧、芭蕾舞及大型文艺演出。音乐厅洁白肃穆，色调风格宁静、清新而高雅，以其完美的音质和优越的音响效果，成为国内外音乐演出的首选之地，以演出大型交响乐、民族乐为主，兼顾其他形式的音乐演出音乐厅。戏剧场是国家大剧院最具民族特色的剧场，以中国红为主色调，真丝墙面烘托出传统热烈的气氛，主要上演话剧、歌剧、地方戏曲等演出。小剧场是国家大剧院最具多样性的多功能剧场，整体色调清新、风格典雅，可以适应室内乐、小型独奏独唱、小剧场话剧、小剧场歌剧、现代舞等多种艺术门类的演出。

作为国家级的文化艺术中心，国家大剧院承载着中国文化的传承与发展使命。自2007年正式对外开放以来，它已经成为国内外文化交流的重要平台，吸引了众多国内外优秀艺术团体和艺术家前来演出。同时，国家大剧院还积极开展艺术普及教育活动，为广大市民提供了接触和了解艺术的机会。

2. 梅兰芳大剧院

梅兰芳大剧院位于北京二环路官园桥东南角，是一座以中国京剧艺术大师梅兰芳先生命名的专业剧场，隶属于国家京剧院。该剧院旨在推动京剧文化的发展，并扩大国粹京剧在国际上的影响力。

梅兰芳大剧院是传统与现代艺术完美结合的现代化的中型剧场。剧院建于2007年11月，占地面积13000平方米，共分为四层，现有大小2个剧场，大剧场坐席数988席。小剧场在四层，座席数154个。大厅正中央是梅兰芳先生的铜像，重1.2吨，于2008年建造完成。剧院设计融合了现代与传统元素，通体由透明的玻璃幕墙包裹，内部装饰则融入了中国传统建筑形式的精髓,如红色的立柱、大墙和金色木质圆形浮雕等,彰显了中华民族优秀文化的独特魅力。

剧院不仅具备演出功能,还拥有展览、会议、声像录制等多种功能,是陶冶情操的首选之地。其舞台设施先进,包括六块升降台、三台活动升降车、五十余道电动吊杆和具有国际水准的温格尔反声罩系统等,这些设施为艺术家们提供了良好的创作和表演环境,同时也为观众带来了优质的观演体验。

在声学设计方面,梅兰芳大剧院追求建声与数字化音响系统的完美结合,确保观众在剧场内能够欣赏到演员、乐队不失真的真声传播。观众厅的设计则分为上中下三层,一层为甲级池座,二层设置了豪华包厢,三层楼座的设计则符合人体生理结构,让观众在舒适的环境中欣赏演出。

梅兰芳大剧院作为戏曲主题剧场,是传播戏曲艺术,展示国粹之美的文化阵地,发挥了弘扬传统戏曲文化桥头堡作用,已成为全国戏曲演出主阵地。

3. 北京天桥艺术中心

北京天桥艺术中心位于北京市西城区南中轴路西侧、永定门以北。作为首都中轴线上唯一的文化艺术综合体,北京天桥艺术中心自2015年11月20日正式开幕以来,成为继国家大剧院之后,北京的第二座现代化剧场集合体,它具有专业化、娱乐化、市场化,以服务大众为宗旨,致力于打造引领演艺时尚的超一流舞台,已成为世界舞台艺术精品展示、中国传统文化守正创新、国内外艺术对话交流、艺术普及教育融汇的多元平台。

以"琉光戏影"为主题的建筑主体兼容传统与现代艺术气息,艺术中心内设大剧场(1600座)、中剧场(1000座)、小剧场(400座)、多功能剧场(300座)四个剧场,可满足不同演出项目的需求。这些剧场不仅硬件设施顶尖,而且管理和运营团队也专业高效,汇聚了世界精品的演出剧目,为观众呈现无与伦比的舞台视听盛宴。其中,大剧场是北京首家大型音乐剧的专业剧场,具备国际顶级硬件设施,是国内顶尖的专业音乐剧剧场。

在设计上,北京天桥艺术中心汲取了中国传统建筑的精髓,以传统建筑语言描绘现代活力,展现了大气、浑厚之势。屋顶的设计是其最大的亮点之一,以无数蜿蜒的线条相互交织,营造出曲线之美,与老北京中轴线上的历史文化相呼应。

北京天桥艺术中心不仅是一个演艺场所,更是一个文化交流的平台。它经常举办各类表演艺术活动,如音乐剧、话剧、舞剧、演唱会等,吸引国内外艺术家和观众前来交流和观赏。同时,艺术中心也非常注重企业社会责任,推出了众多的群众性艺术普及活动、惠民计划、艺术培训课堂以及针对青年艺术家的扶植计划等,致力于持续不断地为观众提供高品质的艺术享受。

北京天桥艺术中心致力于加快发展创新型文化业态,构建文化产业国际合作新格局。相继打造了华人春天艺术节、新年展演季、韵·北京、老舍戏剧节、百年风华耀初心等深受大众喜爱的品牌艺术节。同时,通过剧场开放的形式,推出了诗意生活节、酒旗戏鼓天桥市和中轴线夜天桥等多种主题开放日,融合文化活动、艺术文创、教育培训、艺术展览等形式,构建完善高品质的公共文化服务体系,落实首都文化惠民,彰显首都文化气质。

4. 北京人民艺术剧院

北京人民艺术剧院(简称"北京人艺")是一个具有独特艺术风格的中外闻名的专业话剧院,被誉为中国人民文化艺术的殿堂。自1952年6月成立以来,北京人艺已经走过了70多年的辉煌历程,形成了鲜明的演剧风格,并培养了一代又一代的艺术家。

北京人艺的首任院长是著名剧作家曹禺。剧院受到郭沫若、老舍、曹禺、焦菊隐等大师的精心培育,并拥有舒绣文、于是之、英若诚、濮存昕、宋丹丹等一批杰出的艺术家。

在长达70年的艺术发展中,北京人艺以长期的艺术实践与美学理论的积累,在现实主义与民族化、体验与体现及再现戏剧美学的内涵上,均达到了完美的融合,创建了著名的"北京人艺演剧学派"。其主要剧目包括《蔡文姬》《茶馆》《雷雨》《龙须沟》《小井胡同》《推销员之死》等,其中老舍的名剧《龙须沟》是北京人艺的奠基之作,《茶馆》则在国际上产生了强烈反响。

北京人艺的剧场设施完备,包括首都剧场、人艺小剧场和人艺实验剧场等。首都剧场始建于1955年,是人艺的专业剧场,外观借鉴了欧洲建筑的风格,完美融合了东西方建筑艺术。人艺小剧场是一个多功能厅,适合各种中小型艺术演出和会议活动。而人艺实验剧场则是一个专业的演出场所,可容纳400余人,为观众提供了优质的观演体验。

近年来,北京人艺不断推出新剧目,如《进入黑夜的漫长旅程》《我爱桃花》等,同时也积极举办各种艺术活动,如"人艺之友日"等,与观众进行互动交流。

北京的艺术旅游独具魅力,无论是艺术场馆、艺术区还是艺术表演和特色活动,都为游客们提供了丰富多彩的艺术体验。在这里,游客们可以领略到中国传统文化的博大精深和当代艺术的创新活力,感受到艺术与生活的完美融合。

六、乡村旅游:领略京郊的多样风采

乡村旅游是一种旨在让人们回归自然、体验乡村文化和生活的旅行方式。它是以乡村为依托,以乡村空间环境为活动场所,以农业生产过程、农村风貌及风俗、农民生活场景等主要旅游吸引物,满足旅游者观光、休闲、娱乐、求知、体验等目的的一种旅游方式。它不仅为游客提供了一个逃离城市喧嚣、放松身心的场所,同时也为乡村地区带来了经济收益和文化交流的机会。

北京京郊独特的地理区位、地形地貌、自然景观和丰富的地方文化,使乡村旅游越来越受到游客的青睐,并逐步形成北京乡村旅游的多样魅力。

（一）北京乡村旅游的多样特色

1. 自然风光

京郊地区拥有丰富的自然风光，包括壮丽的山脉、清澈的溪流、广袤的田野等。游客可以在这里远离都市的喧嚣，置身于山水之间，呼吸着未被污染的空气，触摸着原始的山林，体验野趣的生活方式，感受大自然的神奇与美丽。

2. 历史文化

京郊地区也蕴含着深厚的历史文化底蕴。许多古村落、古建筑、古寺庙等都保存着丰富的历史信息，让游客在欣赏美景的同时，也能领略到历史的厚重。京郊的历史文化包括戍边和长城文化、农耕文化、京郊古商贸文化、传统民俗文化和农事节庆文化等。

知识链接

京郊的文化特色

3. 乡村生活

京郊的乡村旅游让游客有机会亲身体验乡村生活。参与农事活动、品尝农家美食、住进民宿等，都是让人流连忘返的乡村体验。由于政府的大力支持，以现代农事为主题的节庆活动成为北京乡村旅游的一大盛典，如密云的农耕文化节和鱼王节、平谷的桃花节、大兴的西瓜节、门头沟的樱桃节、昌平的草莓节等，在不同的季节竞相举行，为京郊的农业锦上添花，进一步推动了乡村旅游的发展。

延伸阅读

北京市文化和旅游局发布"京郊之夏"精品农事体验旅游线路

（二）京郊旅游推荐

1. 怀柔区

怀柔区以其秀美的山水和丰富的人文景观而闻名。游客可在此探访青龙峡、神堂峪，那里的瀑布、溪流和翠绿的山林构成了一幅动人的自然画卷；还可以在红螺寺前许下心愿，感受佛教文化的庄严与祥和。还可以去雁栖湖看春天的二月兰、映山红等山花次第绽放，与远处的长城交相辉映，仿佛一幅流动的山水画；或在黄花城水长城欣赏山清水秀的美景。怀柔区还被誉为北京的"北极乡"，拥有原始森林公园、喇叭沟门满族乡等景点。这里的自然风光优美，空气清新，是远离城市喧嚣、感受大自然的好去处。游客可以漫步在原始森林中，感受大自然的神奇与美丽；也可以参观满族乡，了解满族文化和生活方式。

2. 密云区

密云区的乡村旅游独具魅力，以壮丽的自然风光和深厚的历史文化底蕴吸引着无数游客。这里拥有碧波荡漾的密云水库，雄伟壮观的司马台长城，以及被誉为"北国黄山"的云蒙山、黑龙潭、清凉谷等自然景观，每一处都让人流连忘返。同时，密云区还保留着古老的古北口长城，它见证了这片土地悠久的历史与文化。游客在享受自然美景的同时，也能品尝到密云独特的美食，如鲜美的水库鱼头宴，让味蕾尽情享受。无论是寻求自然之美的探险者，还是追寻历史文化的游客，都能在密云找到属于自己的乐趣。

延伸阅读

密云推出夏日山水主题精品旅游线路

3. 延庆区

延庆区是京郊旅游的热门地区之一，这里拥有壮丽的长城景观，八达岭长城作为其中的代表，不仅展现了古代军事防御工程的雄伟与壮丽，更让游客在攀登中感受到历史的厚重与文化的底蕴。除了长城，延庆的自然风光同样令人陶醉。龙庆峡被誉为"小漓江"，峡谷幽深，湖水清澈，游客可以乘船游览，欣赏两岸的秀丽景色。在北京最大的湿地自然保护区野鸭湖国家湿地公园，游客可以近距离观赏到各种珍稀鸟类，感受大自然的神奇与美妙。而延庆世界地质公园则向游客展示了地球演化的奇妙历程，让人们在游览中增长知识、拓宽视野。

在延庆，游客还可以参与各种户外运动和休闲活动。比如，在康西草原骑马驰骋，感受草原的辽阔与自由；在百里山水画廊徒步旅行，欣赏山水之间的美景与宁静；在滑雪场畅享冰雪运动的乐趣，体验冬季的激情与活力。

4. 门头沟区

门头沟区融合了丰富的自然人文景观、深厚的历史文化底蕴和独特的民俗风情。

门头沟区拥有得天独厚的自然风光，这里有北京最高的山——灵山，以及被誉为"华北天然动植物园"的百花山，独特的地理地貌和丰富的生态资源为游客提供了亲近自然、饱览秀色的绝佳场所。

知识链接

爨底下村

同时，门头沟区具有深厚的历史文化底蕴。这里曾是古代商旅、军队、香客往来的重要通道，京西古道上的蹄窝见证了历史的沧桑。潭柘寺、戒台寺等历史悠久的古刹，见证了北京城的历史发展。

此外，门头沟还是华北民俗文化的发祥地之一，妙峰山庙会、琉璃工艺等民俗文化珍品吸引了众多游客前来体验和感受。门头沟的古村落也是其旅游的一大亮点。这里有保存完好的明清古村落，如爨底下村、灵水村等。门头沟还有许多民间艺术表演和手工艺制作技艺，如太平鼓表演、紫石砚雕刻等，让游客在欣赏表演的同时，深入了解当地的民俗风情。

5. 房山区

北京房山区的乡村旅游特色主要体现在以下几个方面。

1) 丰富的历史文化遗产

房山区拥有众多具有历史和文化价值的遗址，如周口店北京人遗址、琉璃河遗址、云居寺等，这些遗址不仅记录了人类的历史和文化，也为游客提供了了解和学习古代文明的窗口。

2) 独特的自然景观

房山区拥有丰富的自然资源，山、水、洞、寺等景致齐全。其中，石花洞、银狐洞、仙栖洞等组成了中国北方最大的岩溶洞穴群，为游客提供了探索自然奥秘的绝佳场所。此外，十渡山水、上方山国家森林公园、白草畔的自然风光和圣莲山的雄、奇、神、险等景观也吸引了大量游客前来观赏。

3）休闲度假的好去处

房山区不仅拥有美丽的自然风光和丰富的历史文化遗产,还拥有多样的娱乐项目、新型业态和丰富的非物质文化遗产,如圣莲山风景区、坡峰岭风景区等,这些景区为游客提供了休闲娱乐的好去处。此外,房山区还有众多民宿和酒店,提供舒适的住宿环境,让游客在旅途中享受家的温馨。

6. 平谷区

北京平谷的乡村旅游特色主要体现在以下几个方面。

1）自然风光秀丽

平谷区拥有得天独厚的自然风光,特别是其山水景观。金海湖以其湖光山色、碧波荡漾的美景吸引了大量游客,成为度假休闲的绝佳选择。此外,京东大峡谷、石林峡等地也是户外爱好者的天堂,幽深的峡谷、众多的瀑布和奇峰怪石为游客提供了丰富的探索体验。

2）历史文化底蕴深厚

平谷区不仅自然风光秀丽,还拥有丰富的历史文化资源。丫髻山作为道教圣地,山上有明清古建筑群,为游客提供了领略宗教历史底蕴的机会。同时,平谷也是上宅文化的发源地,上宅文化陈列馆展示了远在7000年前的新石器时代人类繁衍生息的众多文物古迹,为游客提供了了解古代文明的窗口。

3）丰富的旅游资源

平谷区旅游资源丰富多样,除了自然风光和历史文化,还有平谷大桃等特色农产品。平谷是中国著名的大桃之乡,每年春季的平谷桃花节吸引了大量游客前来观赏,成为平谷旅游的一大亮点。此外,平谷还有多个休闲度假区和生态农业观光区,为游客提供了多样化的旅游选择。

北京京郊的乡村旅游具有多样特色和独特魅力,每个城区都有其独特的景点和活动。游客可以根据自己的兴趣和喜好选择适合自己的旅游目的地和活动方式,感受大自然的美丽、领略历史的厚重、体验乡村的生活。

本章小结

本章全面介绍了北京作为古都所承载的丰富历史文化遗产以及新时代文化交融的新景象。通过对皇家宫殿、园林、坛庙、陵寝、王府、长城、大运河等历史遗迹的深入阐述,展现了北京深厚的文化底蕴和独特的城市魅力。同时,介绍了红色旅游、研学旅游、主题乐园游、体育旅游、艺术旅游和乡村旅游等多元化的旅游形式,凸显了北京旅游在传承历史的同时,也在不断创新和发展。

本章训练

一、选择题

1. 下列建筑中,(　　)不位于故官中轴线上。
   A. 御花园　　　B. 午门　　　C. 乾清宫　　　D. 养心殿
2. 午门外是执行(　　)的地方。
   A. 祭祀　　　B. 祈谷　　　C. 斩首　　　D. 廷杖
3. 颐和园中慈禧居住的地方是(　　)。
   A. 乐寿堂　　　B. 仁寿殿　　　C. 玉澜堂　　　D. 宜芸馆
4. 北京市劳动人民文化官的前身是(　　)。
   A. 社稷坛　　　B. 太庙　　　C. 地坛　　　D. 先农坛
5. 景山上最高的建筑是(　　)。
   A. 绮望楼　　　B. 观妙亭　　　C. 万春亭　　　D. 寿皇殿
6. 景山上一共有(　　)座亭子。
   A. 4　　　B. 5　　　C. 6　　　D. 7
7. 北京的古树"罪槐"在哪里?(　　)
   A. 北海公园　　　B. 孔庙　　　C. 红螺寺　　　D. 景山公园
8. 天坛祈年殿屋顶是(　　)色琉璃瓦。
   A. 黄　　　B. 绿　　　C. 蓝　　　D. 黑
9. 天坛在古代是用来(　　)。
   A. 祭祀皇天、祈祷五谷丰登　　　B. 祭祀祖先、祈祷社稷平安
   C. 祭祀社稷、祈祷风调雨顺　　　D. 祭祀社稷、祈祷江山永固
10. 清代一共有(　　)位铁帽王。
    A. 8　　　B. 10　　　C. 12　　　D. 14
11. (　　)桥是大运河世界文化遗产的一部分,至今仍承担着地安门外大街车辆和行人交通通行的功能。
    A. 玉带　　　B. 卢沟　　　C. 万宁　　　D. 金水桥

二、思考题

1. 简述紫禁城的营建布局思想及其主要建筑的文化内涵。
2. 分析北京皇家园林的艺术特色,并举例说明其在北京文化中的地位。
3. 简述北京皇家坛庙的历史文化和艺术价值。
4. 阐述明十三陵的建筑特色和历史价值。
5. 阐述清代王府的历史背景和建筑规制。
6. 分析长城作为世界文化遗产的历史文化价值,并讨论如何有效保护和利用这一重要资源。

7. 探讨大运河对北京文化的影响,并说明北京运河文化遗产的保护与利用的重要性。

8. 简述北京新时代旅游项目的特点和发展趋势,以及它们对北京城市形象和文化传播的作用。

三、实训题

1. 实地调研

选择一处北京的历史文化景点(如故宫、颐和园、天坛等),进行实地调研,描述景点的布局、主要建筑特色、文化内涵,并分析其在北京历史文化中的地位和影响。最后,提出对该景点未来发展的建议。

2. 文化体验

参加一次北京皇家园林的游园活动,亲身体验并感受皇家园林的艺术魅力,并撰写一篇游园报告,描述你的游览体验,包括你最喜欢的景点、建筑、艺术品等,解释它们吸引你的原因。

3. 导游词编写

选择一处北京的历史文化景点(如故宫、颐和园、天坛等),编写一篇关于该景点的导游词,包括其历史沿革、主要特点、文化价值等。导游词应简洁明了、生动有趣,能够吸引游客的注意力并激发他们游览该景点的兴趣。

4. 文化遗产保护提案

针对京杭大运河北京段的文化遗产,提出一份保护提案。提案应包括保护目标、保护措施、预期效果等,并阐述这些措施对保护大运河文化遗产的重要性和必要性。

5. 旅游路线设计

设计一条涵盖北京不同历史时期和文化特色的旅游路线。路线应包括多个历史文化景点和新时代旅游项目,体现北京的历史底蕴和现代发展。同时,考虑游客的行程安排和交通方式。

6. 文化产品创意

设计一款与北京历史文化相关的文化产品(如纪念品、文创产品等)。产品应体现北京的历史特色和文化内涵,具有独特的创意和吸引力。同时,考虑产品的市场定位和销售策略。

参考文献

一、书籍

[1] 北京市旅游局.北京导游基础[M].北京:北京燕山出版社,2007.

[2] 北京市旅游业培训考试中心.北京旅游导览(上、下)[M].北京:旅游教育出版社,2013.

[3] 王南.古都北京[M].北京:清华大学出版社,2012.

[4] 陈溥.北京文化探微一脉相承:北京中轴线[M].北京:北京教育出版社,2018.

[5] 孟华.中国世界文化遗产解读[M].北京:经济科学出版社,2022.

[6] 唐帼丽.初识北京[M].北京:经济科学出版社,2019.

[7] 甫玉龙.古都北京[M].北京:经济科学出版社,2019.

[8] 崔伟奇.山水北京[M].北京:经济科学出版社,2019.

[9] 王岗.古都北京[M].杭州:杭州出版社,2011.

[10] 洪华.传统文化与北京名胜[M].北京:北京燕山出版社,2000.

[11] 汪东亮等.旅游文化[M].北京:清华大学出版社,2016.

[12] 贾珺.北京四合院[M].北京:清华大学出版社,2009.

[13] 陈光中.印象中国·文明的印迹·胡同[M].合肥:黄山书社,2016.

[14] 罗清、程伟.北京文化旅游研究[D].北京:旅游教育出版社,2020.

[15] 李江敏.文化遗产与自然遗产[D].武汉:华中科技大学出版社,2023.

[16] 北京市旅游发展委员会.北京红色旅游发展研究[M].北京:中国旅游出版社,2013.

[17] 万安伦.红色景区-文明游北京[M].北京:北京出版社,2019.

[18] 中共北京市委党史研究室 北京市旅游发展委员会.京华红色游[M].北京:中国旅游出版社,2005.

[19] 邱华栋.北京传[M].北京:北京十月文艺出版社,2020.

[20] 北京市古代建筑研究所.北京古建文化丛书——坛庙[M].北京:北京美术摄影出版社,2014.

[21] 北京市古代建筑研究所.北京古建文化丛书——陵墓[M].北京:北京美术摄影出版社,2014.

[22] 北京市古代建筑研究所.北京古建文化丛书——寺观[M].北京:北京美术摄影出版社,2014.

[23] 万安伦.京城大运河-文明游北京[M].北京:北京出版社,2019.

[24] 阎崇年.中国古都北京[M].北京:中国民主法制出版社,2008.

[25] 朱祖希,袁家方.中国导游十万个为什么:北京[M].北京:中国旅游出版社,2003.

二、期刊文章

[1] 孙冬虎.追寻古都北京的文化之魂——《营国匠意——古都北京的规划建设及其文化渊源》读后[J].北京学研究文集2007,2007(12).

[2] 朱祖希.立天地人之道,有容乃大——试论古都北京整体保护的文化渊源[J].北京学研究文集,2007(12).

[3] 马全宝、李宇嘉.北京中轴线的历史变迁与空间特征[J].建筑,2023(8).

[4] 章永俊.北京中轴线的传承与发展[J].前线,2018(12).

[5] 王岗.北京中轴线的历史文化内涵与当代政治意义[J].北京联合大学学报(人文社会科学版),2015(4).

[6] 吕舟.北京中轴线-世界遗产的价值认知体系[J].北京规划建设,2019(1).

[7] 孔繁峙.北京中轴线的历史文化意义[J].北京观察,2017(10).

[8] 陈静.古都"中轴线"溯源及发展变化——兼论古都北京"中轴线"历史意义[J].中国文化遗产,2020(11).

[9] 朱祖希.北京城中轴线的文化渊源[J].北京观察,2011(4).

[10] 朱祖希.象天设都 法天而治——试论北京城中轴线的文化渊源[J].北京学研究2011:北京线性文化遗产保护与传承,2011(6).

[11] 赵雅丽.京味文化的内涵、特点及传承发展[J].前线,2018-03.

[12] 孟丹.北京大栅栏商业街与前门大街景观比较研究[J].设计,2016(10).

[13] 于涛、张文慧、纪向宏.北京老字号品牌"内联升"传承与创新[J].丝网印刷,2023(4).

[14] 王旭.京味文化的内涵与主要特征[J].北京文化发展报告(2018年·首都文化卷),2019(3).

[15] 胡乃文.北京名人故居保护研究[J].戏剧之家,2019(5).

[16] 阎密.匠心永续:北京老字号工匠共话传承[J].国际商报,2023(12).

[17] 李琤.北京:老字号培育文旅消费新品牌[J].中国文化报,2022(9).

[18] 王维祎.左手传承右手创新 北京老字号火出圈[J].北京商报,2023年12月12日第004版.

[19] 韦云.京城老字号"天福号"招幌的变迁与发展[J].设计,2017(2).

[20] 万建中.北京餐饮老字号的形成与发展[J].中国食文化研究论文集(第三辑),2018(10).

[21] 邱涛,余志刚,吴凌云,陆舒.北京饮食文化的传承与变迁[J].北京文化发展报告(2013年—2014年),2014(12).

[22] 佟洵.北京的寺观庙会文化[J].中国宗教,2023(5).

[23] 高大伟.弘扬北京古典园林 突出北京奥运特色[J].中国公园协会2003年论文集,2003(12).

[24] 高语晗.浅析清代三山五园地区皇家园林理水与城市水系[J].北京规划建设,2023(3).

[25] 刘剑刚.清代皇家园林的兴造特色[J].三山五园研究,2021(10).

[26] 龙霄飞.北京"五坛八庙"与"九坛八庙"称谓溯源及其内容的确定[J].首都博物馆论丛,2021(9).

[27] 李卫伟.北京皇家坛庙建筑概述[J].北京古都历史文化讲座第2辑,2015(1).

[28] 郑永华.九坛八庙 左祖右社 北京的坛庙建筑及其文化价值[J].前线,2017(12).

[29] 魏晓雪,刘丹.文化符号视域下明长城的文化内涵与价值研究[J].濮阳职业技术学院学报,2024(1).

[30] 刘昭祎,汤羽扬.长城国家文化公园(北京段)建设保护实施路径的项目体系研究[J].北京规划建设,2023(5).

教学支持说明

高等院校应用型人才培养"十四五"规划旅游管理类系列教材系华中科技大学出版社"十四五"规划重点教材。

为了改善教学效果,提高教材的使用效率,满足高校授课教师的教学需求,本套教材备有与纸质教材配套的教学课件和拓展资源(案例库、习题库等)。

为保证本教学课件及相关教学资料仅为教材使用者所得,我们将向使用本套教材的高校授课教师免费赠送教学课件或者相关教学资料,烦请授课教师通过邮件或加入旅游专家俱乐部QQ群等方式与我们联系,获取"电子资源申请表"文档并认真准确填写后发给我们,我们的联系方式如下:

地址:湖北省武汉市东湖新技术开发区华工科技园华工园六路

邮编:430223

E-mail:lyzjjlb@163.com

旅游专家俱乐部QQ群号:758712998

旅游专家俱乐部QQ群二维码:

群名称:旅游专家俱乐部5群
群　号:758712998

电子资源申请表

填表时间：_____年___月___日

1. 以下内容请教师按实际情况写，★为必填项。
2. 根据个人情况如实填写，相关内容可以酌情调整提交。

★姓名		★性别	□男 □女	出生年月		★职务	
						★职称	□教授 □副教授 □讲师 □助教

★学校		★院/系	
★教研室		★专业	
★办公电话		家庭电话		★移动电话	
★E-mail（请填写清晰）				★QQ号/微信号	
★联系地址				★邮编	

★现在主授课程情况	学生人数	教材所属出版社	教材满意度
课程一			□满意 □一般 □不满意
课程二			□满意 □一般 □不满意
课程三			□满意 □一般 □不满意
其 他			□满意 □一般 □不满意

教 材 出 版 信 息						
方向一		□准备写	□写作中	□已成稿	□已出版待修订	□有讲义
方向二		□准备写	□写作中	□已成稿	□已出版待修订	□有讲义
方向三		□准备写	□写作中	□已成稿	□已出版待修订	□有讲义

请教师认真填写表格下列内容，提供索取课件配套教材的相关信息，我社根据每位教师填表信息的完整性、授课情况与索取课件的相关性，以及教材使用的情况赠送教材的配套课件及相关教学资源。

ISBN(书号)	书名	作者	索取课件简要说明	学生人数（如选作教材）
			□教学 □参考	
			□教学 □参考	

★您对与课件配套的纸质教材的意见和建议，希望提供哪些配套教学资源：